医圣张仲景与经典新考

吴忠文 著

中国中医药出版社
·北京·

图书在版编目（CIP）数据

医圣张仲景与经典新考 / 吴忠文著 . —北京：中国中医药
出版社，2019. 6

ISBN 978-7-5132-5452-6

Ⅰ . ①医… Ⅱ . ①吴… Ⅲ . ①张仲景（150–219）—
人物研究 ②张仲景（150–219）—医学思想—研究
Ⅳ . ① K826.2 ② R2–092

中国版本图书馆 CIP 数据核字（2018）第 301476 号

中国中医药出版社出版

北京经济技术开发区科创十三街 31 号院二区 8 号楼
邮政编码 100176
传真 010–64405750
保定市中画美凯印刷有限公司印刷
各地新华书店经销

开本 880×1230 1/32 印张 8.25 字数 183 千字
2019 年 6 月第 1 版 2019 年 6 月第 1 次印刷
书号 ISBN 978 – 7 – 5132 – 5452 – 6

定价 39.00 元
网址 www.cptcm.com

社 长 热 线 010–64405720
购 书 热 线 010–89535836
维 权 打 假 010–64405753

微信服务号 zgzyycbs
微商城网址 https://kdt.im/LIdUGr
官 方 微 博 http://e.weibo.com/cptcm
天猫旗舰店网址 https://zgzyycbs.tmall.com

如有印装质量问题请与本社出版部联系（010–64405510）

作者简介

吴忠文，男，1940 年 6 月出生，汉族，中共党员，常德市鼎城区人。1961 年毕业于湖南省常德市中医学校，大专学历。1956 年 5 月参加工作，中医内科主任医师，享受国务院政府特殊津贴，湖南省名中医，常德市十大名老中医。现任森福基（北京）国际营养医学研究客座教授及发展顾问、湖南省老中医药专家学术经验继承工作指导老师、湖南省中医药学会肝病医疗中心主任、《湖南中医杂志》特约编委、常德市中医药学会常务理事。

从医 63 年，全心全意为患者服务，热爱中医，爱岗敬业，医德高尚，廉洁自律，对中医内、妇、儿科理论与临床均有很深的造诣，赢得了极高的社会声誉。潜心研究趺阳脉，著《趺阳脉学》一书，开趺阳脉研究之先河；精通《伤寒论》，著《金匮玉函经研究》，为该领域之首创，获湖南省科技成果二等奖。研究趺阳脉学的 5 篇论文在 1994 年世界传统医学大会上获金奖。在国家级及省级杂志发表医学论文 70 余篇，其中《龙虎清肝汤治疗急性黄疸肝炎临床研究 300 例》获常德市科技进步三等奖。主持的湖南省卫生厅"八五"重大攻关课题"舒肝转阴片治疗慢性活动性乙型肝炎临床研究"获湖南省 1995 年度科技成果奖。

主攻内科疑难杂症，尤以中医药治疗各类肝病见长，通过对数十万乙肝患者的长期临床观察，综合乙肝发生发展变化且相互影响、互为因果的病因病机，首次提出慢性活动乙肝湿毒弥漫时则 ALT 升高持续且反复。这也是 HBV 滋生和 HBeAg 复制的条件，更是抗 – HBeIgM 阳性出现与持续的时机和基础。在重新审视乙肝病毒携带者复杂的发病机理之后，提出湿毒疫邪趁虚而入首犯肝胆脾胃，邪伏入血，正虚邪恋，穷必及肾；以及怪病多痰、久病多瘀、痰瘀往往胶结难解，致使人体多系统、多脏器发生病变乃乙肝病毒携带者久治不愈的全新论点。研制的舒肝转阴 1 号片、2 号冲剂、3 号片、4 号片、5 号片、6 号片、二甲胶囊等肝病系列药，广泛用于临床，疗效显著，且无毒副作用。

先后获鼎城区劳动模范、拔尖人才、科技之星、科教十佳、优秀共产党员及常德市十佳白衣战士等荣誉称号，常德市政府记大功 5 次，鼎城区政府记三等功 19 次。1993 年经国务院批准为全国医疗卫生有突出贡献的专家，为湖南省卫生厅 2001 年度优秀中医工作者、2002 年常德市劳动模范，2003 年被湖南省卫生厅确定为湖南省中医药专家师承教育 18 名导师之一，2004 年10 月被湖南省人事厅、卫生厅确定为湖南省农村名中医。2017年 7 月被国家中医药管理局确定为全国基层名老中医药专家。个人传略入编《中国高级专业人才辞典》《三湘之子》《中国专家人才库》《中华名流世家》。作为全省中医药师承教育导师，所带教的首批及第二批 3 名学术继承人均以优异成绩通过出师考核，成为各级医院的中医临床骨干和学科带头人。

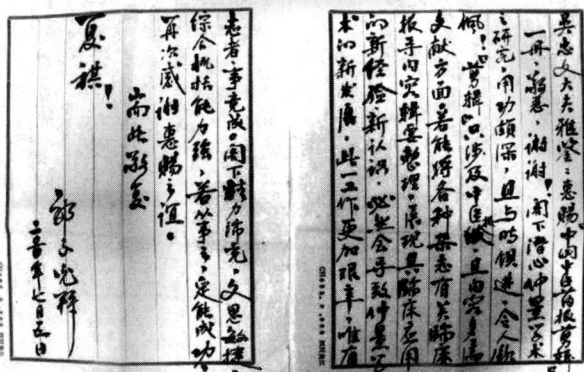

国医大师郭子光对吴忠文研究《伤寒论》的推荐材料

国医大师余瀛鳌对吴忠文研究《伤寒论》的推荐材料

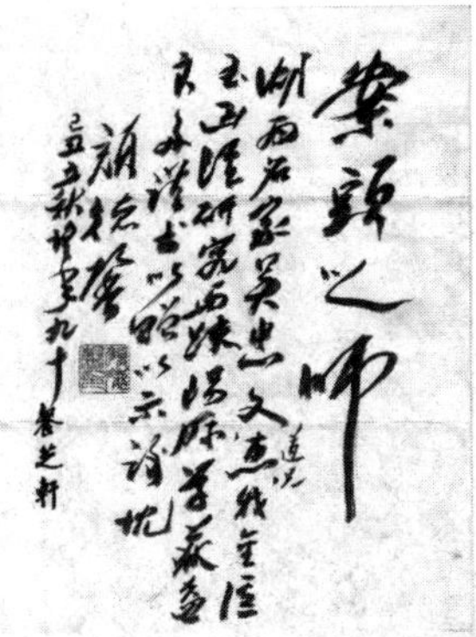

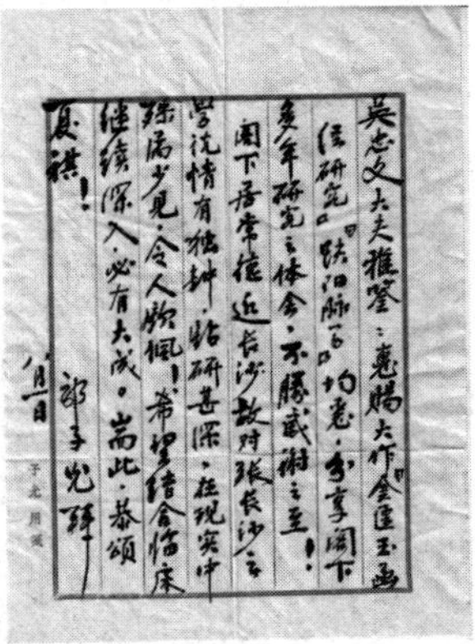

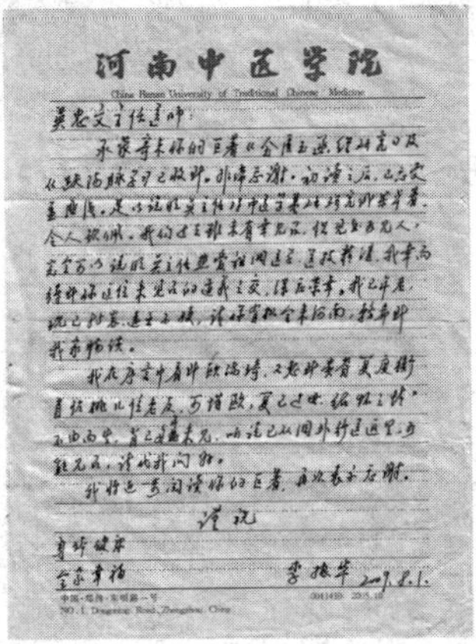

国医大师李振华对吴忠文研究《伤寒论》的推荐材料

序
PREFACE

从技术、经验的角度看，中医学有着与中华文明共同的长达五千年的发展与积累；从学科角度看，如果以《黄帝内经》作为中医知识体系成熟的标识，中医学经历了两千多年的发展。无论是五千年之久的技术、经验积累，还是两千年之久的学科发展，都离不开中华民族先贤与后学的呕心沥血和凝志聚力，并最终铸就了中医学源远流长而传承不息的悠久历史，铸就了汗牛充栋且内容宏丰的医学典籍，铸就了博大精深且言简意奥的理论知识，成就了这一在世界范围内散发着独特东方魅力且迄今仍能服务临床、诊疗患者的独特医学。国医大师熊继柏教授曾说："中医的生命力在于临床。"他一语道出了中医这一学科之所以能数千年来历久弥新且与时俱进的原因，就在于中医前辈们始终如一地扎根临床，完成学术的研究与阐发，从而促使这门学科逐步从经验、技术上升到系统知识，进而形成学术体系，最终成为学科。想要学好、用好乃至研究好中医学，就离不开对中医经典的研习，更离不开临床的实践。

吴忠文先生是典型的中医传承人和实践者。在六十余年的从医生涯中，他始终扎根基层，在临床一线不断通过实践验证和完善自己的中医技术和理论研究，对中医内、妇、儿各科的理论与临床均有较深造诣，在当地享有极高声誉。自 20 世纪 70 年代开始，吴先生不畏疑难，开始对肝病诊疗展开系统研究，总结出百余个临床验方，探索出一条清解法论治肝病的思路，创制了龙虎清肝汤、舒肝转阴系列方剂和二甲胶囊等中药产品，广泛用于甲肝、乙肝、丙肝、淤胆型肝炎、肝纤维化及其并发症等。吴忠文先生之所以在临床上能够不断取得成就，不仅在于他无私无畏的临床服务精神，更在于他对中医经典的学习与研究。

众所周知，《伤寒论》作为中医经典被世代中医人誉为"方书之祖"，是中医典籍中后人难以逾越的扛鼎之作，更是无数中医理、方产生的沃土厚源。对于这一经典的传承和研习，也成为吴忠文先生临床实践和学术研究的源头活水。得益于对《伤寒论》的研究与实践，吴忠文先生在临床上研发出了一系列效如桴鼓的方药，得到了学界认可，先后获得湖南省中医药科技二等奖、常德市科技进步二等奖，以及世界传统医学优秀论文金奖。这些荣誉与成就，离不开吴忠文先生在临床上的无私奉献，更离不开中医经典的育养。

吴忠文先生有关《伤寒论》的研究此前已出版《金匮玉函经研究》，其在学界得到广泛认可，且获得一定荣誉。在此基础上，吴忠文先生又完成了这部《医圣张仲景与经典新考》。

本书以医论形式，围绕医圣张仲景其人、其作，从中医学与古代文化、《伤寒论》校勘及版本考据、《伤寒论》学术探究、经典的临床应用等方面进行了较详细的论述，内容可用详、新、实三字概括。说其详，在于其考据不厌其烦，所引文献齐备繁多，足见吴忠文先生考经释典的功力深且用意专；说其新，在于吴忠文先生通过文献的研究而屡有新说，能标新立异且以理服人，其论说往往能颠覆读者的惯性思维，用新的视角和思路看待经典，颇受启发；说其实，在于吴忠文先生功夫深、用力足，篇篇论说均可见其在理论研究方面呕心沥血，推心置腹地将一己之体会、感悟乃至实践心得无私分享，为同道提供了一部有理有用的医学著作。

中医学是一门强调经验，来源、植根于临床的学科，其产生、发展和壮大始终以临床效验为基础。这一特性就要求中医学者要不断在经典中汲取前人的智慧，在跟师时学习名家的经验，并最终在临床实践中积累经验。吴忠文先生正是立足经典而持之以恒扎根临床的中医代表，也因此，其人、其著、其说、其术就有了传统中医的味道，有了传扬中医的意义，也彰显了中医的生机与活力。中医学的发展任重而道远，吴忠文先生始终用医术和医著践行着"立德立言行仁术，大医精诚弘岐黄"。

何清湖

2019 年 3 月于湖南中医药大学

前 言
FOREWORD

　　在中医的学术发展史上，医圣张仲景及其撰写的传世巨著《伤寒杂病论》具有不可替代的地位。

　　张仲景是中医之圣，《伤寒杂病论》乃中医之魂，万世不衰。然张仲景在宋代以前因正史无传而少闻于世。其著作虽经晋·太医令王叔和编次，但仍散乱零落，往往以"张仲景方"之名流传，影响力有限。至宋代，孙奇、林亿等校订的《伤寒论》刊刻出版，方使伤寒学日渐兴起，张仲景也开始不断被尊崇。金代名医成无己在成书于1156年的《伤寒明理论》中说："惟张仲景方一部，最为众方之祖……实乃大圣之所作也。"其所隐含之意为张仲景乃大圣。金元四大家之一的刘完素在《素问玄机原病式》中称仲景为"亚圣"。在此后的数百年中，张仲景在医界被进一步推崇，新安医学家徐春圃在成书于1556年的《古今医统大全》中首次直接称仲景为"医圣"。其言："张机，字仲景……凡医治诸证如神，后人赖之为医圣。"从此，医界便确立了张仲景"医圣"的名号。

　　张仲景生活的东汉末年是中国历史上极为动荡的时期，天下离乱，兵戈扰攘，政治腐朽，疫病流行。张仲景虽然以精湛的医术活人无数，撰《伤寒杂病论》确立了中医临床的基本原则，被后世尊为"医圣"，但从《伤寒论·序》中愤世嫉俗的悲叹中可以看出，张仲景是当时主流社会的异类，声名难彰，故其生平不见于正史，仅有零星文字记载，说他曾"举孝廉，官至长沙太守"。因此，学术界对仲景生平素有争论。

《伤寒杂病论》大约成书于公元 200 年前后，包括伤寒和杂病两大部分。由于历史久远，又时逢乱世，再加上成书年代传播途径有限，仲景逝世后原书散佚，以至今世所见《伤寒论》各版本或有缺失，或存讹误。西晋太医王叔和收集《伤寒杂病论》关于伤寒部分，并加以整理编次，命名为《伤寒论》。但《伤寒杂病论》中杂病部分则了无踪迹。及至张仲景去世 800 年后的宋代，翰林学士王洙发现了竹简本《金匮玉函要略方论》。该书一部分内容与《伤寒论》相似，另一部分则论述的是杂病。后林亿、孙奇等人校订《伤寒论》时，将之与《金匮玉函要略方论》对照，知为仲景所著，乃更名为《金匮要略》刊行于世。宋代开始，《伤寒杂病论》一书被分为《伤寒论》和《金匮要略》两书。因此，《金匮玉函经》是《伤寒论》的古传本，二者同体而别名。

《伤寒杂病论》是我国第一部临床治疗学方面的巨著，是后世业医者必修的经典著作，至今仍是中医学习的源泉。清初，中医名家张志聪将《内经》《本经》(《神农本草经》)《伤寒论》《金匮要略》四本医学典籍比喻为儒家的"四书"（四大经典），并说："不明四书者不可以为儒，不明本论（《伤寒论》）者不可以为医。"晋代以降，整理、注释、研究《伤寒杂病论》的中外学者计逾千家。目前比较流行且公认具有研究价值的《伤寒论》版本主要有西晋太医王叔和整理编次的《伤寒论》和《脉经》本，以及唐本、外台本、康治本、康平本、宋本、赵刻本、成本、玉函本、桂林古本、敦煌甲本、长沙古本、涪陵古本等十数种。

　　笔者耽嗜典籍，尤其推崇仲景学说，素以"仲景信徒"自喻。在六十余年的伤寒学研究过程中，痛感伤寒学研究史上由于因因相袭的思维局限，众多研究者往往墨守"注不破经，疏不破注"的成规，严重阻碍了对《伤寒论》理论的正确理解。然著者认为，既要把《伤寒论》放入古代的文化大背景中去认识，运用传统文化的思维方法，探寻《伤寒论》的文化渊源、理论原旨及其深层意蕴，更要深究善思，尊古不泥，正本清源，去伪存真，勘误止讹，对于历代医家研究《伤寒论》的方法和观点敢于大胆质疑，发表己见。唯有如此，才能真实、全面地揭示仲景学说的学术思想。

　　本书收录了笔者1983年以来在各级中医学术刊物上公开发表和在各类学术会议上交流的部分论文，对学术界存疑的"医圣"是否曾为长沙太守、《伤寒杂病论·序》是否为张仲景所撰、王叔和与"医圣"的渊源、《伤寒论》版本之争等做出了新的考释，并在伤寒学研究和经典运用、中医文化源流等方面提出了新的见解，或可作为《伤寒论》研究与伤寒学研究的有益补充，并借鉴于同道。

吴忠文

2019 年 4 月

目 录
CONTENTS

第一章

医圣新考释

张仲景不为长沙大(太)守考释

宋时高保衡、孙奇、林亿在校定《伤寒论》序时云："见名医录云：南阳人，名机，仲景乃其字也。举孝廉，官至长沙太守。"之后，唐·甘伯宗在《名医录》（早已散佚）序后《医林列传》谓："张机，字仲景，南阳人也，受业于同郡张伯祖，善于治疗，尤精经方，举孝廉，官至长沙太守。后在京师为名医，于当时为上手……"此列传出于何时、何地、何人之手不得而知。康平本《伤寒论》正文"伤寒例"前标有"汉长沙太守南阳张机著"字样。然经考，《汉书》《后汉书》《三国志》均无此说，故笔者对张仲景"举孝廉，官至长沙太守"疑问重重。笔者在对"《伤寒杂病论》序不为仲景所撰"之后，从举孝廉、任大守疑问重重，两汉选举法渐变，汉魏晋王叔和、皇甫谧考，汉代官制频繁更易，初平至建安动乱时局考，中平至建安历任长沙大守考六个方面，对时隔500年之后的唐·甘伯宗所谓的《名医录》之说进行考释。

一、举孝廉、任大守疑问重重

自宋以来，国内外在对《伤寒论》研究的同时，总是对其著者张仲景"举孝廉，官至长沙太守"之说争论不休，并不厌其烦地予以考证、评说、研究、著述，频率持高不下，长篇累牍者比比皆是。最后不得不以"任长沙太守"和"不任长沙太守"作为结局。大凡研究者写论文、立考证、出专著都将其列为重中之重，绞尽脑汁，上至《汤液经法》，次连《辅行诀》，以找出所谓依据出于哪里予以说明。似乎对于张仲景的"举孝廉，官至长沙大守"的头衔不加标明就显得不尊重，就会使医圣之称逊色，就会贬低《伤寒论》的经典价值似的，千百年来如出一辙，并千方百计地引证、论说、考释，宋代抄唐朝、明朝抄宋代，代代沿袭照抄，必引唐·甘伯宗之说，以证实为真迹所在。但是自宋·校正医书局引出此传文之后，近千年以来，从未有人怀疑过是否为伪托，且问过是否真有甘伯宗这个人？其何许人也？从事何职业？为什么要撰写《名医录》？既然是《名医录》，那么其中还有哪些名医在录？这一连串的问题都被后人忽视或否定，坚信宋代林亿等人是给皇帝写的奏章而不可不信。若要追问起来，就以皇帝奏章不是一般的著录作为挡箭牌。其实这已经是过了近千年的事了，《名医录》早已散佚且荡然无存，考宋医书局亦无其他记载。笔者经考《康熙字典》《辞源》，以及《中国医学史》《中医名词术语释》《中医词典》等也未果，且几种版本或说："甘伯宗"或为"甘宗伯"。由此认定，此传文之说并非当朝正史，乃个人道听途说之追记而已！

现将笔者近几十年间所发现的"举孝廉，官至长沙大守"

与相关问题列举如下。

以《伤寒论研究》《解读张仲景》《伤寒论文献通考》等为例，主要说法有：**一是**宋刻本《伤寒论·序》中引用唐·甘宗伯《名医录》的记述应为一证；**二是**清代陆九芝《补后汉张机传》云"灵帝时举孝廉，建安中官至长沙太守"；**三是**"仲景为一儒者……他做太守，为时不会长久，是史书不载的原因"；**四是**《三国志》卷二十二《桓阶传》中一段文字对于"推测"张仲景任长沙太守颇有价值；**五是**"知平羡事至六年乃决，表安抚长沙，扩地千里，此时外逼于曹操，内长沙无郡守，约于建安七年刘表乃任仲景为长沙太守，而《后汉书》《三国志》失载"；**六是**"据《甲乙经·序》及《刘表传》推算，此年（建安二年）仲景在荆州治所襄阳见诗人王粲仲宣"；**七是**"此年（建安六年）平张怿。张羡南阳人，盖仲景羡之族，岂表破羡之后，使仲景代之乎"；**八是**（建安七年）刘表以张仲景代为长沙郡守……虽史料有阙，理或然也。从以上八点疑问可以看出，为了"要"张仲景任长沙太守，不仅使尽浑身解数，这千百年来由"宋刻序"蔓延至某些地方府志、县志，几乎成了仲景当太守的"经典"。这一厢情愿的"推测"颇有价值吗？史书未言明时间就可以自行"敲定"，张仲景与张羡是同族就可以代太守（张羡是刘表仇人，刘表为何会任仇人之族人）。钱氏乃"前世"之事先知后觉！一个"推测"、一个"是知"、一个"大约"、一个"史料有阙，理或然也"、最后一个以《后汉书》《三国志》失载，"吾"（钱氏）乃堂而皇之予以"补史之阙"。这些疑点、症结究竟如何消除和解散，笔者将以科学严谨、认真核实的态度去考证历史，以给出正确结论。

二、两汉选举法渐变

《秦汉史·选举》云:"秦汉选举之法,亦承古代而渐变。古代平民登庸,仅止于士,大夫以上,即不在选举。"《中国历代官制》云:"就两汉而言,西汉以举贤良为盛,东汉以举孝廉为盛。意在郡守任职一年之后,便需本郡贤能到朝廷任职,以补充官吏。"

1. 东汉举孝廉法考

《后汉书·丁鸿传》云:"时大郡口五六十万举孝廉二人,小郡口二十万并由蛮夷者举一人。"《左雄传》言:"郡国孝廉,古之贡士……郡国举孝廉……请自今孝廉不满四十(岁),不得察举(此为阳嘉元年、132 年)。""灵帝熹平五年(176 年),试大学生年六十以上百余人,除郎中、太子舍人至王家郎、郡国文学吏。"光和三年(180 年),诏公卿举能通《尚书》《毛诗》《左氏》《谷梁春秋》各一人……献帝初平四年(193 年)试儒生四十余人。上第赐位郎中,次太子舍人,下第者罢之。(《秦汉史·选举》)

举孝廉之举乃郡大守之主要职责和任务,然而,现在公认张仲景的生卒年是 150～219 年。灵帝乃 168 年登位,至 189 年卒(是时 12 岁为帝,历经建平、熹平、光和、中平先后 21 年)。其间灵帝时举仲景为孝廉,而此时刘表是何许人也?刘表在灵帝崩(189 年中平六年 4 月)代王睿为荆州刺史,之前,刘表以大将军掾为北军中侯,并不在荆州,既无责又无权举孝廉,张仲景通过什么途径与刘表联系被举孝廉呢?且灵帝之时乃后汉衰乱之盛,史称"然桓帝之荒淫,实远不如灵帝之甚"(《秦汉史·灵帝荒淫》)。**刘表不为举主,他人也不得举仲景为孝廉,此理由之一。**灵帝时仲景并不为士，仅在 18~39 岁间，不得违反察举法之规定，**仲景不能被举孝廉。此理由之二。**特别值得指出的是：清代陆九芝能《补后汉张机传》，也能作为历史之记载的话，这不仅扰乱了历史的真实性，而且不可信矣。在初平二年（191 年），"李傕、郭汜入长安时乃以刘表为镇南将军、荆州牧"（《三国志·刘表》）。如果按建安中期（建安七年）刘表任仲景为长沙太守时，距举孝廉已时隔 12 年之久。仲景当年举孝廉，如不履行考试之程序、既未被辟除为郎又不在部署或州郡任下属之职，已为"不就"，其后来更不能（升）迁任长沙太守，**假若仲景举孝廉则也已废除。此理由之三。**仲景并不是儒士，儒和医是有原则区别的，且仲景年少时就随同族张伯祖习医，如果是儒士，就应通儒家之学《尚书》《礼》《春秋》等，仲景不懂经籍是不可被举孝廉的，不举孝廉即不能辟除，故无升迁之资质。刘表于 191 年已任州刺史（湖北襄樊）。当时州刺史牧伯的职责是"监纠非法，不过六条；传序周流，匪有定镇"；《三国志·魏·贾逵传》曰："州本以刺史出监诸郡，以六条诏书察长吏二千石以下（州郡级），故其状皆言严能鹰扬，有督察之才。"可见，当时刺史（牧伯）的职责是以督察郡及县以司监察，实行政之微权也。然而自宋明以来，为了要证实刘表之为仲景举孝廉、任大守，硬拉强辩把州刺史的职权扩大到等于皇帝之权，还要负责郡无大守的人事任命之权，**此为不举孝廉又不能任大守之理由之四。**为了任命权而不惜自己腹背受敌，既要防术来袭，还要保备投奔；争不到任命权，于是主动退让一步，你说不能任仲景为大守，那么刘表以张仲景代为长沙郡守总可以吧！假若张仲景当时心有夙愿或与刘表暗示（或背地说）过"想当大守"之意，或表示不能名正言顺当大守，就是代大守也行啊！时至今日，偌大一个中国，历史上有不可磨灭的文字记载："在建安七年，经刘表特别关照下任张仲景为长沙大守。"那可谓天大的笑话！张仲景一定会在已逝1800年后的九泉之下特别感激刘表，感谢有史以来为他争得大守之官位、不惜一切代价的教授们，并予以报恩领赏！

2. 被举孝廉和征辟举例

东汉时代，被举孝廉之后，随即征辟是选官的重要方式。征辟分为征召和辟除两种。征召是皇帝直接聘用社会名流授官；辟又叫辟除，就是聘用之意。如：

郭淮，字伯洛，太原阳曲人也。建安中举孝廉，除平原府丞（《三国志·卷二十六》）。

和洽，字阳士，汝南西平人也。举孝廉，大将军辟，皆不就（《三国志·卷二十三》）。

桓阶，字伯绪，长沙临湘人也。仕郡功曹。太守孙坚举阶孝廉，除尚书郎（《三国志·卷二十二》）。

以上三例，虽都是被举为孝廉，被辟（除）为郡之下属，但并不能直接被任为州郡刺史（牧伯）大守。被举孝廉之人要先到中央（公府）考试，合格之后，多在部署供职，由郎（升）迁为尚书、侍中、侍御史，或外迁县令、长、丞、尉，然后再逐级（升）迁牧伯、大守之职（《中国古代官员选任与管理制度研究》）。由此可见，张仲景既未被举孝廉，亦未被辟除，更不可能直接任命为大守，故正史无传。

三、汉魏晋王叔和、皇甫谧考

从汉末至魏晋，这一时期，知张仲景者非王叔和、皇甫谧莫属。因王叔和乃仲师同时代之人；皇甫谧亦为建安后期所生，既是医者更是当朝逸士，是全然了解魏武帝的知情人士也，故予以考证之。

（一）王叔和其人

王叔和（170—255 年），既是仲景同时代稍晚之人，又是对仲师著作予以首次学习、选论、整理、撰次之人，更是传人之一。这里主要从《脉经》与《金匮玉函经》中对张仲景的称谓、条文编次、内容、选论、古汉字等方面进行分述。

1. 从《脉经》卷五的目录及部分内容谈：从目录与内容排列顺序看，张仲景论脉第一，扁鹊阴阳脉法第二，扁鹊脉法第三，扁鹊华佗察色要诀第四，扁鹊诊诸反逆死脉要诀第五。论张仲景、扁鹊、华佗的出世年代，扁鹊在先应排第一；华佗、仲景均为汉同时代，应排第二、第三位。可王叔和将仲景排在第一，看来是特别尊重之原因。从文字内容来看，以问曰（王叔和问）开头："脉有三部，阴阳相乘……原为缕陈，今得分明。"其意在请教。紧接着以"师曰"（指张仲景）："子之所问，道之根源，脉有三部，尺寸及关……为子条记，传与贤人。"由此说明是张仲景根据王叔和所提问予以回答，应该是面对面的口述教导（或是当时草记，以后再整理）。师曰之理解应该首先是尊称，整个回答仅百六十个字，对开头及结尾均为"子"字的理解，其子非儿子即弟子，故称为传人。王叔和也是按其师的叮咛和嘱咐做的，而且从魏晋时撰成专著流传至今已1800 年，至今中医学界给予了很高的评价——"对后世脉学的发展有很大影响，历代以来均以本书为论脉辨证的依据"。可是有位训诂学家不知出于什么理由，把这百六十字的口述教导说是成于"西汉"，并且训而诂之。

2. 从现存《脉经》之卷七和卷八（部分）所载内容看，经与《金匮玉函经》比较发现，其来源于《金匮玉函经》卷二（部分）28 条原文，录于卷三、卷四中的 245 条，合计 273 条；以病"可"与"不可"按治法载于《脉经》卷七的 339 条原文，见于《金匮玉函经》卷五、卷六中"可"与"不可"的 335 条，二者的内容和文字基本相同，仅存在极少差别，可见《脉经》源于《金匮玉函经》且为同一版本（因篇幅关系，在此仅作提示，具体内容另有专题考释）。

3. 《脉经》卷七最后记有"治伤寒形证所宜进退，王叔和集仲景评脉要论"十九个字，从字义上理解，其提供了《脉经》与《金匮玉函经》二者相互关系的重要线索。《脉经》的作者王叔和生卒年代略晚于张仲景，《脉经》的成书晚于《金匮玉函经》20～30 年。最重要的一点是，从《脉经》的条文编排次序、"可"与"不可"中之文字、内容，尤其是从所保留的古汉字词如"坚""欬""胷""贲豚""烧瓦熨背"等足以证明，《脉经》是王叔和学习《金匮玉函经》的笔记和选论，更是原始资料的再现，证明宋本《伤寒论》是民间仿本（对此将以专题论述和考证）。

（二）皇甫谧其人

皇甫谧（215—282 年），汉末建安晚年出生，既从医（针灸）又为当朝逸士，与魏晋上层交往甚密，知之甚多，曾以《逸士传》所载之丰富阅历与《针灸甲乙经》流传于世，乃魏晋之名人名医。皇甫谧《逸士传》曰："汝南王俊，字少文……公之为布衣，特爱俊；俊称公有治世之具。及袁绍与弟术丧母，归葬汝南，与公会之，会者三万人。公于外密语曰：'如卿之言，济天下者，舍卿复谁？'相对而笑。"（《三国志·

卷一·武帝纪一》）。从对话可知，此为当面对话，皇甫谧也一定在场。

皇甫谧在所著的《针灸甲乙经·序》中云："……上古神农始尝草木……黄帝咨访岐伯……中古名医有俞跗、医缓、扁鹊，秦有医和，汉有仓公……汉有华佗、张仲景……若知直祭酒刘季琰……仲景见侍中王仲宣时年二十余……仲景曰：色候固非服汤之诊，君何轻命也……华佗性恶矜技，终以戮死，仲景论广伊尹汤液为数十卷，用之多验，近代太医令王叔和撰次仲景选论甚精，指事施用。"

以上对王叔和、皇甫谧二人的主要考证资料可以明确以下几个问题：①王叔和与张仲景为同时代人，二人曾先后有过多次面对面讲授场景，可称直接传人，故对其师之装束如"衣帽、服饰、住所、生活范围、习性了如指掌，既不可能对其官帽、官服、为官场面不无知觉，亦不可能只论医事而不提不说予以隐瞒，对其官职视而不见，无只言片语，只因无官职而采取直述姓名或师曰载于专著不失于尊敬"。②以撰著《脉经》卷七最后记述"治伤寒形证所宜进退"之意，从王叔和的语气中可知，张仲景当时已将《金匮玉函经》初步撰成。该书以诊治伤寒病为主，以汗、吐、下为法，汗、吐、下后的病证应从形（体、态）、证（症、状）、脉（法、部位）几个方面进行详细辨证，且临床运用灵活。《脉经》中有关张仲景论脉法、治伤寒的内容当为王叔和亲自搜集整理。③从皇甫谧的阅历可以看出，他与汉末之曹操、王俊等人十分亲近，对侍中王仲宣和张仲景对其诊治、追踪观察及最终结果了如指掌（只能说明张仲景对王仲宣病情诊断准确，但王仲宣并不相信，故再三不听医嘱，不愿治疗服药，终于殒命）；对直祭酒刘季琰病情治之而瘥；对太医令王叔和撰次仲景之书，特别是"选论甚精"之说如亲临现场（可是钱氏不知何来《甲乙经》版本，明明是"选"字，却改为"遗"字）。最重要的是，对于他们是"直祭酒""侍中""太医令"的职位一一贯于姓名之首，经考证其官名完全符合正史所载。对于华佗不仅直呼其名，还对他的悲惨结局直击且抱不平；三次提到张仲景均直呼姓名，之后还阐述其"不能尽记其本末""终如其言""用之多验"。由此，一个善于捕捉信息、了解历史的人——皇甫谧，如实全面地记述了当时的风云人物和从医前辈，此应视为真实史料。足以说明，张仲景当时确未任**"大守之职"，此理由之五。**

四、汉代官制频繁更易

本文题"大守"之称并非出于笔者之哗众取宠，为解众人之惑，特以此节以考证之。

《秦汉史·官制》云："汉代官制，大体承秦。其后复有改易。至东汉世祖，乃大加并省。"至于郡之守，历来有太守之称，而考《吕思勉·秦汉史》并无太守之名，全书通称为"大守"，故考汉时之官制与官名是什么时候更易？为何更名？因本文题为"大守"，是乎与众不同，故考证以分述为两大类。

1. 属中央级别

一为丞相；一为相国，掌丞天子，助理万机。其他如御史大夫、大傅、卫尉等分属宫廷官制。秦之相国、丞相有左右。高帝即位，置一丞相，十一年（前196年）更名为相国。哀帝元寿二年（前1年），更为大司徒。孝惠帝六年（前189年），置大尉官。元狩四年（前119年），初置大司马，以冠将军之号。成帝绥和元年（前8年），更名为大司空。王莽时（西汉初始元年，8 年），定三公之号，曰大司马、大司徒、大司空。建武二十七年（51 年），令二府去大字，又改大司马为尉。随着朝代更迭，历代帝王为维护中央集权制，巩固统治地位而在官制上予以变更。如公元前 156 年的西汉，刘启嗣位后，立景帝，七年（前 150 年）二月，罢大尉官。景帝初（前 155 年）更名为大夫令、典官。景帝中六年（前 144 年）更名大行令。景帝后元年（前 143 年）更名为将作大匠；大傅、少府更名为大长秋（《秦汉史·官制》）。

2. 地方政府级别

郡国在东汉末年，黄巾起义前属地方最高政府，郡守为郡之行政长官。汉郡下的二级地方政府为县，县令和县长亦由中央任免（由此可见，郡守应由中央任免，故刘表无权任命仲景为大守，**此未任大守之理由之六**），报呈郡守认可、审批。郡守掌治其郡。**景帝中二年（前 148 年），更名为大守**；都尉，掌佐守典武职用卒，景帝中二年（前 148 年），更名为都尉；建武六年（30 年），省诸郡都尉，并职大守（《秦汉史·官制》）。

《秦汉史·新室政治下》云："又改诸官名，如郡大守曰大尹、都尉为大尉，县令、长曰宰。"（此为王莽时，西汉初始元年）《古今注》云："建武十四年（38 年），置边郡大守丞，长史领丞职。""若郡所摄，唯在大较，则与州同，无为再重。宜省郡守，但任刺史。"以上考证自公元前 196 年至公元 38 年的234 年之间，无论是中央还是地方之官制，在新皇帝登位时，先后对其他官名之制予以更改，其中以加"大"字者为多，以求笼络人心，巩固统治地位。

由于官制、官名反复多次更易，使社会及人们对官制的认识麻木不仁，如《汉魏制度丛考》中《百官表·志》记载：

"王国太仆改名仆是在武帝时期（25 年），王国太仆改名为傅是在成帝时。因此，从道理上说，武帝改名以后，王国即不应有太仆；成帝改名以后，王国不应有太傅。事实是不是真的这样呢？"

《后汉书·江革传》云："永平初举孝廉，为郎，补楚太仆。"《资治通鉴》卷二十四汉昭纪元平元年："（昌邑）王使寿成御。"注曰："寿成人名，昌邑太仆也。"《资治通鉴》卷四十五东汉明帝永平五年："帝以骠骑长史为东平（王）太傅。"

这里的太仆、太傅都是改名之后的。这就是说，在武帝、成帝改名以后，史上仍有太仆、太傅出现。这是为什么呢？

《资治通鉴》卷三十五汉哀帝元寿元年："以故定陶太傅光禄大夫韦赏为大司马车骑将军。"注："成帝省王国太傅，更曰傅，此犹曰太傅者，习于旧称，未能顿从新称也。"（以上均选自《汉魏制度丛考》）

据此，王国太仆、太傅改名之后仍然出现有可能是"习于旧称"的结果。笔者近几年阅读史籍时也发现如此问题。以郡守之称为例，景帝中二年已更名为"大守"，而钱穆的《国史大纲》或章太炎的有关史籍等称"太守"。考吕思勉之四部断代史，有关"太守"均改称为"大守"，而其他几位国学大师仍习惯于"太守"。笔者称之为"惯性思维"较为恰当。当今社会之"地区"改市、县为"区"，街道更名仍呼旧名之声屡见不鲜。本文改"旧称"之习，故立"张仲景不为长沙大守"为题！

五、初平至建安动乱时局考

一千多年以来，自张仲景撰著经典《伤寒杂病论》至今，对其学术成就研究已达至臻完善的地步！可是，对于其作者已争鸣了上千年，仍是一头雾水，各执一词，故列下表，以了解历史与有关人物的关系，以甄别真伪。

东汉末年历史年表摘要

年代	主要史事	
	柏杨的观点	钱超尘的观点
东汉中平六年（189 年）	4 月，东汉灵帝刘宏卒（自 168 年为帝起，至灵帝之 21 年间，张仲景不足 40 岁，不能被举孝廉）。8 月，宦官张让乘何进宫，杀之。虎贲中郎将袁术遂攻皇宫，中军校尉袁绍大捕宦官，无少长悉斩之，杀两千余人。张让胁刘辩奔小平津（洛阳北），迫兵至，张让自杀。董卓军亦至，迎刘辩还宫。9 月，董卓废刘辩为弘农王，立其弟刘协为帝，时为献帝。杀何太后，任董卓为太尉。11 月任董卓为相国，权倾朝野……	
东汉初平元年（190 年）	正月，推渤海（河北南皮）太守袁绍为盟主。董卓杀少帝刘辩。2 月，董卓迁东汉献帝刘协建都长安，悉驱民数百万人自洛阳西行，沿途兵马践踏，饥饿疾病，积尸盈路，洛阳 200 里内无复人烟。3 月，曹操（骁骑校尉）起兵陈留，西攻董卓。6 月，董卓废五铢钱	

续表

年代	主要史事	
	柏杨的观点	钱超尘的观点
东汉初平二年（191年）	擢董卓为太师。破虏将军孙坚起兵攻董卓，入洛阳，得传国玉玺。回军攻荆州（湖北襄樊）牧刘表，将黄祖射死，冀州牧韩馥让位于袁绍。袁绍奏荐曹操为东郡（河南濮阳）大守。奋武将军公孙瓒攻袁绍，任刘备为（山东）平原相……	
东汉初平三年（192年）	袁绍大破公孙瓒于界桥。司徒王允使中郎将吕布刺杀董卓。董卓部将李傕、郭汜、樊稠等求赦，王允不许。遂叛，攻陷长安，杀王允	
东汉初平四年（193年）	徐州牧陶谦所部杀曹操父亲曹嵩，曹操攻陶谦，坑杀数十万人于泗水（山东济宁）。陶谦退屯郯县，曹操围之。幽州牧刘虞攻公孙瓒，兵败被杀	
东汉兴平元年（194年）	2月，平原相刘备救陶谦；陶谦荐刘备为亳州刺史。4月曹操还军复攻陶谦。5月东骑将军李傕、后将军郭汜、右将军樊稠共揽朝政，喜怒无常……12月陶谦卒，刘备继任徐州刺史……	
东汉兴平二年（195年）	曹操攻（山东）定陶，吕布兵败，东奔徐州降刘备；长安乱起，李傕、郭汜互战……袁绍攻公孙瓒大破之，斩首两万，袁绍军围之	节录于《伤寒论文献通考》第九节

续表

年代	主要史事	
	柏杨的观点	钱超尘的观点
东汉兴平三年 建安元年 （196 年）	兴义将军杨奉送东汉献帝刘协由安邑回洛阳，宫室烧尽。曹操率兵入朝，迁刘协都许昌（河南）。袁术攻刘备，吕布叛刘备，刘备还击，兵溃降吕布。张济由长安攻穰城，中流矢死。侄张绣降荆州牧刘表，屯宛城（河南南阳）	①《后汉书·献帝记》："建安元年六月，是时宫室烧尽，百官披荆棘，依墙壁间。州郡各拥强兵。"②《后汉书·刘表传》："建安元年，骁骑将军张济自关中走南阳，因攻穰城，（河南邓州）。"③《资治通鉴》卷六十二《建安元年》："张济自关中引兵入荆州界，攻穰城，为流矢所中，死"
东汉建安二年 （197 年）	曹操击张绣，张绣降；曹操纳张济妻，张绣怒，叛杀曹操长子曹昂。左将军袁术占据寿春（安徽）称帝	①《三国志·魏志·武帝纪》："建安二年秋九月，曹操击袁术，术走渡淮。"刘表、张绣联合攻曹。②据《甲乙经序》及《刘表传》推算，此年仲景在荆州治所襄阳见诗人王粲

续表

年代	主要史事	
	柏杨的观点	钱超尘的观点
东汉建安三年（198 年）	吕布与袁术相结，遣军攻刘备。刘备军溃，奔曹操，曹操亲击吕布降。东汉献帝授孙策为讨逆将军，封吴侯。袁绍攻公孙瓒，3 年不能克……	《后汉书·刘表传》记载，长沙大守张羡率零陵、桂阳三郡叛表，表遣兵攻围破平之。做裴松之引王粲《英雄记》云："张羡南阳人，先作零陵桂阳守，甚得江湘间心，然倔强不顺，表羡为其人，不甚礼也，羡因是怀恨遂叛表，按张羡于此年始叛刘表"
东汉建安四年（199 年）	公孙瓒自焚死。袁术穷奢不能自立，归帝号于兄袁绍，欲经下邳，北上冀州，刘备迎击之……袁绍既灭公孙瓒……曹操大军屯官渡（河南中牟东北）	①《三国志·魏志·武帝纪》："冬十一月，张绣率众降，封列侯；十二月，公军官渡。"②刘表围攻长沙郡守张羡
东汉建安五年（200 年）	东骑将董承、左将军刘备密谋杀曹操，事泄，曹操杀董承，发兵攻刘备，擒关羽，刘备只身奔袁绍，袁绍大举攻曹操，战于官渡，袁绍军大败	①曹操与袁绍大战于官渡。②《武帝纪》裴注云："《魏书》曰：我攻吕布，

续表

年代	主要史事	
	柏杨的观点	钱超尘的观点
		表不为寇；官渡之战，不救袁绍，此自守之贼也，宜为后图。" ③《资治通鉴》卷六十三《献帝建安五年》："刘表攻张羡，连年不下，曹操与袁绍相拒，未暇救之，羡病死，长沙复立其子怿。表攻择及零，桂皆平之。于是表地方数千里，带甲十余万，遂不供职贡，郊祀天地，居处服用，僭拟乘舆焉"
东汉建安六年（201 年）	曹操击袁绍，战于仓亭，袁绍军再溃。曹操还军击刘备于汝南，刘备奔荆州投刘表屯（河南）新野	①刘表继续攻张羡子张怿，此年平张怿。丹波元简《伤寒论辑义》："《英雄记》曰：张羡南阳人，盖仲景之族，表破羡之后，使仲景代之乎？" 按：元简此语虽短，但启迪极多，读者切勿忽之

续表

年代	主要史事	
	柏杨的观点	钱超尘的观点
东汉建安七年（202 年）	袁绍命长子袁谭任青州（山东平原）刺史，次子袁熙任幽州（北京）刺史，甥高干任并州（山西太原）刺史；袁绍以数兵败，渐愤，5 月呕血死	刘表任张仲景为长沙太守。据王粲《英雄记》，张羡南阳人，南阳张氏自汉初为大族，见《广韵》"张"字注。张羡与仲景同为南阳人，乃属同族，张羡死，张怿平，长沙无郡守，刘表以张仲景代为长沙郡守，此年仲景于长沙任所撰《伤寒杂病论》虽史料有阙，理或然也

上表内容左侧为柏杨著《中国历史年表》，东汉中平六年至建安七年（189—202 年），右侧为钱超尘著《伤寒论文献通考》（196—202 年）。将两表并列之意在于：一是内容互补；二是由于内容出处有别，可以互考之、鉴别之。经过对比互考之后，总体而言，汉末整个社会处于"摘要"所述的"群雄战乱分裂，大江南北诸州郡腹背受敌，加之疫病流行，社会秩序动荡不安，民不聊生"之中，且几大疑问经过对比有了一定答案（见本文第一部分）。

六、中平至建安历任长沙大守考

为什么在此只选灵帝至建安年代这个时间段呢？因为从古至今很多的论著和传说关于张仲景"举孝廉"和"建安七年为长沙大守"及"谁任命长沙大守"的疑问大都集中在这一时段。长期以来，人们自编自演，自问自答，粗看其问答似乎圆满无疑，但稍经推敲，则第一感觉就无法通过。其实并非"史无记载"，而是自欺欺人矣！为了澄清历史事实，考释如后。

1. 东汉灵帝中平三年（186 年），"时长沙贼区星自称将军，众万余人，攻围城邑。以孙坚为长沙大守，克破星"（《秦汉史·董卓之乱》）。

2. 东汉灵帝中平四年（187 年）十月，零陵人观鹄自称平天将军，寇桂阳，长沙大守孙坚击斩之（《后汉书·灵帝纪》）。

3. 东汉献帝"初平元年（190 年），长沙大守孙坚杀荆州刺史王睿，诏书以表为荆州刺史，江南宗贼大盛，而术阻兵鲁阳，表不得至，乃单马八宜城……后汉荆州刺史本治汉寿（故城在今湖南常德市东）今移治襄阳……"又"时为初平三年正月（192 年），先是袁术使孙坚击刘表，表遣黄祖逆于樊、邓之间，坚击破之"（《秦汉史·东诸侯相攻》）。

4. 典略曰："坚悉其众攻表，表闭门，夜遣将黄祖潜出发兵……坚乘胜夜追祖，祖部兵从竹木间暗射坚，杀之。"吴录曰："坚时年三十七。"英雄记曰："坚以初平四年正月七日死（193 年）"（《三国志·孙破虏讨逆传注》）。

按：公元 186 年（中平三年）至 193 年（初平四年）此期间为灵帝后期，而 190～193 年已为献帝时期，是时孙坚任长沙大守。诏表为荆州刺史赴任途中，术使坚击表，表遣黄祖，被坚击破。此期间张仲景既与王粲不相识，更不认识刘表，按钱氏之"推算"，张仲景在襄阳会见王粲是在建安二年（198年），那又是谁举张仲景孝廉的呢？且王粲只是侍中，无"举孝廉"之资历。《伤寒论研究》说"灵帝间举孝廉"，而灵帝卒于189年（中平六年），190～193年初乃孙坚任长沙太守。至201年（建安六年），距传说仲景"举孝廉"已有12年之久。这十多年中，难道张仲景被"举孝廉"后在什么地方侍着等待任命通知吗？难道他不行医了吗？还是京试之后又在部署州郡之下属从事何职呢？此灵帝间"举孝廉"之说只是虚构而已！

5. 刘表之初为荆州也，江南宗贼盛，袁术屯鲁阳，尽有南阳之众。吴人苏代领长沙太守，贝羽为华容长，各阻兵作乱……表初到，单马入宜城……（《三国志·董二袁刘传·司马彪战略》）。

6. 以刘表为荆州牧……张济入荆州界，攻穰城，为流矢所中，死（建安元年，196年），表使人纳其众。长沙桓阶，说长沙太守张羡举长沙及旁三郡以拒表，遣使诣曹操。表围之连年，不下。羡病死，长沙复立其子怿。表遂攻并怿。南收零、桂，北据汉川，地方数千里，带甲十余万。曹操与袁绍相持于官渡（建安五年，200年），绍遣人相助，表许之而不至，亦不佐操，欲保江、汉闲，观天下变（《秦汉史·赤壁之战》）。

7. "建安元年（196年）春正月，太祖军临武平"。"二年（197年）春正月，公到宛，张绣降，既而悔之，复反。公与战，军败，为流矢所中。三年（198年）春正月，公还许，初置军师祭酒。三月公围张绣于穰，夏五月，刘表遣兵救绣，以绝军后"。"九月，公东征布。冬十月，屠彭城，获其相侯谐"。"四年（199年）春二月，公还昌邑……夏四月，进军临河"。"九月，公还许，分兵守官渡。冬十一月，张绣率众降，封列侯。

十二月，公军官渡"。"五年（200 年）春正月，董承等谋泄……诸将皆曰：与公争天下者，袁绍也"。"二月……绍引兵至黎阳，将渡河。夏四月，公北救延……八月，绍连营稍前……孙策闻皆与绍相持，乃谋袭许"。"冬十月，绍遣东运谷，使淳于琼等五人将兵万余人宿绍营北四十里……公急击之……大破琼……六年（201 年）夏四月击绍亭军，破之。绍归，复收散卒……九月，公还许……""七年（202 年）春正月，公军谯，令曰：吾起义兵，为天下除暴乱……进军官渡。绍自破军后，发病欧血，夏五月死"（《三国志·武帝纪》）。

按：以上 5、6、7 部分，一是张羡任长沙大守之初，196 年张济攻穰城死。二是张羡叛表，表围之连年（两年），不下，则羡病死于建安五年（200 年）。其时羡虽死，其子怿已任长沙大守，此时表不可能"复立"眼前为敌之子，所以后有"表遂攻并怿"。"复立"张怿长沙守，既然非表所任，又一次**证实表无权任仲景为长沙大守之理由之七**。且表在"遂攻并怿"之后，担心"长沙无大守"非表之责也！此为钱氏之异想天开！三是曹操与袁绍相持而战于官渡，已分年月其时清晰可见。袁绍大败于建安七年（与表遂攻并怿同时，但非同一战场）。自建安元年（196 年）张羡任长沙大守后，举长沙及旁三郡叛表之时乃公与绍相持（建安五年至七年）官渡为同一时段；以及公赶走备，且奔于表（公之下一攻击目标就是表），加之公之日益强大，绍之数兵败，故渐愤于建安七年五月呕血而死。刘备奔表屯新野亦为同期。表、公、绍三者，强者乃公也！表虽收复三郡之地，带甲十余万，但身心疲惫，腹背受敌，加之悲愤交加，且又失信于绍，故虽有王粲之助，但在惊魂未定、悲喜交加的情况下，能去干预不属于他权力范围而代为长沙大守之举吗？故英雄记曰："州界群寇既尽，表乃开立学官，博求儒士，使綦毋闿、宋忠等撰五经章句，谓之后定。"

8. 黄忠字汉升，南阳人也。荆州牧刘表以为中郎将，与表从子磐共守长沙攸县。及曹克荆州，假行裨将军，仍就故任，统属长沙大守韩玄（《三国志·蜀书·黄忠传》）。

9. 建安十三年（208年）秋七月，公南征刘表。八月表卒，其子琮代。九月，公到新野，琮遂降（《三国志·魏书·武帝纪》）。又"表卒，曹公征荆州，辟为掾，使招纳长沙、零陵、桂阳"（《三国志·刘巴传》）。又"建安十三年十二月（208年）。公至赤壁，与备战不利，于是大疫，吏士多死者，乃引军还。备遂有荆州、江南诸郡"（《三国志·魏书·武帝纪》）。

10. 先主表（刘）琦为荆州刺史，又南征四郡，武陵大守金陵、长沙守韩玄、桂阳大守赵范、零陵大守刘度皆降。庐江雷绪率部曲数万口稽琦病死（建安十四年、209年）群下（孙权）推先主（刘备）为荆州牧，治公安。（《三国志·蜀书·先主传第二》）

以上8、9、10三点之考释为：一是承上文"先主奔表"，二是"羡病死"，平怿之后，长沙郡空无大守并非实事，是追随刘表之人，为"要"张仲景任长沙大守的所谓空缺，而设计之圈套，如若"不能任"就"代为"大守。三是黄忠被刘表以为中郎将，此为郡之下属，其"仍就故任"所指韩玄在黄忠武将协作之下续任长沙大守，是时为201年，直至建安十四年（209年）。

11. "廖立，字公渊，武陵临沅人。先主（备）领荆州牧，辟为从事，年未三十，擢为长沙大守（时为建安十四年、209

年）"（《三国志·蜀书·廖立传》）。

综上所述：自灵帝中平三年至献帝建安十四年，凡二十三年之间，经考其长沙大守为孙坚（186—193 年，中平三年至初平四年）、苏代（193—194 年，初平四年至兴平元年），张羡、张怿（194—201 年，兴平二年至建安六年）、韩玄（201—209 年，建安六年至建安十四年）、廖立（209 年，建安十四年以后）共六人乃历史所载。长沙大守自灵帝至建安计 23 年间从未出缺，依次是孙坚、苏代、张羡、张怿、韩玄、廖立六人。其《伤寒论研究》《解读张仲景》中从另一侧面也证此为实。为此，其建安六年（201 年）平怿后，明明是刘表以黄忠为中郎将，与表从子磐共守长沙攸县时，长沙大守之职并无空缺的历史史实。建安七年（202 年），其长沙大守为韩玄，并非《三国志》失载。**此仲景未任长沙大守之理由之八。**《伤寒论文献通考》之著者始终坚持所谓建安七年刘表任张仲景为长沙大守或代为长沙郡守，只是一种不符合历史事实的伪证而已。

结语：至此本文的结论会有相当的人不会赞同，甚至笔者可能会遭受唾骂！为什么呢？因为从东汉末年至唐时，五百年之后，甘伯宗有"仲景……举孝廉，官至长沙太守"的《名医录》；随后相继有《南阳府志》《长沙府志》等都相继认同，甚至张仲景在长沙当大守"坐大堂行医"的传说，而今被笔者这样一否认，不仅有损于仲景形象，还有损自古以来"崇圣"的古迹旅游圣地之称。但是可以肯定的是，张仲景虽然没有被举孝廉、没有任大守，但他当时为了救治大江南北的患者，曾先后穿梭于其家乡南阳、洛阳、许昌（当时的临时都城）以及荆州所辖之郡县，如长沙、湘潭等地履行医圣之责，故长沙有张公祠之旧址，明清时代当地从医者曾有张长沙之称。

但是历史绝没有"推测"的余地，切不可以"传说"而再"传说"。为此，特摘录一位国学大师所说："《唐志》以十卷冒全书之名，而又误杂为卒也。今《伤寒论》尚存，而序次有嫌义，为医家聚讼之端。《杂病论》只有节本，改名为《金匮玉函要略》，乃赵宋之世馆阁所藏也。仲景正史无传，行事不可知。其《自序》云为长沙大守。然《自序》似系伪物，不足信也。"（《吕思勉·秦汉史·自然科学》）

由此，笔者对持以"张仲景未任长沙大守"与"张仲景曾任长沙大守"之双重说法者予以大喝一声：吾（张仲景）绝不是"拉关系（交王粲）、攀亲缘（张羡同族）、拜牧伯（依刘表）"的这种权欲熏心之人，就是以一面之词不择手段捞得"长沙大守"这顶冠冕堂皇的官帽是不光彩的，不仅玷污了吾的灵魂，定会遭世人误解而受指责！吾乃终身以医术博得广大民众身心健康！为此，愿医界所有同仁们联合起来为破除陋习、共同为中医学发扬光大，还吾一身清白而努力。

《伤寒杂病论》序不为仲景所撰

《伤寒杂病论》成书至今已一千八百余年，无论是学习者，抑或研究者，都抱着一种崇敬之心。对于"序名及序文"的学习和研究都是怀揣三种心态：一是从不考察或怀疑为他人所作，而是千方百计去从历代的经典或文库中寻找其事、其词去考证出处；二是明显有疑点或矛盾之处就采取假设、推测、可能的委婉之词以自圆其说；三是推托因史书遗漏或其他原因，以求不损仲景之誉。因此，至此绝大多数都认定是张仲景自序。一些《伤寒学》权威则以"宋本"之名先后出版多种《伤寒论》

版本充斥中医学界，且被中医药院校作为选修课供学生研读。这样不仅扰乱了"学经典、做临床"阵脚，还有可能使中医学误入歧途。笔者认为，现在到了净化学习仲景学说风气的关键时刻，首先必须澄清对仲景人生履历的正确认识。为此，我从五个方面对序名及序文进行剖析和考释：一是序名之收集与剖析考释；二是序中"字"之剖析与考释；三是序中"词"之剖析与考释；四是序中"句段"之剖析与考释；五是序中"词组"之剖析与考释。

一、序名之收集与剖析考释

从东汉时期张仲景撰写《伤寒杂病论》至今已一千八百多年历史。在这漫长的历史长河中，首先是王叔和搜遗编辑成《伤寒论》，此外先后尚有多种版本在各种渠道传播，至今从所搜集的 11 种版本来看，并非出于王叔和一人之手。其中，经宋朝 1065 年校正的就有宋本《伤寒论》，1066 年校正的《金匮玉函经》，还有孙思邈唐本、高继冲本、成无己本，流传日本以后所获的康治本、康平本、湘古本、涪陵本、白云阁本等。除此之外，全国各地先后以宋本的名义出版了多种"宋本""选读"，大有各显其能之势。笔者收集了 17 种 20 世纪 50 年代至今不同时期的版本，其对"序"的命名分别为：①张仲景原序。②伤寒卒病论集。③伤寒卒病论原序。④伤寒论序。⑤伤寒杂病论集。⑥伤寒杂病论序。⑦伤寒杂病论自序。⑧伤寒卒病论。⑨自序。序名中"杂"或"卒"各有解释，"杂"者包括《金匮》在内；"卒"者示其病"急危"而言。序名虽有多种，但经考察，这些版本的序文只有两种不同：①绝大多数版本在序名不同的情况下，序文从开始至结尾区别只是一部分去掉了

"论曰"二字，一部分保留了"论曰"二字；另一部分版本是序末增添了"汉长沙太守张机撰"八个字。②康平本以"集论曰"低于"余每览"之下为小字旁注；对"撰用《素问》起……并平脉辨证"共23个字均列于正序文"博采众方"后为小字嵌注。由此形成了一条规律：随着历史的前进和时代不同，文字的记载会出现不同的某些对原始（文）的更改，但都会打上时代的烙印，为后人考证留下一丝可靠的印证（迹）。

毋庸置疑，考证序名及序文首先要考证与之直接相关的仲景著作的流传过程。仲景著作从王叔和搜集整理时起，至北宋治平二年（1065年）林亿、孙奇校正颁行时止，乃八百多年之久。据《伤寒论文献通考》云："始著于《隋书·经籍志》，复著录于《旧唐志》与《新唐志》，则称《张仲景方十五卷》为叔和整理。"《秦汉史·自然科学》称："《隋志》有其方十五卷。《新唐志》《旧唐志》同。又有《疗妇人方》十二卷，皆不传。其传于后者曰《伤寒杂病论》凡十六卷。"这两种说法基本相同。在此，我们可以思考几个问题，《隋志》《旧唐志》《新唐志》均称《张仲景方》，只是《伤寒论文献通考》谓："它保留着《伤寒杂病论》全部或主要内容。"可见，《隋志》以前没有《伤寒杂病论》之名称已属实，**此更可证实其序名及序文非仲景所撰理由之一**，序之名称为后人随意杜撰。另外，无序名的版本有敦煌本残卷、康治本、金匮玉函经、高继冲本、唐本，此五种版本未发现序名及序文。

二、序文中"字"之剖析与考释

"余"字："余"字在序中共出现5次。余每览、余宗族、向余、寻余、余宿尚。其字意有两种解释：一是有余或剩余之意，序中之"向余二百"为只剩下二百多人。二是人称代词。
"余"字在序文中为张仲景自称，先后出现 4 次。①"余每览"，
是张仲景每次阅览太史公所撰《史记》中《扁鹊仓公列传》，其
中记述了扁鹊救治虢太子、为齐侯望色诊病的经历。②"余宗
族"，是说张氏宗族成员素多，在建安十年之间先后因伤寒逝去
三分之二，从而激发他勤求古训、博采众方救治百姓，以撰写
《伤寒杂病论》。③"寻余所集"，是指学习和掌握仲景所撰的
《伤寒杂病论》便可以见病知源，能理解大半。④"余宿尚"，
是说张仲景自己素来非常重视医学。然而在东汉时期，无论任
何场合都是以"吾"代"我"之称，而不用"余"。如《王粲
传》（王粲，177—217 年）：粲徙长安，左中郎将蔡邕见而奇
之……邕曰："此王公孙也，有异才，吾不如也。吾家书籍文
章，尽当与之。"（《秦汉史·经籍》）又如：曹植（192—232
年）写给杨修（175—219 年）的信中就有"若吾志未果，吾道
万行"。（《古代汉语·与杨德祖书》）

"秀"字：秀是出众、优秀的意思，然张仲景之《伤寒杂病
论》撰写于东汉末年，东汉帝刘秀称光武帝（范晔所著《光武
帝纪》开篇称"世祖光武皇帝讳秀"）。因避讳"秀"，故当时
科举制改"秀才"为"茂才"。《伤寒论》序中出现了避讳之
"秀"字，显然不合时宜，因为东汉人是不敢冒天下之大不韪
的。因此，结论只能是该序非东汉时所作，或非汉时之人所撰。
此为该序非仲景之所撰理由之二。

三、序中"词"之剖析与考释

"论曰"：一是作为序之开端；二是提示太史公之《史记》
中记载秦越人——扁鹊为虢太子诊视和救治之记述；以及为齐

侯望色，根据望色判断疾病之所在，可谓"望而知之者谓之神也"的奇特功能。而"集论曰"在康平本《伤寒论》并不是作为开端，而是与"余每览"平行的小字旁注。依此"集论曰"只是旁注，非正文也。第二种是说张仲景为赞叹扁鹊救治虢太子起死回生的高超医术，为齐侯望色诊病的奇特功能，是从"余每览"《史记》中所得知也是不可能的，为什么呢？原因将在后面逐步剖析和考释。

四、序中"句段"之剖析与考释

"余每览越人入虢之诊，望齐侯之色，未尝不慨然叹其才秀也"。这几句（共 24 个字）称为句段。自发现该序文以来，特别是近几十年，不乏训诂学家、文学家，以及名人名医、各院校教授以此序作医古文体裁示教讲解，绝大多数人不顾历史史实，随文演绎，认定为张仲景的自序。殊不知，张仲景所处的年代公认为 150～219 年的东汉末年，太史公《史记》撰成于公元前 90 年代初，是为自己所收藏而作（因《史记》记述了当朝皇帝之事，为了躲避皇帝的打击报复），后经外孙杨恽于汉宣帝时期将部分单篇交由当朝政府而问世，故证实《伤寒杂病论》**序不为仲景所撰**。

范晔所著的《后汉书》，《光武帝纪》的第一句就是"世祖光武皇帝讳秀"，意为皇帝之名是要避讳的，所以自东汉时期选举制度的"秀才"被改为"茂才"。《三国志》中似未发现此记载，是因为汉以后不存在避此讳问题，故再一次证明此序出自汉后人之笔。

"撰用《素问》《九卷》《八十一难》《阴阳大论》《胎胪药录》，并平脉辨证"。此句亦称为句段，版本不同，记述形式不同。如康平本《伤寒论》序文将此 23 个字以小字嵌注，放在"勤求古训，博采众方"正文之后作为间注，因而推测该版本的校注者对此是持怀疑态度的，一是认为非仲景所撰，因《伤寒论》原文未见引用所列经典的内容。二是康平本《伤寒论》不仅此 23 个字作为小字嵌注，且各篇中有多处小字旁注、间注，笔者考证各篇名称时发现，《秦汉史·自然科学》载："意（淳于意）对诏问所称'大阳''少阳''阳明''厥阴'等名，与《伤寒论》同。"经对照，《秦汉史》与康平本《伤寒论》所称的"大阳""大阴"相吻合。其他版本则未见"大阳"之说（从侧面可证实康平本《伤寒论》在流传到日本之前就是古传本《伤寒论》）。三是上述 5 种古医籍非同一时期成书，且《阴阳大论》《胎胪药录》早已散佚。据考，南宋官府刻书为国子监刻印（1040 年）的《说文解字》《黄帝内经》等，故张仲景是无法参考和借鉴这些书籍的。

"余宗族素多，向余二百……伤寒十居其七"。该句共 33 个字。《伤寒论文献通考》曰："王粲叙此时之情景云：出门无所见，白骨蔽平原。路有饥妇人，抱子弃草间"（《七哀诗》）。又《三国志·魏志·张绣传》称，建安中"是时天下户口减耗十才一（谓减少十分之九，仅余其一），在诸将封，未满有千户者。"《三国志·魏书·武帝纪》云："建安十三年冬，与备战于赤壁，不利，于是大疫，吏士多死。《五行志》亦未载，似可补史之阙。"仲景之张氏宗族乃南阳大族，以尊重历史为出发点，伤寒病之惨景与当时的史载已成为史实，不管是何人所撰之序，为证实属仲景撰著《伤寒论》，借如此确凿之史料作为佐证是可以理解的。

"上古有神农、黄帝、岐伯、伯高……汉有公乘阳庆及仓

公，**下此以往，未之闻也**"。此句为 43 个字，可从三个方面剖析：一为自上古至中世到汉，其时间达数千年之久，若不是对中医历史熟悉和对上段已评论的《素问》《九卷》中的黄帝、岐伯对话有所了解的话，是不能如此清楚其先后顺序的；二是如果没有读到这些古代名医的经典著作也就不会知道他们的名声；三是张仲景乃东汉末年之人，其"下此以往，未之闻也"，虽没有明言是他自己，但为什么华佗对与他同时代的名人而未提及呢？且依甘伯宗之言，他（指张仲景）的师傅及吴普、他的徒弟卫汛也应列在其中。可见，张仲景是知道自己所处的年代为东汉，如果序文为仲景所撰，那就应称"当代"，或以"吾"而称，然序中称"汉有公乘阳庆及仓公"，这便露出了马脚，**此乃序非仲景所撰理由之四**。

五、序中"词组"之剖析与考释

"怪当今居世之士……危若冰谷，至于是也"。本文无需考证该段文字之出处，诸多前辈从《山田氏》《南史》《汉书》《博雅》《说文》等进行考证，其词出于以上所列部分古籍之中。此段是对当时社会弊端的深刻剖析，揭露了当朝的社会陈腐风气，斥责了上层宦官的为非作歹，痛批从医之人的学风不正，说他们"竞逐荣势"攀龙附凤"企踵权豪"以图名利为第一要务，而这些与张仲景之《伤寒杂病论》的文风极不相符。再联系《伤寒杂病论》，原文中巫、凡（庸）医，"降志屈节，钦望巫祝"造成对患者误诊误治的事实和案例的条文达数十条之多，甚至延误病期而成不可救药之坏病（或六经传变）。从另一角度笔者认为，此段文字应是当时上层人物且能坚持正义而有事业责任心之人，能执笔描述更有可能是知内情者，直言不讳地指出问题所在，担心如果不觉醒将会贻害社会，被人民所唾弃，以"痛夫""哀乎"发出了"危若冰谷"的呐喊。

"感往昔之沦丧……合十六卷"。此段文字是以建安时期张氏家族因患伤寒之病而死亡众多、张仲景面对伤寒病对宗族造成的灾难无能为力而痛心疾首的史实，记述了张仲景从此以悲愤之心而勤求古训，发奋习医而博采众方，既是承上段未尽之意，更是为了本序文的前后连贯而不至于露出破绽，加油添醋地撰用《素问》《九卷》等古典医籍，使张仲景的《伤寒杂病论》的理论渊源不至于出现"无源之水、无本之木"的尴尬局面。成无己非常灵敏地抓到了这个可乘之机，运筹帷幄地以《内经》的一些基础理论注解了《伤寒论》，故《注解伤寒论》在明清成为广大从医者和学中医之辈的主要读本。至此还必须重申，序中"为《伤寒杂病论》合十六卷"之说，在序名的收集中已考证说明，《隋志》只有"张仲景方十五卷"，既不是《伤寒杂病论》之名，也不是"十六卷"，**此为序名及序文非出于仲景之手理由之五**。

"夫天布五行……实为难矣"。此段文字运用阴阳、五行、经络、腧穴等中医基础理论，步步深入地引出了上古、中世及汉时的名医。这些名医秉承这些颠扑不破的真理，并联系现今之医（或是指汉魏晋时代），对墨守成规、各承家技、待患者草率塞责、马虎从事的不良医风予以批评。剖析序中的按寸不及尺，握手不及足，以及三部不参，动数发息、不满五十、九候等，可见《伤寒论》《金匮玉函经》原文中虽对脉学已论及二十多种，并论及了趺阳脉所主病证，但是对人迎、明堂、阙庭则尽不见察，这种指责超出了《伤寒杂病论》原文。如果序文是仲景自己所撰，他会对未涉及的内容有这样的要求吗？而且他本人就师承于张伯祖，他将自己所学和临床经验传授给弟子卫汛等人，他能批评"各承家技"这当时唯一的传承方式吗？可见，**此段文字并非出自仲景之笔（理由之六）**，而是一位对中医脉学、诊疗技能和患者极端负责的医者所留下的宝贵遗言。

六、结语

《伤寒杂病论》序名及序文，如果撇开史实，是一篇很好的范文。但笔者通过剖析和考释认为，其存在诸多破绽和非东汉时代的不实之言。一是"序名"随着版本的不同编辑整理者可任意添加和改写，甚至可以说是任意杜撰，非仲景所撰；二是从序中重点"字"的考证可以看出，如"余""秀"二字，并非东汉时所通用之字，亦证明《伤寒杂病论》之序名及序文实非出于仲景之笔；三是"论曰"一则应是指《史记》而言，非序之开端；四是从序中的重点句段所论之古典医著看，所记载的名称与卷数不相符，《隋志》《唐志》只记载《张仲景方十五卷》而没有"合十六卷"的《伤寒杂病论》；五是从两段文字上看，其"怪当今居世之士……""感往昔之沦丧……"的文风和语气与仲景之《伤寒杂病论》和辨证论治的医疗态度极不相符，因为仲景是绝不会对当代的社会风气和某些人的学风说三道四的；六是序文中就《伤寒杂病论》原文中完全没有涉及的内容以及张仲景坚持的"各承家技"进行指责，仲景本人既是师承张伯祖又将自己的经验传承给了卫汛等，仲景是不会自己否定自己的，由此断定，《伤寒杂病论》之序非仲景所作。

第二章

中医学与古代文化的关系

中医学起源思维与古代文化的关系

　　秦汉时期是我国古代文化大发展的时期，这一时期对先秦文化成就进行了总结，又为此后两千多年的文化发展奠定了基础。

　　两汉时期，唯心主义与唯物主义的斗争十分尖锐，唯心主义的代表人物是董仲舒，唯物主义的代表人物是东汉初期的王充。

一、两种辩证法的萌芽

　　董仲舒的思想集中体现在《天人三策》和《春秋繁露》中。他反对天道自然观，进一步发展了先秦的"天人同一"思想。该思想的核心是"天人感应"说。他说："道之大，原出于天；天不变，道亦不变。"

　　王充出身于"细族孤门"。他认为，万物由元气构成，"元气未分，浑沌为一。及其分离，清者为天，浊者为地"。他认为，元气是一种客观存在的物质，反对"天人感应"说，反对有神论，发展了古代的天道自然观。他说："人之所以生者，精气也,死而精气灭。能为精气者,血脉也;人死血脉竭,竭而精气灭,灭而形体朽,朽而成灰土,何用为鬼。"又说"人之死,犹火之灭也。"(张传玺.中国古代史纲)

二、古代文化发展的代表典籍

西周、春秋、战国时期也是我国古代文化大发展时期,以五经《诗》《书》《易》《礼》《春秋》为代表。这是我国最古老的典籍。其中,《易》也叫《易经》或《周易》,是我国最早的占卜书,内容包括《经》和《传》两部分,可能出现于商、周之际,成书于战国或秦汉之际。其对自然或社会变化的论述具有朴素的辩证法观点。

三、医巫关系及中医学典籍的产生

巫,在进步的现代社会好像是一种迷信、唯心主义,对此尚需进一步探讨。从文化的层次看,远古时期的巫,其原始思维是一种集体无意识的非理性思维,是具有自发性和存在性的自然思维活动。远古人在生活中遵循同类相生或结果相似的认识思维,目的是为了生存和征服困难。他们试图了解和掌握自然界的一切,于是便以一种自圆其说又没有先例的思维作为理论依据,逐步实现或满足某些自然事物的巧合,慢慢积累,形成了所谓的成功经验,达到了与自然的和平相处,从而从自然界获取精神和物质的欣慰和生活保障。这就是与中医学的相同的"天人合一"观。"天人合一"整体观是《黄帝内经》的一个重要思想,也是中医学的特色和优势之处。巫在一定意义上是"天人合一"思想的反映,具有伟大的历史意义。远古时期的巫有着知识和技术的多重身份,最新的医疗技术就掌握其手中。

西周时期，医学与巫术结合在一起，唯心主义成分很大。到了春秋时期，医学得到进一步发展，逐渐摆脱巫术而独立。其时有杰出的民间医生秦越人（亦名扁鹊）。《汉书·艺文志》载有《扁鹊内经》九卷，这可能是他医疗经验的总结，遗憾的是现已失佚。

战国时期，著名的医书有《黄帝内经》十八篇。该书记载了我国两千多年前有关人体生理、病理规律和对疾病的诊断治疗及预防的理论，总结了医学实践的丰富经验，是中医学的重要经典。（张传玺. 中国古代史纲.）

秦始皇三十四年（前213年），秦始皇在咸阳宫举行宴会。为始皇祝寿时，周臣阿谀奉迎，说始皇以诸侯为郡县，人人自安乐，无战争之患，传之万世。当时丞相李斯进行了反驳，并提出了焚书建议，所焚之书包括《诗》《书》和百家语。除博士官收藏的之外，其他人的藏书都集中到郡，由郡守、尉监督烧掉；医药、卜筮、种树等书不在焚书之列。秦始皇采纳了这个建议，在全国范围内开始焚书。这对于中国的古代文化是一个极严重的摧残。（张传玺. 中国古代史纲.）

通过以上的考证，我们回过头来再看一下，中医学起源于中国古代文化的说法无可厚非，王充的"清者为天、浊者为地"和"精气说""血脉说"与《黄帝内经》（应该是竹简和帛书记载）不谋而合，是同一思维来源，西周至秦汉时期医巫曾是一体，既合法又合理，同是为人解除疾苦之职业。秦始皇焚书坑儒，虽然是镇压政治上的反对派之举，但却保留了《易经》《易传》和医药、卜筮等书，给中医学留下了宝贵的财富，这是不幸中的万幸。为此，对于中医学的起源有"医源于圣人""医源于巫""医源于动物的本能"之说。

四、对医《易》关系的认识

《易经》是我国古代哲学范畴的经典著作，它将宇宙万物作为观察对象，通过长期细致的观察得出许多精辟的结论，阐明了宇宙事物发生发展的规律。古人注重发挥人的聪明才智，以自然界作为研究对象进行分析、观察、总结、论证，用高度概括的语言对从实践中得来的知识加以总结，上升为理论后，再去指导人们认识自然界的一切事物，然后再探索、再总结，推动社会不断进步，这就是《易经》起源和发展的过程。

《易经》的中心思想是"无极生太极，太极生阴阳，阴阳生四卦，谓之小成；物物有太极，八卦生六十四卦，谓之大成"。用人们认识事物规律的语言表达就是"道生一，一生二，二生三，三生万物，万物负阴抱阳，中气以和"。《素问·阴阳应象大论》曰："阴阳者，天地之道也，万物之纲纪，变化之父母，生杀之本始，神明之府也。"这几乎是《易经》中心思想的翻版，故历来有医《易》互通、医《易》一家之说。由于《易经》认识的范围和事物是宇宙万物，其对象之大无与伦比，可概括为事物的宏观认识论，因而以此作为指导思想的中医学同样基于宏观的思维方式，逐步形成了以整体观念和辨证论治为主要特点的独特医学体系。

医《易》之间的关系，除了宏观思维之外，更重要的是借鉴、沿袭和发展了《易经》，因为《易经》成书早于《黄帝内经》（或《五十二病方》），其部分思想和内容不断被中医学接受、引用和借鉴，为中医学理论体系的形成起到了奠基作用。

关于阴阳：《易经》云："内阳而外阴，内健而外顺。"《黄帝内经》则多次明言"法于阴阳，和于术数"；《灵枢·九宫八风图》中可见《易经》之斑。

关于五行：五行一词可以说源于西周末年的五材说，由此而形成原始的五行观。《周易·系辞》有"天一生水，地六成之；地二生火，天七成之；天三生木，地八成之；地四生金，天九成之；天五生土，地十成之"，是《易经》将五行说与筮卜中蓍草的奇偶数字排列结合解释自然界形成的例子。《黄帝内经》则明确地把五行作为宇宙间的规律提出来，并将阴阳、五行与中医学的五脏、五味、五色，以及生理病理的生克乘侮关系逐步结合而形成五行学说。同时，还普遍而广泛地沿用《易经》的哲学思想：天人相应的整体观，对立、统一、制约、斗争、消长、转化、生克、依存的辩证关系，"升降出入，无器不有"之转化观、互变观和升降观。

《易经》说到底是一部占卜的筮书。由于当时医学不够发达，巫占了主导地位，人们的思想水平、认知标准、生活要求都不能超越当时的社会，因而中医学也不可脱离现实而超前发展，因此，《易经》的思维方式和部分内容必然会渗透到中医学领域，被当时的医家所接受和运用，经过实践，变为中医学特殊的、符合东方科学的哲学观经典，成为既是文化的又是医学理论的独特体系而流传至今。

论《周易》与中医学的联系

《周易》是我国古代自然哲学的典范。其中含有朴素的辩证法思想，经历代易家的发挥已成为一个庞大的哲学体系。它是我们祖先以独特的思维方式、独特的语言和表达方式，对客观世界的本质、属性、发展变化所做出的高度概括，既是客观世界的反映，又是认识客观的方法，乃我国古代文化的基础，由此形成了独具特色的我国古代文化。

中医学是我国古代文化中的瑰宝之一，其以独特的理论体系和医疗优势立于世界医学之林。中医学与《周易》不仅有共同的思维、语言基础，且有一定的内在联系。唐代孙思邈云："不知易，不足以言大医。"

一、《周易》简介

郭沫若在《中国古代社会研究》中说："《周易》是一座神秘的殿堂，因为它自己是一些神秘的砖块——八卦——所砌成。同时，又加以后人三圣四圣的几尊偶像的塑造，于是这座殿堂——一直到二十世纪的现代都还发着神秘的幽光。神秘最怕太阳，神秘最怕觌面。"可见，《周易》中的八卦学说是我国传统文化中的哥德巴赫猜想，是一个坚实的堡垒，让我们共同来攻克它吧！

首先是书名，《周易》有"周匝""周遍""周族""周代""日月为易"等解释。我以为取变易之义为妥。

其次是成书时间，余永梁、顾颉刚认为是西周成书，李镜池认为是西周中后期成书，陈家梦认为是西周成书，郭沫若认为是战国初期成书，日本学者本田成之认为是战国晚期成书。

再就是作者，有"易更三圣"之说：一圣伏羲氏、二圣周文王、三圣孔子。"更"，经过之义。伏羲画卦以后又经过了两个圣贤（文王、孔子）的整理才得以确立易学体系，后来其他学者又增加了黄帝、尧、舜等。

《周易》的内容有两部分：一部分是《易经》，是具有哲学思想萌芽的筮书，内容东鳞西爪，文字简古难读，记载了六十四卦，每卦六爻，乾卦另有九爻，坤卦另有六爻，故共有 386 爻。每卦列有卦形、卦名、卦辞，如"乾，元亨利贞"。每爻列有爻题、爻辞，如"初九，潜龙勿用"。卦辞和爻辞共 450 条，4900 多字。

另一部分是《易传》，是解释《易经》、具有浓厚哲学思想的书，分《系辞传》《彖传》《象传》《文言传》《说卦传》《序卦传》《杂卦传》七篇，其中《系辞传》《彖传》《象传》分上下两篇，合起来共"十翼"。原本是独行于世，后才与《易经》合并为《周易》。

《周易·系辞》曰："易有太极，是生两仪，两仪生四象，四象生八卦，八卦言吉凶，吉凶生大业。""易有太极"，就是太一。"一"，不是数学的"一"，而是具有哲学意义的、整体的、绝对的"一"。太极指宇宙最初浑然一体的元气。"是生两仪"，即天地，天为阳，地为阴。浑然一体的元气，轻清者上为天，浊重者下为地。阳以"—"为符号，阴以"--"为符号。阴阳始终处于对立统一的矛盾体中。"两仪生四象"，分为太阳、少阳、太阴、少阴。四象是在两仪的一奇一偶之上复生一奇一偶尔产生的，象征着春、夏、秋、冬"四时"。"四象生八卦"，在四象之上再生一奇一偶，就产生了第三爻，以阴阳三爻错综排列，最终可得出八种卦形——乾、兑、离、震、巽、坎、艮、坤。八卦象征着世界上的八种基本物质——天、泽、火、雷、风、水、山、地。

八卦表示方位有两种排列：

①伏羲方位：乾坤定上下位，离坎列左右门，艮与兑、巽与震对立。乾、兑、离、震为阳为顺，象征天左旋；巽、坎、

艮、坤为阴为逆，象征阴阳相错。按这个顺序就勾画出了中间的太极曲线图，表示阴阳消长的旋转运动。两仪指阴阳，代表日明月暗，人类随着日月而作息。它以曲线划分，呈S形，一方面象征阴阳互根不能分割，又表示双方所处的地位是相对的，存在消长，呈动态的平衡，无永恒的静止。白仪内之黑点、黑仪内之白点为阳中含阴、阴中含阳。这种现象很富哲理，告诉人们事物的发展如出现走向极端而转化的特殊情况，就会出现阳极见阴、阴极见阳，绝不会形成纯阳无阴、纯阴无阳的单一世界。

②文王八卦图：这是西周的产物。因周族崛起于西北，于是把乾坤都移到了西边。

卦象：象征或代表某种自然物或社会现象，如乾为天、坤为地、震为雷、巽为风、坎为水、离为火、艮为山、兑为泽，这是八卦的大象。

物象：象征动物，如乾为马、坤为牛、震为龙、巽为鸡、坎为豕、离为雉、艮为狗、兑为羊。

广象：象征人体，如乾为首、坤为腹、震为足、巽为股、坎为耳、离为目、艮为手、兑为口。

卦德：就是八卦的基本性质，又称卦情，卦德与卦象密不可分。八卦的卦德是：乾，健也。象天，不息运转，性质刚健。

坤，顺也。象地，顺承天行，性质柔顺。

震，动也。为雷，能惊动万物，性质为动。

巽，入也。为风，无孔不入，性质为入。

坎，陷也。为水，流入低处，性质为陷。

离，丽也。为火，附于可燃之物，为附丽。

艮，止也。为山，岿然不动，性质停止。

兑，悦也。为泽，泽气洋溢，性质为悦。

卦的组合原则：六十四卦的每个卦都有六个爻画，这六个画中，以初表示第一爻，以二表示第二爻，以三、四、五类推，以上表示第六爻。六爻的顺序是由下而上。每个卦中，由于初、三、五爻是奇数，称阳爻；二、四、六（上）是偶数，称阴爻。阳爻居阳位，阴爻居阴位，称为得位。六十四卦中，只有既济卦的阴阳全部得位。阴爻居阳位，阳爻居阴位，称失位。初爻为下位，上爻为高位，二、五爻为中位。

二、《周易》的中心内容

1. 三个概念

位，称之得位，或得正，乃阳爻居阳位（三、五），阴爻居阴位（二、四）之谓。若无异常，得位总是主吉，表示事物的发生有其客观空间基础。反之，阳爻居阴位（二、四），阴爻居阳位（三、五），谓之不得位或失位，多主凶，表示事物发生发展失去空间基础。在一卦之中，二、五为中位，何爻居之，皆谓得中，多利，说明事物行至此处，既无太过亦无不及，具有中和之最佳状态。又《象辞》曰："日中则昃，月盈则食，天地盈虚，与时消息，而况人乎？"意即天地不能违反其时，何况其他的事物？总之，位、时、中的意义说明一事物有所成就，它的发展必须合乎其空间条件（位）和时间条件（时），其发展也必须符合它应有的限度（中）。人们通过分析事物的不同阶段，不仅可以认识事物发展的当前矛盾，而且可以看到事物发展的全过程，弄清事物的来龙去脉，从而掌握事物发展的规律。

2. 三个要素

①象：形象、象征，"—""――"为阴阳卦爻之象。②数：数字，奇与偶是数。③理：哲理，阴阳对立统一规律。

象数是《周易》企图用符号形象和数字推测宇宙变化的一种学说，可称之为象数之学。《易传·系辞》曰："天一地二，天三地四，天五地六，天七地八，天九地十，天数五，地数五，五位相得而各有所合。"奇数为天为阳，偶数为地为阴。六十四卦是八卦衍生，八卦的基础是阴阳，每一卦都是由阳爻"—"和阴爻"――"相互重叠或自相重叠所组成，三者一体，构成易学哲理，含有丰富的辩证法思想和朴素的系统观念。

3. 五个基本观点

①事物的生灭规律：世界上任何事物都是从无到有，又从有到无。天地之初，太极为0。一元真气开始凝聚，太极动而生阳。天地分而两仪生，两仪生四象，四象生八卦，六十四卦……按2n演化，源于一而归于无，化为一元真气复归太极，生之因即灭之因，灭之因即生之因。

②万物有对应分合：有万物必有对应。天地未分之时，太极为0，无影无形，空洞无物。太极动而为一，轻清者上浮为天，重浊者下凝为地。天地分，立乾坤，阴阳生，万物始生，故阴阳之对应乃万物生化，合生天地，分生阴阳，一分为二，合二为一，二者缺一不可。

③阴阳交感生万物：从开天辟地到如今，生、灭、存者；又从现今到未来，存、灭、生者，都可以从阴阳卦爻的交感中表达出来，故独阳不生，孤阴不长，阴阳相交，方生万物。其中包含着天文、地理、遗传、生物学等相反相成、互根互生规律。

④事物运动变化呈周期性：以六十四卦概括一个周期，适

用于银河年、太阳年、地球年。地球上任何事物的生、长、壮、老、已就是周期运行的结果。

⑤中和协调以发展：归纳起来不外乎阴阳与五行。阴阳的消长不偏不倚保持着动态的平衡，五行的运行保持在适当水平的协调，这样的状态就能保持事物的稳定、发展和存在。

三、中医学与《周易》的关系

《周易》的成书时间早于《黄帝内经》（或《五十二病方》），因此，《周易》的思维和内容不可能不渗透到中医学中，或部分被中医学所接收、引用、借鉴，或者中医学运用了一些《周易》中的思想，其成为中医学的肇始。

1. 借鉴、发展《周易》之名词

①关于阴阳。据考，《诗经》中的"即景乃冈，相其阴阳"，是对古代早期生产和生活经验的描述；《尚书》中的"惟此三公，论道经邦，燮理阴阳"是指政治经验。周幽王时的伯阳父认为，地震是"阳伏而不能出，阴迫而不能蒸"，形成了阴阳消长论；春秋末年，越国大夫范蠡用"阴至而阳，阳至而阴"解释战争，强调阴阳转化论；《老子》又强调"万物负阴而抱阳，冲气以为和"，归结为阴阳协调论。加之《周易》问世，其阴阳、八卦、太极等理论为儒、道所重视，故曰"一阴一阳之谓道""阴阳不测之谓神"，说的是占卜、卦、爻象；《易传》曰"内阳而外阴，内健而外顺，内君子而外小人"，并不反映任何物理或生理的内容。回顾中医学的历史，《周易》时代到《黄帝内经》之间，尚经历了医巫混杂时期。因此，《黄帝内经》中多次明言"法于阴阳，和于术数"，这是对早期阴阳数度之说的继承和发挥。《灵枢·九宫八风》中也可见《周易》之一斑，故而《周易》中的阴阳一词被中医学广泛借用和发展。如"阴阳者，

天地之道也，万物之纲纪"。但不同的是，《周易》强调阳气主内，《黄帝内经》则谓"阳在外，阴之使也；阴在内，阳之守也"。可以说，中医学中的阴阳学说是借鉴了《周易》之阴阳一词，并将其用于生理——脏属阴，腑属阳；病理——"重阳必阴、重阴必阳"，"阳盛则阴病、阴盛则阳病"。

②关于五行。《周易·说卦传》云："水火不相射。"是说水火相反相成。水→北→坎卦；火→南→离卦。中医学很可能是借用二者，一以说明方位，二乃"泻南补北"之治即源于此。同时将第六十三卦之"既济"与六十四卦"未济"，用于心肾不交的病理表现为"未济"，通过治疗使心火下降，肾水上蒸而达"既济"。《易传·系辞》有"天一生水，地六成之；地二生火，天七成之；天三生木，地八成之；地四生金，天九成之；天五生土，地十成之"的内容，这是《易传》将阴阳学说与筮卜中蓍草的奇偶排列结合而解释自然界形成的例子。五行一词正式提出是在《尚书·洪范》，后来董仲舒在《春秋繁露·五行相生》中说："天地之气，合而为一，分为阴阳，判为四时，列为五行。"《黄帝内经》则明确将五行作为宇宙间的普遍规律而提出来，认为世界上任何事物都是按照五行的法则运动变化的，其将阴阳、五行与五脏、五味、五气、五声、五色等逐步结合，进而形成了五行学说。

2. 沿用《周易》的哲学思想

《周易》中的卦、爻、辞饱含着自发的、朴素的辩证法，被中医学广泛沿用。

①整体观：《周易》全书六十四卦，每卦都有四大部分（画、题、卦辞、爻辞）。其中乾坤两卦列为八卦之首，其他六卦皆为天地所产生的子或支。因此，天地是万物之父母的宏观

思想，引导中医学整体观的形成。《素问·宝命全形论》云："人以天地之气生，四时之法成。"《灵枢·岁露》云："人与天地相参也，与日月相应也。"这些都是阐明《周易》的天人相应观。

②对立观：《周易》的"一阴一阳谓之道"认为，阴阳相反相成关系是万物产生与变化的根源，启发着《黄帝内经》《伤寒杂病论》广泛运用其阴阳的对立、统一、制约、斗争、消长、转化、生克、依存等辩证关系。

③转化观：《周易》中之卦辞有泰与否、损与益、既济与未济等，说明恒与变、好与坏、得与失、盛与衰、强与弱都可以相互转化，并谓之"无平不陂，无往不复"，使宇宙"生生不息"，《伤寒杂病论》的六病传变规律使之具体化。

④互变观：《周易·系辞》中的"易穷则变，变则通，通则久"，已认识到事物是永恒运动的，且无穷无尽地变化着。这种事物的运动变化体现在《素问·六微旨大论》中的"成败倚伏生乎动，动而不已则变作矣"，由此产生了气血流通、经脉循行、证候变化等生理病理所特有的运动观。

⑤升降观：因运动而生变，而变的含义实际表现为升降出入。《素问·六微旨大论》云："出入废则神机化灭，升降息则气立孤危。故非出入，则无以生长壮老已；非升降，则无以生长化收藏。是以升降出入，无器不有。"通过描述事物运动互变，揭示了生命活动过程。如果一切处于静止状态，世间生物也就随之"神机化灭"。

四、《周易》独特的思维方式

《周易》的思维方式亦可称神奇的思维方式。它是以概念、判断、推理等思维形式组成图像、图形、图式，以反映客观事物相互关系的理论体系。该思维方式主要以八卦为思维模型，其中至少包含了三种思维方式，即抽象的逻辑思维、唯象思维和准宗教的神秘主义思维。

1. 抽象的逻辑思维

该思维方式在八卦中是通过象、辞、占三者构成的。在象的设立和辞的陈述中都表现出严谨的逻辑性，体现出某种抽象的现象。《坤·初六》说"履霜，坚冰至"，意为已经踏着霜了，结冰坚固的日子也就要到了。这个爻辞依据的象是初六爻。阴爻，是阴的开始，往上五个爻全是阳。阴气滋生的起点，正说明天气将越来越冷。卦象即是对人们重复无数次经验的总结，"履霜"与"坚冰至"两者之间的联系、它们与卦象之间的联系是具有普遍意义的逻辑联系。

八卦至六十四卦，卦卦之间都以逻辑相联；各卦六爻，爻爻之间也都用逻辑沟通，形成了一个逻辑体系。

第一卦为乾（为天），阳极生阴，所以第二卦为坤（为地）；有天地以后生物，故三卦为屯，盈万物；物生必幼小，故四卦为景（幼稚）；物稚必须养，故五卦为需（饱含）；饱含必有争吵，故六卦为讼（争执）；讼会有众议，故七卦为师（为众）；众起必有所比，故八卦为比（亲比）；比必有所富，故九卦为小富（积累）；物富然后有礼，故十卦为履（道义）；履而泰，后安，故十一卦为泰（太平）；泰者道义，物不可强通，故十二卦为否（不安）……如此逻辑推演，直到物要穷尽，所以出现既济卦，但事实上物不可能有穷尽（物质不灭定律），所以既济卦后第六十四卦为未济。而事物是发展的，未济是末卦，但不是终结事物，末卦用未字，说明事物到此结束，但又重新开始，重新（从头）演进。

2. 唯象思维

卦象统领全书，以卦象、物象为工具。八卦以卦象作为骨胳，象又有卦象、物象之分，即每一卦象必然象征着某类事物或几类事物，概括和模拟了天下繁杂的事物。

象在八卦中的表现是以"—""– –"两爻为基础符号的系统。卦象统物象，又不限于一事一象。实际上，卦象可以随时转变物象，如八卦象天、地、雷、风、水、火、山、泽，这是最基本的物象，但又不限于这一个象，可演绎出天、君、父、玉；坤、地、母、器等。八卦演变构成六十四卦不仅增加了物象，又表现了物象之间的关系，这种卦象 – 物象、物象 – 卦象的结构，就是一个反映探索世界奥秘的唯象思维结构。

3. 准宗教的神秘主义思维

它表现为体察卦象背后的神秘方可为目标的思维特点，主要体现在八卦的卦爻之中。占卜是八卦的最初功能，占问吉凶用以指导人们趋利避凶。后来人们将它作为哲理来读，所以象、辞、占之间的关系就被解释成某种内在的逻辑结构，成为一种独特的思维方式。

按传统说法，筮是用蓍草占卦（人们相信它有特殊的神异功能，并达到了崇拜的地步。数以定象，但是蓍草与数字只是一种偶然或者说是或然）的，后来人们对筮法进行改良，使占卜过程有了规律，且固定在七、八、九、六这四个数字范围内。实际上数字与占问吉凶之间并无必然联系，然而在当时，人们却把八卦卜筮的偶然联系看作为必然的因果关系。

五、《周易》的语言表达方式

1. 八卦

卦是悬挂的意思，八卦是悬挂8种象征自然之物的符号，以示于人。

八卦有8个卦形，每个卦形由"—"和"– –"符号组成，为阳爻、阴爻。

卦形	☰	☷	☳	☶	☲	☵	☱	☴
卦名	乾	坤	震	艮	离	坎	兑	巽
卦象	天	地	雷	山	火	水	泽	风

口诀 乾三连 坤六段 震仰盂 艮覆碗 离中虚 坎中满 兑上缺 巽下断

　　八卦中的每个卦由三条爻画组成，称为草卦。两个草卦叠起来变为重卦，六十四卦都是重卦，由上卦和下卦共六爻画组成。另外，还有对卦，又称错卦，如乾对坤、坎对离。重卦的下卦又称内卦、贞卦，上卦又称外卦、悔卦。如泰卦是内乾外坤。《象》云："内阳而外阴，内健而外顺，内君子而外小人。"贞卦主静，悔卦主动。

　　互体卦是指本卦卦象重，以二、三、四爻所组成的一个新卦为内卦，再以三、四、五爻组成的一个新卦为外卦，这样内外两个单卦组合成一个新的卦象。如屯卦的六二爻辞："女子贞，不字，十年乃字（女子守贞，不愿出嫁，过十年才嫁）。"按卦象，屯卦的内卦为震动，震为长男，外卦为坎，坎为中男，都是男象，男象如何解释女子的婚事呢？于是用互体将屯卦的二、三、四爻互体为坤，坤为妇，故六二称为女子。

```
                    上六
        坎  ☵   九五    中男
                    六四
        屯  ䷂                   二、三、四爻为坤、为妇，六二称女子
                                （六二爻辞：女子贞，不字，十年乃字）
                    六三
        震  ☳   六二    长男
                    初九
```

　　另外，还有卦变、交卦等。

2. 《周易》通行本卦序数

> 乾坤屯蒙需讼师，比小畜兮履泰否。
>
> 同人大有谦豫随，蛊临观兮噬嗑贲。
>
> 剥复无妄大畜颐，大过坎离三十备。
>
> 咸恒遁兮及大壮，晋与明夷家人睽。
>
> 蹇解损益夬姤萃，升困井革鼎震继。
>
> 艮渐归妹丰旅巽，兑涣节兮中孚至。
>
> 小过既济兼未修，是为下经三十四。

关于卦名的产生有多种说法，据推测，先有六十四个卦形，然后有筮辞，最后才有卦名。有人认为，六十四卦先产生乾、坤二卦卦名，之后以形容词、动词为主，名词次之，副词又次之。总之，上下卦名之间贯穿着对立统一的辩证思维。

3. 世界的本质、属性、发生、发展

由于太极图的产生，一分为二，乾坤、阴阳、天地，如是事物逐渐产生，逐步发展，万物而生。这既是对客观世界的描写，也是认识客观世界的方法。

4. 爻

凡阳爻都以九标明，奇数都属阳，九是阳数的最高数，故以九代表阳。卦中的初九，即位于第一爻的阳爻，九二即位于第二爻位的阳爻，由上向下，依此类推，上九为最高位。

凡阴爻都以六标明，偶数都属阴，六是二、四、六、八、十的中间数，故以六代表阴。凡阴卦，贯之以六，第一爻的阴爻称初六，依此类推，上爻称上六。

爻位有贵贱之分。初、二爻为地位，三、四爻为人位，五、上爻为天位。五爻为君位，其他的为臣位。初爻为元士，二爻为大夫，三爻为公侯，四爻为诸侯，五爻为天子，上爻为宗庙。初九、九五为圣人，初六、六四、上六为小人，九三为君子，九二为庸人，九四为恶人。如第五爻是君位，因此，上爻是坏爻，因为它在君位之上。第四爻紧连第五爻，臣逼君也不好，一、二、三爻好，而二爻居中，故最好，以此推演解释事物的好坏。

六、关于"元亨利贞"

这在《易经》中是常见的术语，爻和卦中有188条用过这几个字，有多种解释。《子夏易传》云："元，始也；亨，通也；利，和也；贞，正也。"也就是说，元表示事物的起始，亨表示畅通，利表示和祥，贞表示清正。

表示春夏秋冬：元——始——春——木；亨——发展——通——夏——火；利——和——如刀割禾——秋——金；贞——收藏——正——冬——水。

初九，潜龙勿用——潜伏着的龙，不要用。

八卦要说明天、地、人，当然也离不开对事物的归纳分类（见表2–1）。

七、《易经》有七种十篇

《系辞》分上下篇，通论《易经》的经意、功用、筮法等。

《象传》分上下篇，象即断的意思，主要解释六十四卦卦名和卦辞。

《象传》分上下篇，解释卦义，主要解释卦象，故称象传。

《文言》一篇，解释乾坤。

《说卦》一篇，解释八卦所象之事物。

《序卦》一篇，解释六十四卦排列关系。

表2-1　八卦与天、地、人的关系

卦名	卦形	代表自然物	基本功能属性	时令	方位	生化	人体	家族关系	动物	色	植物
震	☳	雷	动、起	正春	东	万物出乎震	足	长男	龙	玄黄	苍、竹
巽	☴	风	入、散	春末夏初	东南	万物齐	股	长女	鸡	白	
离	☲	火	丽、烜	正夏	南	万物皆相见	目	中女	雉		为科上槁
坤	☷	地	顺、柔、藏	夏末秋初	西南	万物致养	腹	母	牛	黑	
兑	☱	泽	说	正秋	西	万物所悦	口	少女	羊		
乾	☰	天	健、刚、君	秋末冬初	西北	阴阳相	首	父	马	大赤	水果
坎	☵	水	润	正冬	北	万物皆归	耳	中男	豕	赤	为坚多心
艮	☶	山	止	冬末春初	东北	万物始终	手	少男	狗		为坚多节果蓏

《杂卦》一篇，解释六十四卦卦义。

这十篇被后人称为"十翼"。

八、伏羲八卦图（象征天左旋）

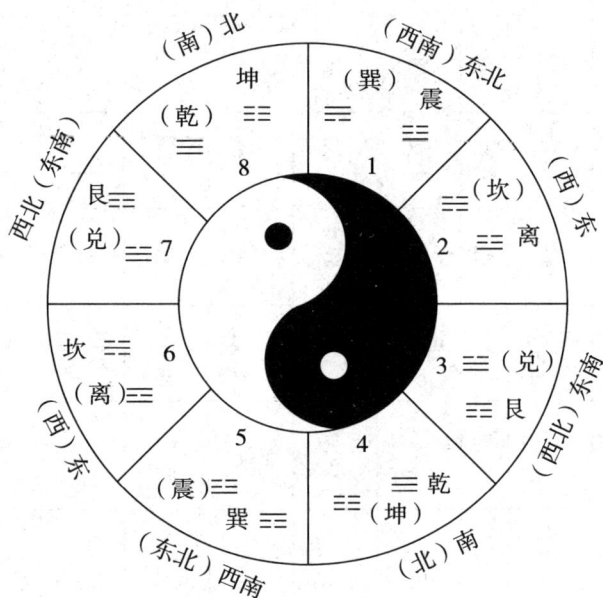

九、文王八卦图

十、昃

昃（音 zè），仄（与平声相对），指太阳偏西。

十一、2n

这是指八卦采用二进位制（二进制）。二进位制是最低的进位制。一方面以 0 和 1 为符号，用 1 和 0 表示所有的自然数字。

自然数 1 2 3 4 5 6 7 8 9 10……

二进制 1 10 11 100 101 110 111 1000 1001 1010……

由于符号简单，所以现代大多数电子计算机都采用二进制，以便于运算。

八卦二进制数字，乾 111、兑 110、离 101、震 100、巽 011、坎 010、艮 001、坤 000。从坤 000 到乾 111 有两个旋转的圆，首先，坤 000、艮 001、坎 010、巽 011 一个圆，震 100、离 101 兑 110、乾 111 又一个圆，两个旋转的圆形成两个螺旋，这就是八卦二进制数字螺旋（图 2-1）。

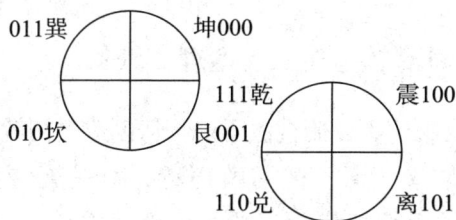

图 2-1 八卦二进制数字螺旋

另一方面，太极为一，天地分，两仪生，两仪生四象，四象生八卦、六十四卦，始终按着二进制演化。

八卦各卦阳爻的二进制数为（有阳爻为 1，无阳爻为 0）：

坤：000

艮：001

坎：010

巽：011

震：100

离：101

兑：110

乾：111

八卦各卦阴爻的二进制数为（有阴爻为1，无阴爻为0）：

坤：111

艮：110

坎：101

巽：100

震：011

离：010

兑：001

乾：000

十二、《周易》与天文、地理、气象

伏羲氏仰观象于天，俯视法于地，从创造之初就联系了起来。

乾卦卦名取义于天，乾与斡声近，斡是旋转意，古人认为天是旋转的，故以乾指代天。坤卦为地气之象，具有纯阴之性，承载万物，表明地道生育抚养万物而又依天顺时，故以坤指代地。有天地就有四季，八卦的四象就表示四季，春——少阳，阳气初生状；夏——老阳，阳气正盛状；秋——少阴，阴气初生状；冬——老阴，阴气正盛状。

四季又分为八时，即春始、春至，夏始、夏至，秋始、秋至、冬始、冬至。汉孟喜等人又用六十四卦计四时、十二月、二十四节气、七十二候,称卦气。

卦气理论以坎、离、震、兑为四时卦(四正卦),即:

震为动——春——表示万物萌生。

离为明——夏——表示万物欣欣。

兑为悦——秋——表示万物长成。

坎为劳——冬——表示万物疲劳。

这四卦各主二十四节气的六节,即:

坎卦——冬至、小寒、大寒、立春、雨水、惊蛰。

震卦——春分、清明、谷雨、立夏、小满、芒种。

离卦——夏至、小暑、大暑、立秋、处暑、白露。

兑卦——秋分、寒露、霜降、立冬、小雪、大雪。

后又创八卦纳甲图(汉·房京)分配天干地支。

八卦学说还运用于气象学。如巽卦为风,阴阳即寒热。因地区差异会导致气流的高低不同,故势必引起空气流动,从而形成风。《易经》小畜卦说"密云不雨,自我西郊",是说当密云不在此变作雨,就会在西郊降落下来。以震为雷,"积风成雷","阴阳相搏为雷,激扬为电",当带异性电的两块云接近时便会发出很强的电光和强大的响声,这就是阴阳相搏的结果。

八卦对自然现象和社会现象等均有具体说明。就天文而言,有日戾、月几望;就地理而言,有田、渊、林、洲;就动物来说,有龙、马、虎、牛;就植物来说,有茅、桑、杷、瓜。八卦还深入到对社会人事的具体说明,在社会人事方面,有祭祀、战争、狩猎、农业、商旅、婚姻、诉讼;在人的身体方面,有身、肤、耳、鼻、舌等;在生活物品方面,有屋、井、鼎、斧;在人的职业方面,有大人、武人、家人、幽人,甚至把八个卦象比作一个家庭,有父母,有子女。可见,八卦是一种整体思维模式,它是全方位观察世间万物，从而把对象作为一个系统来看待。

十三、生殖

《周易·系辞》云："男女构精，万物化生。"

《周易·咸·彖》云："天地感而万物化生。"又云："天地不交而万物不兴。"

十四、周期性

银河年：是太阳系在轨道上绕着银河系中心公转一周的时间，在 2.25 亿 ~2.5 亿"地球年"之间。

太阳年：亦名回归年，太阳中心连续两次经过春分点所需的时间。一回归年等于 365 天 5 小时 48 分 46 秒。

地球年：地球绕太阳公转一周的时间是一年。

十五、《灵枢·九宫八风图》

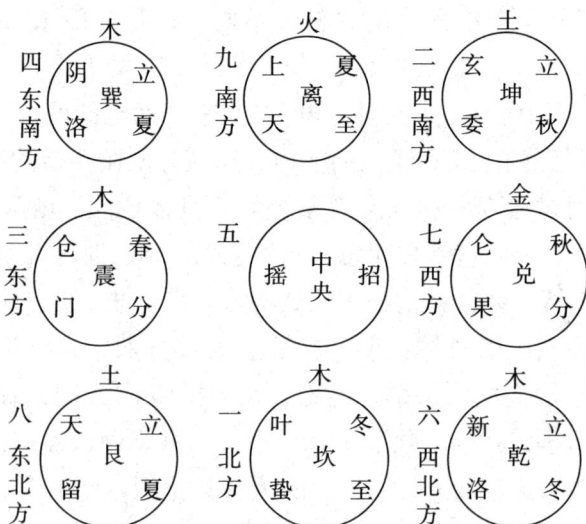

四东南方	木 阴 立 巽 夏 洛	九南方	火 上 夏 离 至 天	二西南方	土 玄 立 坤 秋 委
三东方	木 仓 春 震 门 分	五	摇 中 招 央	七西方	金 仑 秋 兑 果 分
八东北方	土 天 立 艮 夏 留	一北方	木 叶 冬 坎 蛰 至	六西北方	木 新 立 乾 洛 冬

古人从人与自然相应的观念出发，根据天体运行规律，提出了九宫图说。其法是确立中央和四正。

四隅的九个方位，用以测定四立、二分、二至，八个节气循序交换的日期，从而推知八方气候变化的正常或异常，以及对人体的不同影响，使人预防疾病有所依据，所以立此图、篇名。

阴洛、仓门等分别为九宫名称。

十六、《周易》与《黄帝内经》之阴阳举例（包括中医学其他典籍）

《周易》的阴阳对立统一观：

乾	阳	天	尊	高	大	动	刚	用	道	福	吉	君	父	日	功	生	昼	暑	自然
坤	阴	地	平	低	小	静	柔	体	器	祸	凶	臣	母	月	过	死	夜	寒	人为

《素问·阴阳离合论》："阴阳者，数之可十，推之可百；数之可千，推之可万；万之大不可胜数，然其要一也。"

《素问·阴阳别论》："所谓阴阳者，去者为阴，至者为阳；静者为阴，动者为阳；迟者为阴，数者为阳。"

《素问·六节藏象论》："天为阳，地为阴；日为阳，月为阴。"

《素问·阴阳应象大论》："故积阳为天，积阴为地，阴静阳燥，阳生阴长……清阳为天，浊阴为地……水为阴，火为阳，阳为气，阴为味……气味，辛甘发散为阳，酸苦涌泄为阴……天地者，万物之上下也；阴阳者，血气之男女也；左右者，阴阳之道路也；水火者，阴阳之征兆也；阴阳者，万物之能始也。"

十七、整体观

整体观就是完整性和统一性。中医学认为，人体是一个有机整体，人体与外界环境也是一个有机的整体，这种内外环境的统一性、机体自身整体的思想，称之为整体观念。《素问·灵兰秘典论》云："心者，君主之官也，神明出焉……膀胱者，州都之官，津液藏焉，气化则能出矣。凡此十二官者，不得相失也。故主明则下安……主不明则十二官危。"在生理上，人体的正常活动要靠各脏腑组织发挥其功能，同时要靠脏腑组织间相辅相成的协同作用和相反相成的制约作用才能维持生理平衡，否则则病矣！在病理上，脏藏于内，象形于外。脏腑组织病于内，会有相应的症状表现于外；一脏有病，会影响其他脏腑的生理功能。在治疗上，调理阴阳，补阴补阳为补法之要，按五行生克论治。

十八、对立观

阴阳的对立制约关系是宇宙间普遍存在的规律，阴阳双方始终处于差异、对抗、制约、排斥的矛盾运动之中。《素问·阴阳应象大论》提出"阳盛则阴病，阴盛则阳病"，疾病治疗则"寒者热之""热者寒之""下陷者举之""高者抑之"。

十九、转化观

《灵枢·决气》云："中焦受气，取汁变化而赤，是为血。"

二十、升降观

"饮入于胃，游溢精气，上输于脾。脾气散精，上归于肺，通调水道，下输膀胱，水精四布，五经并行，合于四时五脏阴阳，揆度以为常也。"

中医学之形成以《黄帝内经》《难经》《伤寒杂病论》为标志，前两者奠定了理论基础，后者建立了辨证论治体系。特别是中医学的理论基础和辨证论治体系与《周易》都源于中国古代文化，可谓一脉相承；在古代朴素唯物辩证观上既是继承又有发展和提高；在关键词上有借鉴的基础，更多的是发展，名同义异。在任何历史时期或将来，无论是文学、哲学、史学，多学科知识都会相互渗透、相互利用。

《周易》说到底是一部占卜的筮书，因当时医学不够发达，故巫占据了主导地位。这是社会历史条件所决定的，人们的认知水平是不能超越当时社会历史的，中医学也不可能脱离当时的社会而超前发展。所以《周易》的八卦思维方式至少包括抽象逻辑思维、唯象思维、准宗教的神秘主义思维，其中部分内容必然被当时的医家所接受，并渗透到中医学中。经过渗透之后，各学科均按照各自的方向、规律、道路而发展，中医学则跳出阴阳八卦的圈子，以患者为特定的研究对象，从实践上升为理论，然后指导实践，从而形成独特的理论体系。由此可以得出，中医学受《周易》的影响，得到启迪，经历了借鉴、沿袭、运用、发展、充实、提高的过程。可以说，中医学与《周易》有着千丝万缕的联系，但并非中医学的任何理论均来源于《周易》。

第三章

《金匮玉函经》系列研究

《脉经》卷六至卷九与《金匮玉函经》为同一版本

《脉经》是汉末魏时王叔和所著，全书十卷、九十七篇，是集汉以前脉学之大成者。内容选取《黄帝内经》《难经》，以及张仲景、扁鹊、华佗等人的脉学论述，并联系临床实践阐明脉理。**卷六至卷九部分是著者对汉末张仲景所著而未刊行的《金匮玉函经》原始稿本的学习笔录，以及对仲景治伤寒形证选论和编排的原始资料。**该版本经宋时校正医书局校正，次之元代广勤书堂刊本。

《金匮玉函经》（以下简称《玉函经》）为汉末张仲景著，王叔和撰次，宋校正医书局于治平三年（1066 年）经"国家诏儒臣校正医书，臣等先校定《伤寒论》，次校成此《经》……故并两存之。凡八卷，依次旧目"。校定之后，经馆藏 651 年，康熙丁酉年（1717 年）刻板完成付印。**重刻《金匮玉函经》序："谓《伤寒论》世多有，而《玉函经》几无传。"**因此可以看到，有史以来对《玉函经》疏于研究，故笔者于 2004～2009 年对《伤寒杂病论》所属 11 种版本进行了系统研究（其中未包括《脉经》），由中医古籍出版社出版了《金匮玉函经研究》。一书今又与钱超尘先生之《伤寒论文献通考》所进行的研究与考证对比考察，对其中有些评说不敢苟同，兹考释如下。

一、《脉经》中三百条原文录自《玉函经》

经详细考证《脉经》卷六至卷九发现，各卷中绝大多数条文与《玉函经》原文相同，尤以卷七、卷八明显，现将各卷所见条文数及各卷特点分述如下。

1. 从《脉经》卷六之目录看，脏腑病证第一至第十一云有3条录自《玉函经》。如《脉经》"卷六·脾足太阴经病证第五"云："趺阳脉浮而涩，浮则胃气强，涩则小便数，浮涩相搏，大便则坚，其脾为约。脾约者其人大便坚，小便利而反不渴。"经考证，此文与《玉函经》之"辨阳明病形证治第五"中"麻子仁丸主之"的原文极其相似。在原文相同的前提下，王叔和进一步联系临床实践，提出了自己的见解，"脾约者其人大便坚，小便利而反不渴"，将其接于原文后面，不仅完善了"脾约"之证见，还保持了《玉函经》中的古汉字"坚"，这是与宋本以"坚"为"硬"为代表的最主要的鉴别点之一。

2. 《脉经》卷七是以"病不可发汗证第一"至"热病脉损（损脉）日死证第二十四"为本卷目录，共分四部分。其一，"病不可发汗证第一"至"病可火证第十七"中，以治法为主，按汗、吐、下及以后，与温、灸、刺、水、火等分属于"可"与"不可"之中，与《玉函经》卷三、卷四之六病原文的文字和内容相同者达251条（已除去重复原文21条）。其二，"可"与"不可"中还夹杂着可能不属于《玉函经》（因其内容不同于《玉函经》卷二至卷四原文）的内容，计有118条，或为王叔和的经验总结，或包括虽录自《玉函经》但未被选入卷二至卷四各病形证中。其三，"热病阴阳交并少阴厥逆阴阳竭尽生死证第十八"原文亦来源于《玉函经》，但王叔和在撰次《玉函经》卷五、卷六时，将目录改为"论热病阴阳交并生死证二十九"，从中选了8条原文编入卷六（删去了27条有关少阴厥逆及阳明竭尽的条文）。其四，从"重实重虚阴阳相附生死证第十九"至"热病脉损生死证第二十四"止，有35条原文出于何处待考。卷七共载不同来源之原文计425条。

《脉经》卷七保留了古汉字，与《玉函经》"辨太阳病形证治第三"至"辨阴阳易"中的原文同出一辙。例一："太阳病二日，而反烧瓦熨其背，而大汗出，火气入胃，胃中竭躁，必发谵语，十余日，振而反汗出者，此为欲解……大便坚者……"其"反烧瓦熨其背"一示为民间之疗法或巫医之做法，而宋本则是"凡熨其背"之不伦不类之治法；还将古汉字"坚"以"硬"或"鞕"代替，与"坚"之意大有区别，更重要的是失去了汉及以前《说文解字》所收录的文字的原始记录。有人说是避讳"坚"字，而《伤寒杂病论·序》之"秀"字，凡论及张仲景的生平或事迹为什么不避讳"秀"呢？（参见《伤寒杂病论·序》不为仲景所撰）例二："烧针令其汗，针处被寒，核起而赤者，必发贲豚。气从少腹上冲心者，灸其核上各一壮，与桂枝加桂汤。"该原文有两点值得提出，一是"贲"字为《说文解字》所载，乃汉以前之古字，宋本则为"奔"字；二是《脉经》之"与桂枝加桂汤"和《玉函经》完全相同，但是宋本在原文后增加了"更加桂二两也"，不仅是重复多余，还会诱导人们错误理解为在"桂枝加桂"的前提下再加桂二两，有画蛇添足之嫌！（参见《金匮玉函经研究》太阳·127条）例三："太阳病，项背强几几，反汗出恶风者，属桂枝加葛根汤。"经考证，此段文字《脉经》与《金匮玉函经》相同，但宋本之方药组成存在错误，至今仍存疑。参见方后"臣亿等谨按"语即可明了！

3. 《脉经》之卷八，从"平卒尸厥脉证第一"至"平呕哕下利脉证第十四"止，其中第二、第四、第十一、第十四节共录《玉函经》原文47条（其中重复1条），分别选自《玉函经》卷第二"辨痉湿暍第一"中28条，"辨霍乱"中3条，"平腹满寒疝宿食脉证第十一"中阳明篇两条，"平呕吐哕下利（痢）脉证第十四"选"辨厥利呕哕下利……"中13条。

4. 《脉经》卷九"平咽中如有炙脔喜悲热入血室腹满证第六"录自《玉函经》"辨太阳病形证治下第四"原文4条（其中重复两条）。另外，从3、4两点还可以说明此时王叔和已读到《金匮要略》原始稿本。

从《玉函经》所选录且载于《脉经》卷六至卷九中的302条原文看，王叔和所录的《玉函经》原文并非照搬，而是他熟读之后，按病、形、证、脉四个方面，加上对原文的理解和治疗方法，以"可"与"不可"的原则命名，按汗、吐、下、温、灸、刺、水、火与发汗吐下以后分类，将所选原文归纳，并结合临床实践积累的经验，分条载于卷七之中，计425条（已除重复）。其中306条以"可"与"不可"再次命名，分别又撰次于《玉函经》卷五、卷六之中（其"病可发汗证第二"增加了"大法，春夏宜发汗"等4条）。

二、《玉函经》卷五、卷六原文源自《脉经》考

《金匮玉函经》为汉张仲景所著，晋王叔和撰次。全书分为四大部分。

第一部分：卷一为"证治总例"，其中"经云：地水火风，合和成人……张仲景曰……"等内容多有佛家用语，经历代考证，为南朝医师编纂。卷二"辨痉湿暍第一"中除两条源于《玉函经》卷四外，其余26条与《金匮要略》同。"辨脉第二"与《宋本伤寒论》辨脉法基本相同，为第一部分。

第二部分：指《玉函经》卷三、卷四，共409条原文。其中《脉经》以"可"与"不可"选录272条（本文已详细考释）。

第三部分：指卷五、卷六而言，从"辨不可发汗病形证治第十三"至"论热病阴阳交并生死证第二十九"止，共载《脉经》卷七条文323条。其中关键的一条是《玉函经》卷五"辨不可发汗病形证治第十三"的首条："夫以为疾病至急，仓卒寻按，要者难得，故重集诸可与不可方治，比之三阴三阳篇中，此易见也。又时有不止是三阴三阳，出在诸可与不可中也"。此条《脉经》未见。《玉函经》"辨太阳病形证治第三"至"辨阴阳易……十二"的全部原文，共计409条中，未编排"可"与"不可"的原文并非都不属治法之列（绝大多数是"以脉辨证""以证辨证推理""六病欲解时""辨太阳病形证论第三"的第一至第十七条的原文，未载于《脉经》之中）。汉末魏时，王叔和将从《玉函经》选录的原文，首创以方证治法进行分类编辑，是他智慧灵感所表现出来的聪明才智，更是当时辨证施治之"病、治、证、方"的具体体现。就现代而言，相当多的知名教授还特别采用这种方法总结经验（有机械的"以方套证、以证套方"之嫌），提出将该方法归纳整理为"辨证体系"。由此可见，《脉经》著者王叔和从《玉函经》中选出病、证、方、治进行分类是一个伟大的创举；借尊师之机，不失传承人之职，在撰次《玉函经》时又将《脉经》卷七之诸"可"与"不可"、发汗吐下后的内容及他自己从临床实践中总结的部分经验编入卷五、卷六之中，使其所首创之"病、治、证、方"辨证施治发扬光大，传于1800年后的今天乃不坠于地，可谓劳苦功高！

第四部分：为《玉函经》之卷七、卷八，共115方。自张仲景著成《金匮玉函经》开始，就是"经文与方剂"分置为"前证后方"，不同于《伤寒论》的"方证同条、同类相附"的编次体例。王叔和撰次时保持了张仲景原旨。其中，值得提出的是，厥阴篇、厥利呕哕病形证治分别编次，有别于《伤寒论》的所有版本，避免了厥阴病与厥利二者相混淆的情况，凸显出《玉函经》的特殊价值。

三、《脉经》与《玉函经》古汉字考

文学由单个文字组成，中医学是文学的一个分支，除专业性文字不同以外，大多数文字与文学同属一个体系。随着时代的变迁，在社会制度变革、生产力发展和文化进步的过程中，有些文字因不适应时代而被淘汰，有些文学因有价值和特殊意义，凸显出当时的文化特点而永久性地保留至今，几千年后仍有特殊意义。《玉函经》《脉经》中比较多见的古汉字有坚、欬、贲、撞、趣，以及异体字脋、臕、躰。这些文字看似平凡，但保留在古籍中，以汉以前文字的特殊身份成为划分时代的决定性证明。《脉经》与《玉函经》原文中共同保留着经历不同时代和不同社会变革而未被淘汰的古汉字，现考证如后。

"坚"：东汉皇帝刘秀登基后，史载"讳秀"，且改"秀才"为"茂才"。此后未见有对"坚"及其他字避讳。《脉经》全书共有"坚"字139个，仅卷七所录《玉函经》之241条原文中见"坚"字47个；《玉函经》卷三、卷四原文中见"坚"字47个，《玉函经》卷五、卷六的339条原文中见"坚"字60个。由此可以证实，《脉经》乃东汉末年张仲景《玉函经》最早的古传本，更说明《脉经》与《玉函经》为同一版本。

"欬"：《说文解字》第八："欬气也，从，欠亥，声苦盖切。"欬：咳嗽。《脉经》全书见"欬"字96个。今本《玉函经》、宋本《伤寒论》的校注均为"咳"。可是古"咳"字《说文解字今释》谓之"小儿笑也"。

笔者还发现，《脉经》中古"贲"字有12字，"撞"及"烧瓦熨背"之词，以及"肎"（123个字）、脅、脿、躰等异体字均为汉末之异体字，经多次校注后的《玉函经》《伤寒论》都改为现代简体字，掩盖了汉、魏古文字的历史真相。

四、《玉函经》所载《脉经》"可"与"不可"原文考

《玉函经》全书分为八卷：卷一"证治总例"；卷二、卷三、卷四分列"辨痓湿暍第一"至"辨阴阳易差后劳复病形证治第十二"；卷五、卷六为"辨不可发汗病形证治第十三"至"论热病阴阳交并生死证第二十九"；卷七、卷八为"方药炮制至麦门冬汤一百十五方"。《玉函经》卷五、卷六与《脉经》卷七、卷八比较，具有以下特点和共同之处。

其一，《玉函经》卷五"辨不可发汗病形证治第十三"之首条提示语"夫以为疾病至急，仓卒寻按，要者难得，故重集诸可与不可方治……出在诸可与不可中也"未见于《脉经》。分析

后认为，此语不为王叔和之说。①"疾病至急"与宋校正医书局之《伤寒论》序中"以为百病之急，无急于伤寒"之理和义相同。②"仓卒寻按"与"今先校正张仲景《伤寒论》……今请颁行"说明此序是校正《伤寒论》之后，"仓卒"写完的情境下呈报朝廷。③"重集……出在诸可与不可中也"，这更说明是校正局高、孙、林为代表所做的"重集"是指把王叔和之"可与不可"再收集，而且又紧接着重申其来源为"诸可与不可之中"，故《脉经》中未见此说。

其二，《玉函经》与《脉经》篇目基本相同。由于王叔和首次学习《玉函经》时拟选用《玉函经》中的原文编录于《脉经》卷七之中，所以先仅以"病""可""不可""证""治法"为目录与小标题；撰著《脉经》之后，则在撰次《玉函经》的目录上有了新的构思，一是以"辨"为首，二是增添了"形"和"治"，更突出了全面性。《脉经》卷七最后所记的"治伤寒形证所宜进退，王叔和集仲景评脉要论"，足以证明两书"可"与"不可"篇目与原文绝大多数相同。

其三，《玉函经》卷五、卷六与《脉经》卷七编排相同。两书比较，篇目顺序可谓完全相同，原文排列亦完全相同。《脉经》是王叔和学习和首编的原始记录，第三"病发汗以后证"被列为"第三"时突然发现：一是发汗以后之证较多；二是吐下以后之原文何不与汗以后同列一起，故在不可吐、可吐、不可下、可下之后再次将"病发汗吐下以后证"列为"第八"，因此先后两次出现"发汗以后证"之篇目。其余篇目、排列均相同，在此不再赘述。

其四，《玉函经》卷五、卷六与《脉经》卷七原文相同。经两书篇目逐条对比，《玉函经》"不可发汗第十三"至"热病阴阳交并生死二十九",计 17 篇,共载录"可与不可"及其他原文 353 条;《脉经》卷七自"病不可发汗证第一"至"热病阴阳交并少阴厥逆阴阳竭尽生死第十八",计 18 篇,共选录《玉函经》卷三、卷四中之"可"与"不可"及王叔和自己以脉辨证、动气、热病、湿温之条文共 379 条。

两书"可与不可"相同的原文计 251 条;《玉函经》卷五、卷六另有 36 条原文未见于《脉经》卷七;《玉函经》卷五、卷六共载 357 条,因《脉经》卷七有 17 条原文未见于《玉函经》卷五、卷六,因此,《玉函经》卷五、卷六中相同原文数为《脉经》卷七原文总数的 92.35%。《玉函经》有 36 条在《脉经》卷七中未见,原因是:一为《玉函经》编进了不属于《脉经》汗吐下的原文,如"属柴胡桂枝汤证条"(《玉函经》卷五不可发汗),"趺阳脉微弦,而如此,为强下之"(《玉函经》卷六辨发汗吐下后),此两条来源待考。二是"下利"之证相关原文不属《脉经》卷七,而属《脉经》卷八,故不能计算其中。三是王叔和在撰次《玉函经》时改变了编排《脉经》的思路,采用了补充、调整、删改之法。为了使之更加完善,删除了"可刺""阴阳交"等不属于"可与不可"范围的 46 条原文,相应地增加了有关不可发汗、可发汗、发汗吐下后及下利的原文 20 多条。四是《脉经》卷七、卷八原文重复的问题。因为《玉函经》关于汗、吐、下、温、刺的一些原文中有经汗或吐,或有先汗、再吐、再下的三种误治之变、逆之证者,本文均只作一条计算。另一点如"可温病形证治第二十"最后增加了一条总结性原文:"诸温之属,可与理中、四逆、附子汤,热药治之。"排除社会因素和流传历史久远等因素,两书绝大多数内容相同。如经考可证实的"证治总例"为南朝医师所作,添加了诸多佛教语言,且孙思邈撰著唐本时亦转抄了两千多字。成无己《注解伤寒论》之首卷出现了五运六气，而运气加临图等本不属于《伤寒论》的内容。这便说明，由于流传时间久远，各朝代的人为因素较多，从而导致极少数原文内容不符的情况。

结语：经以上四个方面的考证可以说明，自汉以后，历代医家由于历史久远、史料缺乏、考证不全，绝大多数《伤寒论》继承者和研究者认定《脉经》卷七及有关篇章与宋本《伤寒论》为同一版本之说不仅不能成立，而且不符合历史（包括新辑本、刘渡舟本、钱超尘本及各中医药院校选读本在内）。不提及宋校正医书局 1066 年再校之《金匮玉函经》，这显然是错误的，因为宋校正之《伤寒论》至今荡然无存。经考证，宋本之"诸可与不可"比《玉函经》少了 10（篇）目、89 条原文，只占《玉函经》卷五、卷六所载原文的 74.84%（353 − 89 = 264，264 ÷ 353 = 74.84%）。显而易见，宋本与《玉函经》两者不可相比，因为《脉经》与《玉函经》为同编排目录"可与不可"，同古汉字，同原文内容，同治伤寒形证，同"病、治、证、方"的辨证体系，同为王叔和选论、整理、撰次，确实为同一版本而不容置疑。宋本受孙思邈的影响改编了仲景原著，直至现在仍为"方证同条"，并辩解为"经文与方剂分置，不便临证"之说。

《金匮玉函经》校勘概况与体会

一、校勘概况

1. 校勘版本

底本为《金匮玉函经》（以下简称《经》），北宋治平三年

（1066 年）校正医书局校正本，为清康熙五十五年（1716 年）陈士杰雕刻本。校本则是宋本和成本两种版本。①宋本《伤寒论》（以下简称"宋本"），以张启基、王辉武合编，郭子光审阅的《伤寒论手册》为第一校本［由重庆科学技术协会编辑，科学技术文献出版社重庆分社 1984 年出版。该书"凡例"称：本书《伤寒论》原文，以新辑宋本《伤寒论》（1956 年重庆市中医学会编注，重庆出版社出版）为蓝本，即《伤寒论讲义》（1964 年成都中医学院主编、中医学院试用教材重订本，上海科技出版社出版）］。②成本《注解伤寒论》（以下简称"成本"，人民卫生出版社影印，1956 年 8 月第 1 版第 2 次印刷）为第二校本。

2. 校勘范围

以《经》409 条原文为底本，从"辨太阳病形证治上第三"至"辨阴阳易差后劳复病形证治第十二"止，从中选取宋本、成本原文与《经》原文对照之删、改、加字、加句或断句、标点等，以中医学基础、语法、方药为标准进行校勘，发现与《经》不符或笔者认为值得商榷甚至错误之处，以按语形式进行辩论评说（以下简称"按"）。按其宋本、成本所属问题分别列于各校勘文后。如成本与宋本删改问题相同，均不重复出"按"，一并参见宋文后按语。

3. 校勘方法

以《经》之原文为底本，按顺序横排列出，再按宋本原文逐条、逐句、逐字（包括标点符号）与《经》对校，发现与《经》不符之处，则横排罗列于《经》文之下，成本亦照此法校对并将校勘内容罗列于宋本校勘文之下。为了便于查阅原文，《经》原文将太阳、阳明、少阳、太阴、少阴、厥阴等实际原文数按阿拉伯数字顺序编号，并冠以＊＊·号码（如太阳·1；厥利·25）。宋本按原编号标记，成本按宋本次序。校勘时，对于句子，不以语法完整（含主、谓、宾）为一句，而是以见标点符号即断为一句，以便于理解、记数、操作。

4. 校勘目的

①历代诸多医家均认为宋本、成本《伤寒论》由王叔和或校正医书局校正后，在历代传抄期间被删改得"面目全非"。为了澄清是非，有必要对其进行校勘，这样读校勘本才可一目了然。②由于《经》在校正之后即藏匿了651年，此期间未见有同类版本流传，笔者认为，其被删修或以讹传讹的情况极少发生，故以《经》为底本。由于历来发行极少，故读《经》、学《经》者寥寥无几，学者亦未见《经》之真面目，只知道宋本、成本，并误以为是《金匮要略》之别本。只有校勘之后，方可明白校正者对其删改的幅度，以及三个版本之间的差距。③可能有人会提出，三者并非同一版本原版，不可比较。但笔者认为，《经》、宋本、成本均出于仲景之手，当然可作比较。只是因年移代隔，编、撰、校正之次较多，有可能出现编者妄自删改的情况，从而导致三个版本之间存在诸多不同之处，故有必要对其进行校勘。

5. 校勘体会

笔者对三个版本进行逐篇、逐条、逐句、逐字校勘后，感悟很深，体会颇多。

①《经》从文学角度、语言语法、编排体例、中医基础等诸多方面看，文字古朴，符合汉代文风，语言简明，行文自然，无特别修饰，标点符号简洁而运用自如，编排采用前证后方回顾式病案记录，堪称中医理论联系实践的典范。

②对《经》409 条原文，按现行版本之顺序进行编号，以六病之名冠于编码之前，使条文内容一目了然，这可以说是本次校勘的创新之处；对《经》之全部原文进行校勘，亦为前人未做之事，可为今后《经》、宋本、成本的研究和考察提供参考资料。

③校勘过程中发现，宋本或成本对《经》之运用，为了更好地表达字、词、句的意义，往往表现出故意为难之举，如"坚""硬""鞭"三字之用；"即"改"则"、"为"改"名"、顿号改逗号等极其普遍。但《经》之原文中仍保留了部分秦汉的古字、词以及巫医所为的痕迹，为我们研究《经》提供了充足的文字依据，能让我们了解《经》的真实面目和历史，以及其现实价值。

④《经》的编排体例不同于其他版本，仅从原文编排来看，《经》除了以六病为篇名以外，另增加了"厥利呕哕"篇，把不属于"厥阴病"范围的内容编入了该篇。这更进一步说明"厥阴病"是六病传变之最后阶段的正衰致脏气衰，阴寒盛、寒热错杂的生命危急之时。此外，"少阴"多死证，"厥阴病"的全过程亦很少能见到，这既符合当时的社会状况和医疗水平，又真实地反映了《经》作为回顾式病案记录的样貌。就连宋时之《校正疏》也表明"圣贤之法，不敢臆断，故并两存之。凡八卷，依次旧目"，对其编排体例未作更改，保持了原貌。

⑤从《经》与宋本、成本的校勘中还可发现，仲师非常重视对民间医疗土方土法的收集、采用，将其改造和提高后再用于临床实践。如原文中的温针、熨法、火熏、针灸、诊趺阳脉、诊少阴脉，以及蜜煎、土瓜根、猪胆汁导法等，真可谓就地取材，解除百姓疾苦，至今仍是可资借鉴的治疗方法。

⑥对《经》、宋本、成本三个版本进行校勘后，有四个方面

可提供研究和参考。一是以《经》之原文文字、词、断句、标点符号为准：宋本与《经》相同的原文是 52、64、66、97、156、180、185、204、218、224、225、249、253、254、255、263、270、271、274、295、303、304、305、312、313、314、318、320、323、325、330、340、363、377、379、390、397，共 37 条；成本与《经》相同的原文为 38 条。二是以《经》之原文文字为准：宋本与《经》在同一原文中有（仅）一字（词）不同的是 26、28、43、47、63、65、80、83、89、92、101、107、126、151、173、175、188、199、220、252、271、276、281、284、285、290、309、322、327、329、333、349、354、356、357、358、364、366、370、382、394，共 41 条；成本与《经》在同一原文中只有一字（词）不同的为 37 条。三是以《经》之原文的标点符号为准：宋本与《经》之同一原文中有（仅）一处标点符号不相同的是 76、77、116、118、121、144、146、168、172、289、292、293、308、319、331、353、369、376、387、388、393，共 21 条；成本与《经》之同一原文中有（仅）一处标点符号不相同的共 19 条。四是以《经》之原文文字、词、断句、标点为标准计算删、改数：宋本与《经》相比，删、改（包括加、并等）在两字及以上的原文（除去相同 1 个字、1 个标点等）实际为 409 − 12（《经》之 12 条，而宋本、成本无此原文）− 2（《经》无的原文）− 37 − 41 − 21 = 296 条，占全部原文的 72.37%。若只减去相同的原文，其删、改原文数可高达 87.53%，这足以说明历代以来对宋本修改的评论为"面目全非"是与事实相符的（注："12"指宋本没有的原文，不可对照；"2"指《经》与宋校勘时，《经》无此原文，是宋本之 178、345 条；"37"指《经》、宋本校勘中共有 37 条相同的原文；"41"指《经》、宋本校勘中，宋本仅有一个字与《经》不同的原文；"21"指《经》、宋本校勘中，宋本中仅有一处标点与《经》不同的原文）。

⑦校勘过程中还发现以下五个方面的差别：一是宋本398条原文中的178和345两条，《经》中无。二是《经》中有的太阳3、5、7、13、181、182、183，阳明26、77，厥利24、25，差后·8，共计12条，宋本无。三是《经》中115方中有柴胡加芒硝桑螵蛸汤、大陷胸汤、黄芩人参汤（却没有相应的原文）三方，宋本无此三汤方。四是宋本112方中有桂枝加厚朴杏仁汤方，而《经》中有该方原文，却无该汤方药。五是《经》中115方用炙甘草50方、生甘草21方，而宋本112方中却用炙甘草67方、生甘草3方。

《金匮玉函经》部分原文是巫医所致的救误考证

笔者在对《金匮玉函经》进行校勘的过程中发现，其中部分原文中含有一些巫医祝由的字眼。对此，读者很可能会产生两种误解：一是张仲景不可能相信"巫"和运用"巫医"的方法来诊治伤寒病；二是张仲景著《伤寒杂病论》也不可能与"巫医"同流合污。为此，笔者专门进行了考证。

一、古代巫医祝由难分家

巫祝是古代执掌占卜祭祀的人，是负责与天地沟通的主要人物。据称能通鬼神，亦能为人治病。商以前，医术主要掌握在巫医手中，巫与生死、天灾、人祸、医药、驱疫、治病等活动息息相关。《说文解字》云："女能事无形，以舞降神者也。"《国语·楚语下》云："在男曰觋，在女曰巫。"民间统称为

"巫师"。《吕氏春秋·勿躬》载："巫彭作医。"至汉代，汉武帝时又有关于巫蛊之祸的记载。《韩非子·显学》云："今巫祝之祝人曰：使若千秋万岁。"杜甫《南池》诗云："南有汉王祠，终朝走巫祝。"由于巫、祝是通鬼接神的人，故人们就用巫术占卜吉凶，预言祸福，驱鬼治邪。古人认为，患病是某种鬼邪作祟，故医病也应采取驱邪赶鬼的巫术活动。巫术与祝由疗法主要经由与神明的接触仪式治疗疾病。一般是请巫祝到家中设坛，采取做狮、跳童、水火术、跳端公、竖符、灵疗、过火、安五营、药签簿、乞香灰等形（仪）式。设坛时于坛前设水火盆各一，做安斗、请神、弄狮、敕符、追煞、送火等法事，祈求不舒服、感染重病、发高烧或昏迷不醒的病家能够痊愈。（《中华神秘文化辞典》16-17，34，388-397 页）

就中国而言，至少从汉到唐的历史阶段中，医学体系中的科学内容（物理与化学的治疗方法及相关理论）与咒禁疗法是平行发展的。巫术在医学构成与发展中占有相当重要的地位（医者意也，2006 年）。因此，《金匮玉函经》中出现一些巫祝字眼，绝不能说是"巫术"，乃秦汉时的巫与医、祝一人所为。行"巫"之人也是行医之人，仲景不过是在救治伤寒杂病中发现某些经过巫医用水、火作法所致的部分误治病例，采用汗、吐、下、和、温、清、消、补八法予以救治，并将其进行记载罢了。

二、《金匮玉函经》中救治巫医所为的条文摘录

张仲景生活于后汉之时伤寒流行之际，《金匮玉函经》中部分条文记载了被火、烧针、火逆、烧瓦、溅水、灌之等巫医、祝由误治后的救误、救逆之证治，兹摘录于下。

"若被火，微发黄，剧则如惊痫，时瘛疭发作，复以火熏

之"。(太阳·12)

"复加烧针者"。(太阳·36)

"太阳病二日，而反烧瓦熨其背，而大汗出，火热入胃，胃中水竭"。(太阳·118)

"太阳中风，以火劫发其汗，邪风被火热，血气流溢，失其常度，两阳相熏灼"。(太阳·119)

"伤寒，脉浮，医以火迫劫之，亡阳，惊狂卧起不安"。(太阳·120)

"伤寒，其脉不弦紧而弱者，必渴，被火必谵语"。(太阳·121)

"太阳病，以火熏之，不得汗者，其人必躁，到经不解，必清血，名火邪"。(太阳·122)

"烧针令其汗，针处被寒，核起而赤者，必发贲豚"。(太阳·127)

"火逆，下之，因烧针烦躁者"。(太阳·128)

"病在阳，当以汗解，而反以水潠之。若潠之，其热被劫不得去，益烦，皮上粟起"。(太阳·152)

"无阳则阴独，复加烧针，因胸烦，面色青黄，肤润，如此者为难治"。(太阳·164)

"阳明病，被火，额上微汗出，小便不利者，必发黄"。(阳明·23)

"少阴病，咳而下利，谵语者，被火气劫故也，小便必难，为强责少阴汗也"。(少阴·4)

"伤寒，阴阳易之病……烧裈散主之"。(差后·1)

以上14条原文之形、证、治完全符合巫医疗法所致的惊痫、大汗出、火热入胃、亡阳、针处被寒、核起而赤、贲豚、皮上粟起等见症，其阴阳易病服用烧裈散之法，应是在巫术的基本思维方式"相似律"影响下产生的。例如，"病在阳，当以汗解"，巫医"而反以水潠之。若潠之，其热被劫不得去"。这种以水潠之，表面上退热，实际其热被劫而内逼，内外交逼，造成患者"益烦，皮上粟起"等险象丛生的做法，稍有点基本医疗知识和水平的医师，是绝不会用这种鲁莽的方法施救的，仲景对此都进行了详细的描述。

这从一个侧面可见，当时巫医十分盛行。东汉时期，巫神、巫医盛行，张仲景同他们进行了坚决的斗争。他认为，疾病流行有物质因素和一定的社会原因，与鬼神无关。他强烈抨击那些无视医药、生了病只知"降志屈节"拜倒在巫婆脚下的医生。民间流传着一些张仲景同巫医做斗争的故事。一个妇女患了神志异常的疾病，老是见鬼见神，请张仲景诊治。张仲景仔细地询问了她的生活、观察了她的病态，笑着说："这不是鬼神作怪，这只是病。有些巫婆在装神作鬼，倒是活鬼，他们在害人。"他研究了治疗方法，便给患者扎金针，病就慢慢地好了，见鬼见神的症状也无形消失。（赵清理，王安邦．张仲景和他的《伤寒论》．张仲景研究，1981 年 1 期）

因此，笔者认为，《金匮玉函经》中部分涉及巫祝字眼的条文，并非"巫术"，而是仲景救治巫术致病的真实记载。由此，仲景坚决与巫医做斗争的决心可见一斑（参见《金匮玉函经研究》）。

论"江南诸师秘仲景要方不传"尽在《金匮玉函经》之中

"江南诸师秘仲景要方不传"是唐代医家孙思邈在撰写《备急千金要方》时，为见不到仲景《伤寒论》而叹惋的一句牢骚话，也是他晚年为寻求仲景要方，再编入《千金翼方》卷九、卷十的唐本《伤寒论》的动力。钱超尘教授在《金匮玉函经的研究与考证》中说："依《玉函》章节次第，与《脉经》、唐本、宋本对比考证，资料充分翔实，从考证中可以看出，孙思邈的唐本《伤寒论》是以《金匮玉函经》（以下简称《经》）为底本。"在加以调整编排时独出心裁地改为"方证同条""同类相附"。然而，唐本虽源于《经》，却有删节、遗漏和省略。笔者在以《经》为底本对《伤寒论》11 种版本进行校注时发现，其与宋、成、唐、桂林等版本的原文有较大差异，或有缺如，或为后人增加，或字词句错误，或方与证不符，或方药组成有误等。为此，本文将予以校正、廓清，以飨同道。

一、《经》中未载的原文

（1）宋本 178 条："脉按之来缓，时一止复来者，名曰结。又脉来动而中止，更来小数，中有还者反动，名曰结，阴也。脉来动而中止，不能自还，因而复动者，名曰代，阴也。得此脉者，必难治。"

按：上条原文还见于康平本。《经》、唐本、桂林本均无。钱超尘教授说："目前各种传本，偶有一些条文为后人所增，如宋本第 30 条、第 178 条肯定为后人所增。"（《伤寒论文献通考》11 页）

（2）宋本 345 条："伤寒发热，下利至甚，厥不止者，死。"

按：《经》中未载此原文。但唐本记载："伤寒发热，下利至，厥不止者，死。"唐本与宋本仅一"甚"字，可能为《经》遗漏或孙思邈撰写唐本时还参考了其他版本。

二、其他版本未载但《经》中载有的原文

（1）太阳·3："太阳病，其脉浮。"

按：宋本、成本、康平本、康治本、桂林本不单独列为一条，而是只取其"脉浮"二字加于前条的"头项强痛"之后。《经》与唐本均分列，则可能是仲师经过长期的临床观察之后，认识到太阳病的主脉是"脉浮"而另列一条，既强调脉在临床的重要性，也可能是以后逐步增补、完善之举，符合"回顾性病案记录式"的思维特征。

（2）太阳·5："太阳中风，发热而恶寒。"

按：此条仅见于唐本，宋本、成本、康平本、桂林本均无此条文。该条文在《经》编于太阳·4条"为中风"之后，或称单列续条，更进一步补充说明"太阳中风"不仅只有"发热汗出而恶风"之症，还可有"发热而恶寒"的另一个类型，以示进一步区别于"伤寒"。

（3）太阳·7："伤寒一日，太阳脉弱，至四日，太阴脉大。"

按：只见于唐本与《经》，宋本、成本、康平本、桂林本均无此原文。因本条是仲师以时间和病名相合，六日为一周经尽，以此假说作一循环的规律和轨道以示六病的传变规律，与太阳·10条"伤寒三日，阳明脉大，为欲传"义同，故列为《经》开篇以示之。

（4）太阳·13："太阳病，三四日不吐下，见尢乃汗之。"

按：本条唐本同，宋本、成本、康平本、桂林本均无。本条言太阳病，三四日不吐下，示病情未入里，无胃气上逆和肠道病变，所以无吐、无泻下的病状仍可用汗法治之。保元堂本"尢"作"浮"比较恰当，表明其病邪仍在表。

（5）太阳·181："凡用白虎汤，立夏后至立秋前得用之，立秋后不可服也。"

（6）太阳·182："春三月病常苦里冷，白虎汤亦不可与，与之则呕利而腹痛。"

（7）太阳·183："诸亡血虚家，亦不可与白虎汤，得之腹痛而利者，急当温之。"

按：以上三条唐本、成本、桂林本均未见。宋本、唐本、康平本在168条（宋本编码）白虎加人参汤煎服后的小字注文有一段类似文字。从以上三条看，主要是说春三月冷时和秋凉季节不宜服白虎汤，亡血体虚者不可与白虎汤，因为白虎汤中以生石膏为代表的辛和大寒之品与知母同用，为清解阳明气分实热之药，需因人因时使用，体虚非实证者不可用。

（8）阳明·26："夫病阳多者热，下之则坚，汗出多极，发其汗亦坚。"

按：该条与唐本同，宋本、成本、康平本未列入正文，桂林本未见此原文。根据字义分析，《伤寒论》以阴阳为总纲进行辨证论治，阳热阴寒是伤寒杂病的基本病机。本条所言之"阳多"即指非同一般的阳热之证，不可轻易运用下法，下则可能出现大便坚硬；且因阳多而热盛，内逼则汗出极多，导致津液内耗，肠道干燥，致使大便坚硬，或谵语、神昏等变证蜂起，故在阳明·3条中有"何缘得阳明病"之问。本条为补充阳明病的另一种病因病机。

（9）阳明·77："伤寒腹满，按之不痛者为虚，痛者为实，当下之。舌黄未下者，下之黄自出，宜大承气汤。"

按：唐本、宋本、成本均无此条，桂林本与此同。《伤寒杂病论会通》黄竹斋按："原本无此节，今从《玉函经》补入。"本条《经》列于"急下之、当下之"中，是仲师告诫我们腹诊与舌诊相结合是判断腹满虚实的一种重要的临床方法。可惜唐本抄漏，宋本、成本、桂林本及其他版本均无此条，这更加衬托出《经》在学术价值上超过了其他版本。

（10）厥利·24："表热里寒者，脉虽沉而迟，手足厥，下利清谷，此里寒也，所以阴证亦有发热者，此表热也。"

（11）厥利·25："表寒里热者，脉必滑，身厥舌干也，所以少阴恶寒而倦，此表寒也，时时自烦，不欲厚衣，此里热也。"

按：以上两条《伤寒论》诸版本均未见。《经》太阳·17条（相当于宋本11条）中已有总结"真寒假热"的原文，但该原文中仅以"反欲得衣"和"反不欲近衣"的表面现象来区别"表热里寒""里热表寒"。仲师唯恐没说清楚，故又在"厥利篇"补充以上两条，从"脉象""手足""舌质""情志"等方面更深刻地描述了表里真假寒热。

（12）差后·8："病后劳复发热者，麦门冬汤主之。"

按：该原文诸版本《伤寒论》均未见。《经》列为"差后劳复篇"最后一条，即第409条，其麦门冬汤列为第115方。本方以麦门冬为君药，按当时剂量为七升，其量之大比半夏大六倍。方中还有人参、炙甘草、粳米、大枣，主治病后劳复发热之症，明示该方是治"虚热"，类似于竹叶石膏汤之清伤寒余热。该原文列于差后·7条之后，我们可以这样理解，因为7条是"以病新差，人强与谷，脾胃气尚弱，不能消谷，故令微烦，损谷即愈"，故未列出方剂。差后·8则是接上条而省略了文字，只补其不相同的主症，同时列出方名。这是《经》中常见的写法，即同类原文中上条已详论，下条承上条之意省略之。如阳明病三急下证之第1、2、3条即是如此。因此可以说，差后·8条与7条同属差后劳复类，又与7条有部分不同的临床表现，故以麦门冬汤生津降逆和胃，以清虚热治之。

三、《经》中部分方证不同于其他版本

（1）太阳·74："发其汗不解，而反恶寒者，虚故也，芍药甘草附子汤主之。不恶寒，但热者实也，当和胃气，宜小承气汤。"

按：本条原文前部分与其他版本无明显差别。自"不恶寒"到"宜小承气汤"其证基本相同，可是方药仅唐本同，宋本、成本、康平、康治本均作"与调胃承气汤"，宋本卷八作"属调胃承气汤证"；桂林本无此十七字。如此则出现了三种不同情况，且重点是方药运用问题。此证之用方正如阳明·31条所述："若腹大满不通者，可与小承气汤，微和其胃气，勿令至大下。"宋本、成本、康平本、康治本则为"与调胃承气汤"。考"调胃承气汤"的适应证在《经》中只有5条（太阳·36、113、133，阳明·30、69），在宋本、成本中计有7条（29、70、94、123、125、207、248），其中有两条被宋本改为用"调胃承气汤"（宋70、94）。《经》中的5条原文分别为"胃气不和，谵语"；"此为内实也"；"其腹微满，郁郁微烦"；"蒸蒸然发热者"；"不吐下而烦者"。可见，其"谵语""内实""满""烦""蒸蒸然发热"为调胃承气汤之适应主症，然本条中仅为"不恶寒，但热者实也"，只适宜小承气汤以和胃气。

（2）太阳·180（宋本170条）原文均言"渴欲饮水，无表证者"，《经》为"白虎汤主之"，宋本则改为"白虎加人参汤主之"，然加人参之理并不充分。考宋本168、169两条原文，均为"白虎加人参汤主之"，原文中均有"舌上干燥而烦"或"口燥渴，心烦"之共同症状。

（3）太阳·108条："伤寒中风，有小柴胡证。"而宋本101

条则去掉了"小"字，而成为"有柴胡证"。然而柴胡证有大、小之别，适应证可以说完全不同，绝不可混淆。

四、《经》中少数方药组成与其他版本有别

太阳·21："太阳病，项背强几几，而反汗出恶风，桂枝汤主之。"宋本14条将"桂枝汤主之"改为"桂枝加葛根汤主之"。

按：该原文及方药仅唐本同，宋本、成本、康平本、康治本、桂林本均作"桂枝加葛根汤主之"。考宋本，在原文后列出的桂枝加葛根汤方组成为："葛根四两、麻黄三两（去节）、桂枝二两（去皮）、芍药二两、生姜三两、甘草二两（炙）、大枣十二枚。上七味，以水一斗，先煮麻黄、葛根减二升，去上沫内诸药，煮取三升。"查此方药物组成并非桂枝加葛根汤，乃葛根汤也。因此，其证亦非所宜也。兹录林亿等人的校语："臣亿等谨按：仲景本论，太阳中风自汗用桂枝，伤寒无汗用麻黄，今证云汗出恶风，而方中有麻黄，恐非本意也。第三卷有葛根汤证云：无汗恶风，正与此方同，是合用麻黄也。此云桂枝加葛根汤，恐是桂枝中加葛根耳。"经考宋·31条"葛根汤"的药物组成与14条的"桂枝加葛根汤"的药物组成、剂量完全相同，可见错在宋本，且自相矛盾，说明31条之葛根汤的药物组成是方证相符；而14条所列桂枝加葛根汤应只是桂枝汤中加葛根而已。

五、结语

本文先列出宋本中178、345两条原文，该原文《经》中无记载和论述，据钱超尘教授考证，其中第178条为后人所加，第345条可能为《经》传抄遗漏。随后，《经》中12条原文宋本、成本未载，且唐本亦遗漏6条。不仅如此，唐本中还有太阳·

12、17、37、53、54、55、85、88、97、118、119、137、151、181、182、183，厥利·24、25 共 24 条原文为孙思邈所抄漏。笔者认为，唐本既然是以《经》为底本，就应该全文抄录，而经考证，唐本实际只有原文 505 条、方剂 105 首，与《经》中764 条原文和方剂 115 首相比，差距甚远。有幸《经》在 1066年得到校正。现存的 1716 年陈士杰本完好无缺，保存至今，避免了又一次"不传"。故本文以"江南诸师秘仲景要方不传尽在《金匮玉函经》之中"为题，进一步说明《经》的历史意义和现实的学术价值。

《金匮玉函经》辨证新说

"学以致用"。对于《金匮玉函经》（以下简称《玉函经》）的学习和应用，学习是第一位的。只有掌握了其精神实质，才能在临床中运用自如。要学好《玉函经》存在三大问题：第一，课本问题。中医院校都是统编教材，并且改名为《伤寒论》，其内容相当繁杂，加入了现代研究，套用西医病名，成了中西医结合品，已失去了经典原样。第二，如果要学习明代赵开美复刻本，因年代久远，从竹简到传抄，加之从古至今人为的因素，其读本与仲景所撰次、王叔和收集整理、林亿校刊的版本相比，可能面目全非。第三，中医学之"四大经典"之一，过去是指《伤寒论》，本文认为《玉函经》与《伤寒论》同体而别名，经系统、全面研究和考释之后发现，所谓宋本《伤寒论》已不是原作，现在没有真宋本；王叔和所撰次的《金匮玉函经》为最早古传本，保持着汉末仲景所著之真迹。其实质并不是"六经辨证"，笔者剖析如后。由于古奥精深的字词难学难懂，加之所谓的疾病谱发生了很大变化，故而成了选修课。

笔者倡导与时俱进，在保持经典原貌的同时，拟用当代的思维方式、现代语言词汇，从追溯《玉函经》的思维渊源、指导思想起步，遵从仲师思维方式和原旨，用事物与疾病的发生、发展、变化的规律，以唯物辩证法的理念、观点解读《玉函经》，既要跳出六经辨证、六经传变的圈子，又要与阴阳、藏象、气血、津液等基础理论紧密结合，从实践中创立《玉函经》辨证论治新说。

一、以唯物辩证法为指导

中医学的观念与思维、理论与概念源自于中国传统文化。《周易》和《黄帝内经》与《玉函经》有着相同的思维渊源。如《玉函经》每篇篇题都以辨某某病形证治开始，意在从辨入手进行辨别、辨识、辨解，内容具体到辨病、辨形、辨证，通过辨落实到治。由此可见《玉函经》是以古代的哲学观指导伤寒杂病的辨证论治。《玉函经》以唯物辩证法为全书的指导思想，尤以"矛盾的性质""质和量的变化""内因和外因""现象和本质"等四个方面为主，具体体现在68条原文之中。

一是抓主要矛盾。"任何过程如果有多数矛盾存在的话，其中必有一种是主要的"（《矛盾论》）。

1. 辨证抓主要矛盾：《玉函经》中"正"与"邪"这一对矛盾的运动把整个伤寒病程分为两大阶段、六个时期。例如，太阳·2、阳明·1、少阳·1三条为阳病阶段里邪盛的三个不同时期，分别命名为太阳病、阳明病、少阳病。正邪相争发展变化到第二阶段正虚时，如太阴·1、少阴·1、厥阴·1三条为阴病阶段的太阴病、少阴病、厥阴病和厥利呕哕三个不同时期。

2. 论治针对主要矛盾：《玉函经》在论治中若几种症、形、证矛盾同时出现，首先解决主要矛盾，待主要矛盾解决，次要矛盾又上升为主要矛盾时，调整治法再针对之后的主要矛盾。如太阳·37，先给予甘草干姜汤使已亡之阳得以恢复，再重用芍药甘草汤，"尔乃胫伸"。太阳·48"当以汗解，宜桂枝汤主之"；太阳·177因胸膈痰阻，必吐之方可祛邪，"当吐之，宜瓜蒂散"；太阴·5"以其脏有寒故也，当温之"。

二是突出量和质变规律。《玉函经》之病变过程同样有量变和质变。太阳·8、太阳·10、太阳·14三条中的一日、三日、七日为量变；其"脉若静"为质未变；如果"颇欲吐，若烦躁，脉数急"此已由量变导致质变。

三是重视内因。唯物辩证法认为，"事物发展的根本原因，不是事物的外部而是在事物的内部"（《矛盾论》）。如太阳·1"夫病有发热而恶寒者，发于阳也。不发热而恶寒者，发于阴也"。其阴、阳乃内在因素，由"阳"决定了其症为发热恶寒，由"阴"决定了无热恶寒。

四是善于透过现象看本质。"唯物辩证法……就是在于指导人们透过事物的现象，把握其内在的本质"。此正如《灵枢·本神》所云："视其外应，以知其内脏，则知其所病矣。"现代与古代的哲理不谋而合。《玉函经》的绝大多数病、症、证都包含着现象和本质两个方面。其中起指导作用的方法有识别真假（太阳·17）、把握现象（太阳·135）、分析对比（阳明·25）、药物试探（阳明·32）。"辩证唯物论之所以为普遍真理，在于经过无论什么人的实践都不能逃出它的范围"（《实践论》）。

二、三因学说论病由

《玉函经》与《金匮要略》乃一书所分，皆仲景所著。《金匮要略》应为《伤寒杂病论》共有的学术体系。据查，有相当部分条文应划于《玉函经》之中。本节引《金匮要略·脏腑经络先后病脉证第一》之："夫人禀五常，因风气而生长，风气虽能生万物，亦能害万物……若五脏元真通畅，人即安和。客气邪风，中人多死。千般疢难，不越三条：一者经络受邪入脏腑为内所因也。二者四肢九窍，血脉相传，壅塞不通，为外皮肤所中也。三者房室金刃，虫兽所伤。以此详之，病由都尽。"仲师以此说明三点：一是人与自然息息相关；二是人的身体素质与疾病的关系；三是将人之得病原因高度概括为内因、外因、不内外因三个方面，成为中医传统的三因学说。

《玉函经》联系临床实践，广泛运用三因学说说明致病之因，如太阳·4"太阳病，发热汗出而恶风，其脉缓，为中风"；太阳·6"太阳病，或已发热，或未发热，必恶寒，体痛，呕逆，其脉阴阳俱紧者，为伤寒"；太阳·17"寒在骨髓，热在皮肤……热在骨髓，寒在皮肤也"；以及差后·1"阴阳易"、差后·2"劳复"、差后·7"食复"。

《玉函经》强调外因通过内因起作用，认识到相同的外因可导致不同的症状。《玉函经》对伤寒各个时期的病、形、证进行总结分类，后人予以六经辨证，而事实上无文字依据，故认为"六经非经，实为六病"。

三、六经非经，实为六病

六经辨证产生于什么时代，由什么人、在哪本书首次提出无从考证。大凡界定一个辨证纲领，总要有几点依据。笔者认为，六经辨证只是假借之名，以"六经"进行辨证并无太多文字依据。其理由：①从宋刻《伤寒论》序看，只有"王叔和撰次仲景遗论甚精，皆可施用……惟王叔和能学之……校定张仲景《伤寒论》十卷，总二十二篇，证外合三百九十七法"；校正《金匮玉函经》疏云"圣贤之法，不敢臆断，故并两存之。凡八卷，依次旧目"，既没有暗示，也没有明指，没有论及六经的字样。②所谓张仲景原序只有"乃勤求古训，博采众方……并平脉辨证，为《伤寒杂病论》合十六卷"，亦未提六经。③历代医家提出的《玉函经》中属六病提纲的 20 条原文只提某某之为病，或命为某某病及转属某某病，并无六经之说。④《玉函经》论阴阳的共有 214 条原文，其中称病者的 140 条，并以太阳、阳明、少阳等冠于原文之首，无某某经之称。⑤阅全部《玉函经》之原文，有"经"字者仅 14 条，其"经"之含义有四：六病有可能按预定日期、顺序而传，经过之意，经水，附子有温经作用，除此并无他意。⑥《玉函经》中有引《素问·热论》之"伤寒一日，巨阳受之……六日，厥阴受之"的文字。以上六点可说明，以"六经"命名辨证纲领，无文字依据。若是想借《内经》之意，其两者之实质（症状表现）完全不符。若说是假设的一个经度，却没有纬度；若说是八纲的升华，高于八纲，亦不成立，因为八纲是以阴阳为总纲，六经亦分属于阴阳；若说是脏腑、经络、气化的有机结合，其结合只能说并不是六经本身，也不符合六经实质，只是借了六经之名而已。正如恽铁樵所说："《伤寒论》……而第一难解之处亦为六经。"故笔者认为，"六经"之说只是历代医家之发挥、假借，或是学习的体会和延伸而已，并非仲师之本意、原旨。

从另一方面看，《玉函经》与《金匮要略》是张仲景所撰的一本书而经人为地分割，其学术观点同出一辙，不可能在《玉函经》是六经辨证，在《金匮要略》又是脏腑辨证。

综上所述，将"六经辨证"界定为"六病分证"更为适合。其分证只是已知已见的病、脉、形、证表现，它们之间存在着内（潜）在的关联性，由此《玉函经》中之病变呈现出四种规律传变。

四、四种规律传变

人体与疾病是一对矛盾，疾病与脏腑、经络是一对矛盾。人生活在大自然中，与大自然息息相关。自然界的变化会导致人生病。《素问·刺法论》云："正气存内，邪不可干。"然而"邪气盛则实，精气夺则虚，邪之所凑，其气必虚"。张仲景在大量的临床实践中掌握了第一手资料，对伤寒六病的发生、发展变化，负概念（假设、无），以及误治、坏病、合病、并病都了如指掌，将所出现的六个证候群划分为阳病、阴病两大阶段六个时期。伤寒六病按着疾病与体质的内在联系之路径和规律传变，由外向内、由表及里，或者因矛盾的互相转化而由内向外、由里达表。

1. 正向轨道传：例如，太阳·9"伤寒，其二阳证不见，此为不传"。少阳·6"伤寒六七日，无大热，其人躁烦，此为阳出入阴也"。其病由表入里，可谓按经络次序相传，亦谓循经（顺）传。

2. 逆向轨道传：例如，太阴·6"伤寒脉浮而缓，手足自温者，系在太阴"。阳明·9"太阴身当发黄，若小便自利者，不能发黄，至七八日便坚，为属阳明"。此两条提示寒热可以演变，虚实可以转化，由阴出阳，为之逆传之例。

3. 跳跃式相传：分为两种趋向，其一如太阳·67"下之后，复发其汗，昼日烦躁不得眠，夜而安静……脉沉微，身无大热者，干姜附子汤主之"，是少阴元阳受损之脉象，日躁夜静是阴阳离决、元阳欲脱之征。本条承上条（太阳·66）为内外俱虚，乃误治之后，外（表）已虚，又导致里虚，太阳之里少阴也，故从里直救回阳。其二如太阳·72"发汗后，腹胀满者，厚朴生姜甘草半夏人参汤主之"，表证已罢，其人又中气素虚。太阳·173"太阳病，外证未除，而数下之，遂夹热而利不止，心下痞坚，表里不解者，桂枝人参汤主之"。此乃外证未除而数下之，中气大伤，邪实正虚，治以扶正祛邪。两条均为太阳表邪内传太阴，故传统称之为越经传。

4. 跨越式相传：例如，太阴·5"自利不渴者属太阴，以其藏有寒故也，当温之，宜四逆辈"。少阴·2"少阴病，欲吐不吐，心烦，但欲寐，五六日自利而渴者，属少阴也"。前者为伤寒直中太阴，起病即见吐利；后者为直中少阴之心烦欲寐，二者均为病邪跨越三阳阶段而直传入阴。

可见，六病之间彼此相传，变化多端，临证首当辨证求本别阴阳。

五、辨证求本别阴阳

《周易》有太极，是生两仪。太极者，道也；两仪者，阴阳也。《素问·阴阳应象大论》云："阴阳者，天地之道也，万物之纲纪，变化之父母，生杀之本始，神明之府也，治病必求于本。"《周易》之阴爻、阳爻遵循一定规律叠加、重复、错位而成卦，这不仅是为了占卜所求之事、分物之吉凶，而且体现了古代阴阳之代表和所提出的乾坤精神，也体现了中华民族传统文化的根本思维方式。《黄帝内经》所述之阴阳经历了沿袭、借用阶段，终于跳出八卦的圈子，在中医学里被赋予了新的含义、新的内容、新的用途。《玉函经》既继承了《黄帝内经》的阴阳学说，又延伸了其含义，将其临床应用发挥得淋漓尽致。

《玉函经》中提到的"阴"有23条、"阳"有42条，这65条原文指明了脉象、证名、病位之不同。另外有太阳病75处、阳明病61处、少阳病12处、太阴病11处、少阴病55处、厥阴病5处和阴阳易，共计285处。可以说，阴阳从文字上贯穿全书，阴阳学说统领《玉函经》的方方面面，为《玉函经》的辨证论治奠定了基础。《玉函经》运用阴阳学说的对立制约、依存互根、消长转化、动态平衡的对立统一思想，囊括了生理、病理、诊断、治疗，构筑了一个中医辩证逻辑体系，并且进一步揭示了辨气血病形证并治。

六、辨气血病形证并治

气血是人体生命的基本物质，气血充足则身体安康。伤寒杂病亦能导致气血紊乱。《玉函经》涉及气血病脉证者计104条，先后出现了31种与气血相关的病、形、证，占到1/4。因此有必要将其进行归纳，作为《玉函经》辨证新法之重点予以论述。

气可分为正邪两部分。正气泛指人体一切正常的功能活动，正气的强弱关系着生命的兴衰和存亡。《玉函经》厥利·3条指出，"食以索饼，不发热者，知胃气尚在，必愈"。反之，"凡厥逆者，当不能食，今反能食者，恐为除中"。仲师十分重视脾胃之气、营卫之气、阴阳之气的强弱、和谐、顺接、退还、怫郁、滞留和内陷等。邪气危害机体而致病。《玉函经》太阳·46条云"伤寒表不解，心下有水气，咳而发热"是指因水气而致。另外还有火气、客气等，对气病之见证与病机进行了广泛论述。

血液起着灌注和滋养脏腑、经络、四肢百骸的作用。血液靠着气的推动、温煦和固摄，可谓气为血帅，血为气母，气为载体，血为载物，形影相随，周贯全身。《玉函经》有 47 条原文论及了 16 种与血有关的病、形、证，主要分为失血性和非失血性两大类。在失血病、形中，《玉函经》再三告诫后人有不可汗之禁忌，如太阳·92"疮家虽身疼痛，不可攻其表，汗出则痉"。其他条文还辨治了不可吐、不可下、不可灸、不可治呕的禁忌。非失血性以蓄血、瘀血为重点，如阳明·58"阳明证，其人喜忘者，必有蓄血，所以然者，本有久瘀血"。由于津血同源，故《玉函经》以津液学说论存亡。

七、津液学说论存亡

津液泛指人体内的一切水液，它分布于经脉内外，滋润肌肤，濡养关节、脑脊、骨髓、孔窍。津液和血都源于饮食精微，且相互资生，故《灵枢·营卫生会》有"夺血者无汗，夺汗者无血"之说。《玉函经》有 45 条原文论及津伤液耗病形证治。导致津伤液耗者不外乎三个方面：①热灼津伤：例如，阳明·1"阳明之为病，胃家实是也"，即里热炽盛致津伤液耗，或邪热由表传里，或邪热与胃肠中宿食、糟粕相结。②大汗耗液：例如，阳明·37"阳明病，其人多汗，以津液外出，胃中躁，大便必坚，坚则谵语"，里热极盛，既灼津，又逼汗外出。③火迫灼津：例如，阳明·25、太阳·118、太阳·12、太阳·148 条为误治再汗、火劫大汗及"重发其汗，而复下之"，且同时耗津；阳明·3 条汗、下、亡津液转变为阳明病。仲师分别采取辛凉清热、苦寒泄热、咸寒软坚、急下存阴（津）、益气补液（津）等法救治，以求得一分津液，获得一分生机。

八、水液代谢辨治贯彻始终

《玉函经》关于肺之治节、脾之转输、三焦决渎、膀胱气化等上下失司的论述，关乎水液代谢的辨治。

水液是非常重要的生存物质。人之生理是"饮入于胃，游溢精气，上输于脾，脾气散津，上归于肺……下输膀胱，水精四布……"若水液代谢障碍，即可出现咳喘、发热、头眩、水逆、脾约等症。《玉函经》有23条原文对水液所致病证进行辨证，大致可分为五个方面。

1. 太阳·46"伤寒表不解，心下有水气，咳而发热"。此为水饮内停，水寒相搏，邪无出路，上攻于肺而出现咳、热、喘等，以及其他或然症，主以小青龙汤。

2. 太阳·145"太阳病，脉浮而动数……表未解也，医反下之……但头汗出，其余无汗……小便不利，身必发黄"。此为表不解而误下之，水（湿）热不能从汗外解，又不能从溺而出，湿热内蒸，势必发黄。

3. 脾肾阳虚，寒凝水停，如太阳·89"太阳病，发其汗而不解，其人仍发热，心下悸，头眩身眴而动，振振欲擗地者，真武汤主之"。

4. 太阳·79"中风发热，六七日不解而烦，有表里证，渴欲饮水，水入即吐，此为水逆"。此乃水饮内蓄、水津不布之象，并非津伤口渴，主以五苓散化气行水。

5. 阳明·68"趺阳脉浮而涩，浮则胃气强，涩则小便数，浮涩相搏，大便则坚，其脾为约"。此为脾失转输，约束其津不得四布所致。

《伤寒论》版本校勘与研究

《伤寒学》之名称，源于"新世纪全国高等中医药院校规划教材"。其由熊曼琪主编。该书称："伤寒学是以中医经典著作《伤寒论》以及历代医学研究与发展《伤寒论》的学术成就为研究对象，以六经辨证理论体系的内涵、外延与理法方药综合运用的规律为主要研究内容，以提高临床辨证论治水平与临床疗效为最终目的的一门科学。"

《伤寒论》的研究，自古至今从未间断过，可谓是千百年来一个永恒的课题。研究有从版本入手的，有从方证编次着眼的，有校证条文简错的，有重诊法与治法的，有立六经八纲辨证的，有创三部六病论的，还有从某一侧面而颇有心得体会的。其研究者遍及国内外，因研究角度及学术观点不同而形成了多个流派，从王叔和编次《伤寒论》起，每个历史时期都有一批代表人物。五十多年来，先后出版有关《伤寒论》的著作达三百多本，发表的论文万余篇，其中包含了日本伤寒学家的研究成果。

《伤寒论》的研究千百年来虽然硕果累累，但笔者认为，版本乃存在争议。笔者以现在所收集到的 11 种版本为主要资料，对《伤寒论》版本进行了初步校勘与研究，拟从四个方面进行介绍。

一、同体别名类

《金匮玉函经》根据何焯手抄本（1712 年）中的校正《金匮玉函经》疏的记载，此抄本为北宋治平三年（1066 年）正月十八日高保衡、孙奇、林亿等人校正后刻版印行的版本，于何焯作序时即康熙丁酉年（1717 年）完成付印。自 1066～1717 年的651年间没有发现复刻本，其仅为藏书家收藏，几乎不见于民间。

另《金匮玉函经》为汉·张仲景著，晋·王叔和整理编纂，北宋高保衡、孙奇、林亿校正已成定论，无人提出异议。（《伤寒论版本大全》《金匮玉函经》考245、247页）

二、《伤寒论》类

1. 敦煌本《伤寒论》残卷原藏于敦煌17号窟，乃王道士聘请抄经人杨河清发现。敦煌16号窟的左侧壁有一个套间，后定为17号窟。杨河清抽完烟将所剩的芨芨草插在窟的墙壁裂缝中以备用，然而却发现那是一个洞窟，即17号窟。当时洞中有数万件文物，之后被俄、美、法、日、英在1905～1909年盗走。1957年有人从英国带回一份"S－202"残卷照片，交鲁之俊，经陈可冀与宋本《伤寒论》对照，发现基本雷同，而且是手抄于两个不同的版本。（敦煌本《伤寒论》考11－13页）

2. 康治本《伤寒论》系最澄和尚于805年在浙江台州雇人抄写，夹在大量经书中带回日本，留在比睿山寺。1143年9月丁纯和尚再行抄写，后传入奥州（日本）。丹波赖易之子丹波赖德受人委托，"代书援笔"，将康治本《伤寒论》于安政五年（1858年）11月在京都书林出版。1965年10月6日全日本医疗机关联合会访华团来华访问时赠送了我国两部康治本《伤寒论》。（康治本《伤寒论》考41－44页）

3. 康平本《伤寒论》系日本侍医丹波雅忠先生于康平三年（1060年）抄录。后和气朝臣嗣成先生于贞和二年（1346年）抄录一本，被高野山隐士山秋五徂收藏，由日本汉方医学会刊行。1946年叶橘泉先生与大冢敬先生互换著作获得一本，赞叹

说："骤得是书，如获至宝而惊喜不寐。"（康平本《伤寒论》考 125 - 135 页）

4. 高继冲本《伤寒论》乃高继冲于开宝年间向朝廷进献古本之《伤寒论》。北宋校正书局高保衡等人在校《伤寒论》时所做的序文中写道："开宝中，节度使高继冲曾编录进上，其文理舛错，未尝考正。"该本《伤寒论》于淳化三年（992 年）编入《太平圣惠方》第八卷（当时未能单独刊行而被藏之书府。高继冲本《伤寒论》考 291 - 293 页）

5. 唐本《伤寒论》是孙思邈晚年（约 682 年）将所得到的《伤寒论》，编入《千金翼方》第九、十卷后，经四百余年的辗转传抄，又经高保衡等人精心校正刊行的版本。至元代大德十一年（1307 年）再度由梅溪书院复刻刊行。（唐本《伤寒论》考 359 - 364 页）

6. 宋本《伤寒论》在东汉末年由张仲景撰著后，由于兵火战乱，随即散佚，后经太医王叔和整理与编次。北宋仁宗时期，朝廷组织学者对医书和典籍认真整理和校正，宋本《伤寒论》于北宋治平二年（1065 年）由高保衡、孙奇、林亿校正，奉圣旨镂版施行"大字本"《伤寒论》，及后又刊行浙路小字本、国子监小字本。北宋中晚期至南宋覆灭，宋本《伤寒论》随之销声匿迹。明万历年间赵开美复刻本又很快散佚。20 世纪 40 年代，范行准先生获得赵开美雕刻的原版《仲景全书》，其中就有宋本《伤寒论》。（宋本《伤寒论》考 535 - 538 页）

7.《注解伤寒论》是山东聊城成无己于 1140 年编著完成的成本《伤寒论》。该本由严器之于 1144 年作序，经赵开美的复刻收集在《仲景全书》中，1599 年刊行问世。《注解伤寒论》中成无己引经据典，逐条逐句详尽注释，因此为医家所欢迎，

在明清时代为主要流行版本。(《注解伤寒论》考 715 – 717 页）

三、《伤寒杂病论》类

1. 湘古本《伤寒杂病论》

湖南浏阳刘昆湘于 1912 年为母寻找墓地时，在江西遇一老者传授古本《伤寒杂病论》十六卷，计四册，1934 年何云樵手书石印，其宗人刘仲迈与之同撰义疏印行（一说 1933 年于长沙印行）。（重印《伤寒杂病论会通》序 8 页；《伤寒杂病论义疏》）

2. 涪陵本《伤寒杂病论》

系四川刘镕经得于涪陵张齐五。据云：清咸同间得之于由垫江来涪之医士袁某，以及明代垫邑某洞石匣所藏者，为王叔和所述，孙思邈所校，亦名《伤寒杂病论》十六卷，计两册。1935 年刘镕经将其石印公世。（重印《伤寒杂病论会通》序 8 页）

3. 白云阁本《伤寒杂病论》

桂林医家左盛德，于清同治三年（1864 年）得其师张仲景四十六世孙张学正授予家藏仲圣《伤寒杂病论》第十二稿手抄本，计四册，名白云阁藏本。清光绪二十年（1894 年）左氏将该书授予门人罗哲初，罗后于 1934 年又将该书授予黄竹斋。1939 年由陕西辛亥革命将领张钫捐资刻版付印。（重印《伤寒杂病论会通》序 8 页）

历代对《伤寒论》版本编次评论摘要

后汉时期著名医家张仲景所著的《伤寒论》，是建立中医学辨证论治体系的经典著作。《伤寒论》写成之后，当时即被华元化称为"此真活人书"。至魏晋时，太医令王叔和收采仲景遗论，撰次"宋本"，使仲景之学流传至今。唐·孙思邈称"江南诸师秘仲景要方不传"。晋唐、两宋等研究《伤寒论》的医家比比皆是，他们对于后世治伤寒学的影响都是极其深远的。

但是自明以后，以方有执为代表的医家认为：《伤寒论》经王叔和编次之后，颠倒错乱殊甚。现将明、清及当代对《伤寒论》版本编次的部分评论摘录如下。

一、明清医家评论

方有执，字中行。他认为，《伤寒论》一书源流已远，后世注家置弗理会，但徒依文顺释，简编条册，颠倒错乱殊甚，早已失仲景之旧。既然是王叔和所编次的，亦为后人所更易，只有按照仲景本来意图加以考订移整，而还原其本来面目，才能彻底研究《伤寒论》。方氏还认为，《伤寒论》经宋代成无己注解又多所窜乱，而后世研究者只是随文注释，假借牵合，致使《伤寒论》的内容被注释后不能达到发挥仲景学说的目的，反而有"负前修以误后也""祸斯时而害往日"的弊端。因此，他对《伤寒论》原文"重考修辑"。经过二十余年的时间，他将仲景《伤寒论》原文逐条进行考订，重新排比成篇，著成《伤寒论条辨》八卷，刊行于1592年。（《张仲景医方精要》34页）

喻昌，字嘉言，江西南昌人，明末清初名医。他赞赏方有执重考修辑的主张，进一步提出三纲鼎立之说。同时还强调仲景的《卒病论》6卷已不可复睹，即使《伤寒论》10卷亦劫火之余，故其篇目先后差错。其将所著之书称为《尚论张仲景伤寒论重编三百九十七法》，其中有"辨叔和编次之失""辨林亿成无己校注之失""驳正王叔和序例"等文。（《张仲景研究》1981年第1期第6页）

受方、喻的影响，相继还有张璐、黄元御、吴仪洛、周扬俊、程应旄、章楠等，他们都是错简论一派的代表人物。

柯琴（1662—1735年），字韵伯，浙江慈溪人，清代名医。他认为，《伤寒论》一书经王叔和编次，已非仲景之书。仲景之文遗失者多，叔和之文附会者亦多，从中摘了脱、衍、倒、讹，或删或正而成《伤寒来苏集》。（《张仲景医方精要》38-40页）

徐大椿（1693—1772年），吴江（今江苏吴江市）人，清代名医。他反对王叔和对《伤寒论》的编撰体例，推崇伤寒错简论，提倡将条文次序打乱，重新编次。

二、当代医家评论

《伤寒论讲义》载：《伤寒论》约成书于3世纪初叶，后经晋代太医令王叔和加以整理编次，并附入了自己的理论经验。宋代林亿等又做过一次校正，直至金代成无己开始把《伤寒论》全文做了注解。（江苏省中医学校教研室编，1957年5月，《伤寒概论》之引言）

任应秋在《研究〈伤寒论〉的流派》一文中说："现行的《伤寒论》版本，一般认为卷第一、二《辨脉法》《平脉法》《伤寒例》三篇，卷第七《辨不可发汗病脉证并治》以下共八篇，都为叔和所增。以《脉经》有关诸篇来相互参看，这种说法还是比较可信的。"（《张仲景研究》1981第1期）

熊曼琪在《伤寒学》中说："成无己（1066—1156年？）之《注解伤寒论》成书于1144年。刊行之后，使《伤寒论》原文变得通俗易懂，并得到全面系统的理论阐述。其内容与'宋本'《伤寒论》基本相同，但有部分文字作了增删，如卷首增'运气图'；各卷末增'释音'一项；删去重出方剂，同名方剂只保留一处，删去'宋本'中与正文重复的子目条文以及卷八、九、十'可'与'不可'中的重出条文，删去正文中的 25 个加减方"。(《伤寒学》，2004 年 1 月版，第 406 页)

梅国强在《拓展〈伤寒论〉方药临床运用的途径》中说："《伤寒杂病论》虽为仲景手笔，而今之《伤寒论》曾流散民间，私相授受，辗转抄录，复经王叔和整理成册，虽功绩卓著，然不无错漏之嫌，或古文质朴，义有未详者，故对某些条文，或某方所主之病证，实有厘定之必要。"(《中国中医药报》2004 年 9 月 9 日第 8 版)

张家俊在《杂谈〈伤寒卒病论〉及其序》中说：《伤寒卒病论》为汉张仲景所首创，由于年代久远，仲景著作已经过后世不断增删修改，就连书名亦几经更易，的确是"愈远而愈失其真"。目前所见之《伤寒论》诚如已故程门雪院长所言为集体之作，至宋林亿校勘而基本定型……赵开美刊刻之"宋本"实为明代成化朝以后的民间仿本，并非真宋本。(《中医药学刊》2005 年第 11 期第 1961 页)

贾春华等在《"三阴三阳系统"有别于"阴阳系统"》中说："《伤寒论》的学术渊源一直存在两种说法，一是源于《内经》，二是源于《汤液经法》。持源于《内经》者必以《伤寒论》自序为本；持源于《汤液经法》者必因皇甫谧《甲乙经》而成说。然《伤寒论》自序有真伪之辨，《汤液经法》踪迹难寻，谁是谁非，真假难辨。"(《中国中医药报》2006 年 8 月 14 日第 5 版)

中华人民共和国成立以后，全国相继成立了数十所中医院校，并将《伤寒论》作为重要的必修课。而该课程的教材，从试编到经教学实践检验后加以修改，后由国家主管部门组织编写，最终成都中医学院伤寒教研组于 1960 年编成了《伤寒论讲义》，作为全国中医院校的试用教材。后来各地自行编写的各种《伤寒论》教材或讲义就更多了。现在通行的两个版本中主要是"宋本"，各院校教材都是以"宋本"为底本，而流行于明清时代的"成本"基本上退出历史舞台。就这两种版本而言，自明至今各有评说。综合分析、评论以上言论，无论从哪一个角度看，争论的焦点还是"成本""宋本"的版本来源和真假问题。

钱超尘教授曾于 2007 年 12 月在《中国中医药报》公开发表《宋本〈伤寒论〉今藏何处》《寻觅国宝———大字本〈伤寒论〉》《宋本〈伤寒论〉的底本来自何方》《宋本亦当校读看》等文。现将他关于《伤寒论》版本的论述摘录如下。

①对于宋本《伤寒论》的界定。钱超尘教授认为，"宋本《伤寒论》"概念有二：一是北宋校正医书局校定并于北宋治平二年（1065 年）以大字本雕刻刊行的《伤寒论》及北宋元祐三年（1088 年）以小字本雕刻刊行的《伤寒论》；二是明代万历二十七年（1599 年）江苏常熟赵开美以北宋小字本《伤寒论》为底本翻刻并收于《仲景全书》中的《伤寒论》，元祐小字本旋即失去。赵开美本《伤寒论》逼真原貌，后世遵之"宋本《伤寒论》"。（宋本《伤寒论》的底本来自何方？《中国中医药报》2007 年 12 月 19 日第 4 版）

②钱教授认为，今世宋本《伤寒论》仅存三部，珍逾拱璧，人间罕觐，实为书林之奇珍、国家之重宝。现存宋本即：中国中医科学院图书馆珍藏一部、沈阳中国医科大学图书馆珍藏一部、台湾故宫博物院珍藏一部。上述三部《伤寒论》皆为赵开美主持刊行，文字本当全同，但校读时，发现相异之字不止一处，其中颇有涉及重大学术问题。（宋本《伤寒论》今藏何处？

《中国中医药报》2007 年 12 月 6 日第 4 版）

③钱超尘教授经细读宋本，发现了几个错字，其中错误较大的是下引之句（略）。因此，他认为："读宋本《伤寒论》当校读孙思邈《千金翼方》卷九、卷十及《金匮玉函经》。""是治《伤寒》者当详读宋本《伤寒论》而又校以《千金翼方》与《金匮玉函经》等书也"。[宋本亦当校读看（上、下），《中国中医药报》2007 年 12 月 26、27 日第 4 版]

从以上可以看出，钱超尘教授对宋本《伤寒论》考察后明确了三点：一是宋本《伤寒论》因历史久远，辗转传抄，原本亡失，早已失真；二是一百年前宋本大字本《伤寒论》还存三本，藏于何处上文已详述；三是既然《伤寒论》已无真本，当与《千金翼方》《金匮玉函经》校读，从而可见《玉函经》具有极高的学术价值。

《伤寒论》11 种版本互校

笔者在前文已介绍目前公认的《伤寒论》版本有 11 种，现将各版本之间的关系与异同点分析如下。

一、各版本之间的关系

1. 通过国内学者考证，敦煌本《伤寒论》残卷的抄写年代是以残卷中的避讳字来推断的，推测此抄本的最晚年限应在南朝梁武帝继位（502 年）之前。但从抄写纸张、笔墨及内容看，此两残卷不尽相同，可以认为，敦煌本残卷《辨脉法》抄写于两个不同的《伤寒论》版本。南朝齐梁距王叔和整理的《伤寒论》有一百余年，说明此期间已有两个（或更多）《伤寒论》版本在流传。在日本发现的康平本《伤寒论》和康治本《伤寒论》

及唐本、《玉函经》、高本在张仲景完稿后散佚更为严重，除经王叔和整理之外，其他版本仍在流传，这也是我们至今能见到多种版本的原因。敦煌本且为手抄本，分别藏于美、法、俄、日、印度、英、中国台湾及大陆图书馆等。（伤寒论版本大全.11－17）

2. 根据我国纪年与《请来目录》（日本）卷尾所记的事实，可以肯定，康治本《伤寒论》的抄写时间应在 805 年农历五月之前。但是日本研究《伤寒论》早于我国，1963 年荒木胤先生在《大法轮》30 卷 7 月号上撰文，明确认为康治本《伤寒论》为《伤寒论》的原始型。它与宋本《伤寒论》的关系从三个方面可以说明：①两者都是"方证同条"体例。②两者的条文顺序基本相同。③康治本载方 50 首，其药物组成、炮制服法基本与宋本相同。（伤寒论版本大全.41－47）

3. 康平本《伤寒论》系流传在日本的古传本，由丹波雅忠于康平三年（1064 年）抄录。与宋本对照，它缺少《辨脉法》《平脉法》及"可"与"不可"诸篇，两者的条文顺序、内容及数目基本相同，"方证同条"体例亦相同。其中最大的特点是正文，多有"小字旁注""小字夹注"（或嵌注）和"大字附注"三种形式。而康平本《伤寒论》与宋本比较，由于宋本在后所校，故"小字旁注、小字夹注（或嵌注）、大字附注"等相当部分窜入正文。因此，康平本胜于宋本，更接近原型版本。（伤寒论版本大全.125－133）

4. 《金匮玉函经》与《伤寒论》同体而别名，一致认为《玉函经》是《伤寒论》的古传本，是经过王叔和整理编纂的。自北宋校正后至清·陈士杰重刻序中证实，其正是 1066 年北宋所校之本，由于流传不广所见者寥寥无几。《伤寒论》因著于竹简，且处于汉末战争蜂起之时，故在成书后的几年间已经散乱。

北宋 1065 年校正完宋本《伤寒论》之后，治平三年（1066 年）又紧急校正《金匮玉函经》，从高、孙、林的奏章可认定，其与《伤寒论》同体而别名，在隋唐时期也是不同版本并存，更说明《伤寒论》问世之后就出现了多种版本流传。可见，《伤寒论》无一全本、善本，而且不同年代流传的版本内容参差不齐，应相互校勘、补充、整理和研究。《玉函经》之《证治总例》不见于《伤寒论》的各版本，且多为佛家用语，故可初步断定非王叔和编纂。（伤寒论版本大全.245－252）

5. 高继冲本《伤寒论》是《伤寒论》的古传本之一，其被编入《太平圣惠方》卷八之中，未注明所引书名，又未出单行本。但北宋校正书局高继冲等人在校正《伤寒论》序文中明确指出，"开宝中，节度使高继冲曾编录进上……历代虽藏之书府"，此正是指高本。当时政府借《太平圣惠方》于淳化三年（992 年）将高继冲本《伤寒论》公布于天下，故从时间上早于宋本。可见，宋初翰林医官院尚未见到宋本《伤寒论》，更说明官府无《宋本》的底本。（伤寒论版本大全.291－294）

6. 唐本《伤寒论》是孙思邈编《备急千金要方》之后，经过 30 年的寻求，终于获得古本《伤寒论》的单行本而收入《千金翼方》中的。对唐本与《金匮玉函经》进行详尽的考证后发现，两者的数据"基本接近一致"。钱超尘先生于 1993 年对其进行了互校对比工作，结论是："《玉函》《唐本》《宋本》关系十分密切，其中《唐本》与《玉函》相近更多，此三种版本均传自一个共同的《伤寒论》祖本。"（伤寒论版本大全.362－364）

7. 宋本《伤寒论》是指明万历年间常熟赵开美影刻北宋版《伤寒论》，并收入《仲景全书》。底本是经北宋治平二年（1065 年）高、孙、林校正后呈报朝廷"奉旨镂版施行"的大字本

《伤寒论》。北宋与辽金的民族战争破坏社会经济，造成了社会动荡，更于 1127 年迁都杭州称南宋，直至覆灭。由于重大的社会原因，一度流传甚广的《宋本》亦销声匿迹。至明万历年间，赵复得宋本《伤寒论》而沿袭至今。（伤寒论版本大全 . 535 – 538）

8. 《注解伤寒论》是成无己为注释《伤寒论》而撰，其注释水平不亚于王冰注释《黄帝内经》。宋本虽经北宋医书局校正，但当时传世稀少，直至明代复刻后，所见者亦寥。因此，在明清时代，《注解伤寒论》成了主要流传的《伤寒论》版本。经过比较发现，成本与宋本略有差异，造成差异的原因不外乎两种：一是成本辗转翻刻，已非聊摄之旧；二是成氏注已掺入了不少己见，或者成氏在注释时虽参考了宋本，也可能还参考了其他未经校正的民间传抄本，而且成本之"首卷"运气图解均不见于其他《伤寒论》的版本，故此卷可能为成氏编加。（伤寒论版本大全 . 715 – 719）

9. 白云阁本、湘古本、涪陵本，此三种版本《伤寒杂病论》均于 20 世纪 30 年代分别发现，而后木刻、石印公之于世。白云阁本为桂林医家左盛德其师之家藏本，后历经 70 年之久，由师祖、徒、孙三代相传，称之为仲景第 12 稿。经校对，白云阁本较诸宋本、湘古本、涪陵本、康平本优异甚多。（重印《伤寒杂病论会通》序 . 12 页）

二、各版本的相同点

前面已经介绍了《伤寒论》11 种版本的发现经过，以及互相之间的关系，经过比较笔者认为，其有以下八个方面的相同点。

1. 上述所有版本均为张仲景不同时期先后撰著的作品。前 8 种以《伤寒论》命名，与《金匮玉函经》同体而别名；后 3 种为《伤寒杂病论》传世。

2. 各种版本的论述都是从辨脉、平脉起，以辨三阴三阳病脉（形）证并治为主要内容。

3. 所有版本都是以中风、伤寒及相关杂病、救误治为主要内容进行辨证论治。

4. 张仲景出生于东汉末年，生活于 145～219 年之间，河南南阳人，当时不是名医，故《汉书》无记载。

5.《伤寒论》成书不久，适遭战乱而濒于散佚，校正前原著分为《伤寒论》和《金匮要略》两书，由王叔和收集、整理编次了部分版本，流传至今，为中医必读之经典，功绩卓著。

6.《伤寒论》奠定了中医临床的基础，促进了中医临床的发展，其精髓是辨证论治，是将中医基础理论中的八纲、藏象、经络、病因、病机等辨证方法有机地融合于中医临床治疗学的创举。

7. 王叔和虽然有功，但在整理撰次时学者均认为他增加了自己的观点和部分内容，如任应秋在《研究〈伤寒论〉的流派》一文中说："现行的《伤寒论》版本，一般认为卷一、卷二之《辨脉法》《平脉法》《伤寒例》三篇，卷七《辨不可发汗病脉证治》以下八篇都为王叔和所增，以《脉经》有关诸篇相互参看，这种说法还是比较可信的。"

8.《伤寒论》流传版本众多，其编写体例"方证同条"为多数版本仿效至今，亦有版本更改将方证分列，又因民间辗转传抄、家传、政府校定，故很有必要再研究、再校勘、再厘定，以恢复原貌。

三、各版本的不同点

1. 序和名称比较

可分为两类：一类无仲景自序，另一类有自序而名称有别。

无仲景自序的版本是敦煌本残卷、康治本、玉函经、高继冲本、唐本，此五种。有仲景自序的版本是：①康平本：序名为"伤寒卒病论"，其序从头至尾多处以小字旁注、夹注。如开头在"集论曰余每览越人"之旁，又在文中之"博采众方"后夹注"撰用《素问》《九卷》《八十一难》《阴阳大论》《胎胪药录》，并平脉辨证"。②宋本、成本：名《伤寒卒病论》集，自"论曰"至"请事斯语"为止，均为正文。③白云阁本：名为"伤寒杂病论集"，自"论曰"至"请事斯语"止，最后为"汉长沙太守南阳张机"。④湘古本（《伤寒杂病论义疏》）：为"伤寒杂病论序"，自"论曰"至"请事斯语"，"汉长沙太守南阳张机"。

2. 搜集、整理、撰次比较

未经王叔和整理、撰次：敦煌本残卷，因其抄录本早于王叔和搜集、整理一百余年，故未经王叔和编次。康治本、高继冲本、唐本、白云阁本、湘古本、涪陵本均为古传本，未经王叔和之手；康平本、玉函经、宋本、成本为王叔和整理、撰次；涪陵本为王叔和述。

3. 刊印面市比较

可分为三类：一为未刊印面市；二为政府刊印；三为捐资刊印。

未刊印：敦煌本残卷，1900 年发现后被别国盗走，存于其他几国，现发现的只是残卷照片，未刊行。

政府刊印：①国内刊印有高继冲本《伤寒论》，收录于《太平圣惠方》中，于淳化三年（992 年）5 月颁布；《金匮玉函经》于北宋治平三年（1066 年）由高、林、孙校正后雕版印行；宋本《伤寒论》于北宋治平二年（1065 年）经高、孙、林等校正完呈报朝廷"奉旨镂版施行"大字本；《注解伤寒论》于南宋绍兴十四年（1144 年）严器之刻印，成无己编著；唐本《伤寒论》于元大德丁未十一年（1307 年）再行刊印。②日本刊印有康治本《伤寒论》，于 1858 年由京都书林出版，共 58 页；康平本《伤寒论》于 1934 年由日本汉方医学会刊行，又于 1947 年由上海千顷堂刊印发行。

捐资刊印：湘古本《伤寒杂病论》于 1934 年由何云樵手书石印（宗人刘仲迈与之同撰义疏印行）；涪陵本《伤寒杂病论》于 1935 年由刘镕经石印公世；白云阁本《伤寒杂病论》于 1939 年由陕西辛亥革命将领张钫捐资刻版，黄竹斋校刊公之于世。

4. 各版本目次、内容简要比较

①敦煌本残卷：因其收集部分残卷，未见目录；其内容简而少，仅为"辨脉法""伤寒例"部分。

②康治本：无序、无作者名、无目次；不分卷；条文少、处方少；方证同条；但是其 45 条言"阳明病，发热汗出谵语者，大承气汤主之"，宋本及其他版本缺少此条。

③康平本：本无目次，后加"例言"和"目次"。其目次为辨大阳病、辨阳明病、辨少阳病、辨太阴病、辨少阴病、辨厥阴霍乱、辨阴阳易差后劳复病，且其"四逆"称"回逆"、"真武"称"玄武"等，可能为抄录之误；为方证同条编排；从"伤寒卒病论"至"辨阴阳易差后劳复病"均有小字旁注、夹注。

④玉函经：其目录为前证后方的编排方式；卷一为"证治总例"，不见于其他版本，故认为非王叔和所撰次，为后人编次时写进相当部分佛家语，如"地水风火，合和成人"，很有可能为南朝医家编纂；从卷二"辨痓湿暍第一""辨脉第二""辨太阳病形证治上第三"至卷六"可与不可""论热病阴阳交并生死

证第二十九"止，均以病形证治称；再从卷七"方药炮制"至卷八"麦门冬汤方第一百十五"止为方名。且"辨痉湿暍第一"比唐本、宋本多 14 条，说明比唐本、宋本要早；"辨脉第二"比宋本"辨脉第一"多出的 6 条有 4 条见于敦煌残卷 S202 中。由此可见，"辨脉第二"成书时代较宋本更早。

⑤高继冲本：其目录不分卷；从"伤寒叙论"起及"辨太阳病形证至辨厥阴病形证"及"可与不可形证"，最后称"伤寒三阴三阳应用汤散诸方"止，为前证后方编排。与宋本比，高本有 13 条原文宋本缺如；高本有"三方一法"而宋本有方名无药物。

⑥唐本：其目录称，伤寒上从"太阳病用桂枝汤法第一"至"少阳病状第九"止、伤寒下从"太阴病状第一"至"阴易病已后劳复第七"止，为方证同条、同类相附编写体例，系孙思邈的两项改革和创举。

⑦宋本：分卷，从卷第一至卷第十，方证同条编排，有小字旁注、夹注；卷第一至第二（前部分）为"辨脉法""平脉法"至"辨痉湿暍脉证"；卷第二（后部分）为"辨阴阳易差后劳复病脉证并治"。

⑧成本：有目录（次），分卷，共十卷；方证同条；注释为小字附于原文后；分篇编号附于原文末；首次提出"六经"之词，见于"太阳病欲解时……"之注释语中等处；首卷为"南政、北政阴阳"至"运气加临五图"止，"图"及"注解"未见于其他版本；卷第一"辨脉法"至卷第二（前部分）"辨痉湿暍脉证"；卷第二（后部分）为"辨太阳病脉证并治上"至卷第七（前部分）"辨阴阳易差病脉证"止（包括所有原文及方名等）；卷第七（后部分）"辨不可发汗病脉证并治"至卷第

十为"列出 25 方名"止。

⑨白云阁本：为《伤寒杂病论》即《伤寒论》与《金匮要略》的大部分内容，仅缺《金匮要略》杂疗方以下三篇，黄竹斋所编校注之《伤寒杂病论会通补遗》将该三篇补之于后。与宋本比较，其伤寒部分从卷三至卷五多"杂病例""温病、伤暑、热病、湿病、伤燥、伤风、寒病"等多篇内容，无"可"与"不可"等内容，卷六"辨太阳病脉证并治上"至卷十二"辨阴阳易差后劳复病脉证并治"、卷十三至卷末为《金匮要略》部分，乃方证同条编排。全书有《伤寒论》《金匮要略》未载入的方子 88 个，两书所缺方禹余粮及黄连粉，此本中均有名有方。

⑩湘古本：与白云阁本相比，湘古本中无"杂病例"两篇，无"伤风、寒病"两篇；有"可"与"不可"各条；其余文字亦有小异。

⑪涪陵本：与湘古本基本相同，略。

5. 原文编号比较

宋本从卷二自"辨太阳病脉证并治"起至卷七"辨阴阳易差后劳复病脉证并治"止为 1～398 条，依次编号于原文之前；成本从"辨痉湿暍第四"至"辨阴阳易差后劳复病脉证并治第十四"止，分别将各篇标号列于原文之末。仅见以上两种版本有原文编码，其余各版本均无。

6. 条文方剂数比较

敦煌本残卷因版本不全，故无条文、方剂数；康治本，原文 65 条，方剂 50 首；康平本，共计 58 页，方剂 111 首，"太阳"称"大阳"、"四逆"称"回逆"等；《玉函经》原文计 764 条，方剂 115 首；高本，原文计 221 条（其中六病原文 126 条），另"可"与"不可"95 条，方剂 50 首；唐本，原文 505

条，方剂 105 首；宋本，原文 398 条，方剂 112 首；成本，与宋本同；湘古本、涪陵本、白云阁本同为《伤寒杂病论》，故其原文、方剂数不作比较。

7. 有无六经说比较

①成本：成无己《注解伤寒论》于"太阳病欲解时，从已至未上"的原文注解中云："六经各以三时为解……阳三经解时，从寅至戌……阴三经解时，从亥至卯"，又于"风家，表解而不了了者，十二日愈"的原文之后（下）注云："中风家，发汗解后，未全快畅者，十二日大邪皆去，六经悉和，则愈。"

②白云阁本：黄竹斋先生在三阴三阳提纲中有"六经之说"，而且立"三阴三阳辨证提纲论"。其他版本未见有六经说。

8. 有无运气说比较

成本：成无己《注解伤寒论》将南、北运之气主病家临、运气等列为首卷。李顺保先生在《注解伤寒论》考中说："首卷运气图解（汪洛川本作'图解运气图'）除《注解伤寒论》外，均不见于《伤寒论》版本……纵观全文，'首卷'内容与《伤寒论》无联系……因此，极有可能系成氏取宋本《伤寒论》前民间抄本所为。"清代陈修园在《伤寒论浅注》之卷首亦列出五运六气图。其他版本未见此说。

第四章

《伤寒论》系列研究

《伤寒(杂病)论》是怎样撰成的

《伤寒杂病论》是怎样撰成的,对于这个问题的研究,从古至今(大约自宋以后)有相当部分的学者考察的重点第一是《伤寒杂病论》"自序"是否为张仲景所撰;第二是"博采众方"是采"汤液经"之方还是有其他来源;其三是序文言"勤求古训"、《素问》等经典,正文中为什么仲圣不明示?下面摘录几个代表性的争论并予以辨析,以正视听。

1. 冯世伦说——《〈伤寒杂病论〉是怎样撰成的》(《中国中医药报》2004 年 9 月 20 日第 7 版、2004 年 10 月 11 日第 7 版等共 3 篇)

冯氏以三个小标题,即:①承继经方精华,整理方证经验;②从八纲飞跃为六经;③于批判继承中创新,重点阐述了《汤液经法》与《伤寒杂病论》的方证对比(以下简称《伤寒》),揭示出已有足够的论据证实张仲景所著《伤寒论》的主要方证源自《汤液经法》(以下简称《汤液》)。《汤液》第一部分,五脏大小外泄方的 39 首中选取了 21 首即一半的方撰进《伤寒》;第二部分,大小二旦六神方的 17 方证有 15 个入了《伤寒》;第三部分，开窍救卒方证中选 1 方，故《伤寒》选用《汤液》共计为 37 方，且大多数不依《汤液》之方名，而另取方名载入。如"大泻肝汤"改名为"大柴胡汤"、"小补心汤"改名为"瓜蒌薤白半夏汤"等，不一一而列。

皇甫谧在《针灸甲乙经》序中说"仲景论广《汤液》为数十卷，用之多验"，已明确提出仲景著作主要取材于《汤液》，这本应引起后人重视，但《伤寒》原序中"撰用《素问》九卷、《八十一难》《阴阳大论》《胎胪药录》，并《平脉辨证》为《伤寒杂病论》"，致使不少人仍认为《伤寒论》为仲景据《黄帝内经》撰写。研究证实，《伤寒论》主要方证源自《汤液》。因而证实张仲景原序中的"撰用"以下 23 字为后人加入，这对进一步研究仲景学说起到很大影响。

2. 曹东义说——《也谈〈伤寒杂病论〉是怎样撰成的》（《中国中医药报》载）

文章开头就指出："冯世伦教授发表于《中国中医药报》的《伤寒论》是怎样撰成的论文，对于张仲景借用《汤液》所载方药撰著《伤寒论》，进行了细微论证与分析，读后深受启发，获益匪浅，同时也引起了笔者进一步思考。"之后文章提出了一连串问题。全文从仲景何不自言撰用《汤液经》、仲景到底撰用了什么古训、不应忽视《伤寒论》的理论传承三部分进行了论述。曹氏在"仲景到底撰用了什么古训"中直言不讳："无论'撰用'以下 21 字是出于仲景，还是后世的注文，都向我们揭示出一条信息：仲景看重的是《素问》《九卷》《八十一难》和《阴阳大论》等理论著作，而不是多数人认为的《汤液经》。"在"不应忽视《伤寒论》的理论传承"中，曹先生说："张仲景《伤寒杂病论》在理论上，如何继承了秦汉以前的热病学说、如何孕育和播撒了后世温病学的种子，都是需要我们今后重新认识和评价的重要内容，绝不是'论广伊尹《汤液》'那么简单的事情。张仲景在《伤寒杂病论》中，对于源于《汤液经》的方药加减拆并，或云'常须识此'，或说'但见一证便是'，或曰'急当救表'，或说'慎不可攻'。恳之应当'观其脉证，知犯何逆，随证治之'，而不应当始终拘于一方一药，以不变应万变。"

3. 钱超尘说——《应如此解读医圣书》（《中国中医药报》2005 – 05 – 09）

钱超尘教授以"评《中国汤液经方》"作为标题，直述张仲景是中医之圣，《伤寒论》《金匮要略》为中医之魂，万世不衰，然向称难谈。近读冯世纶主任医师《中国汤液经方》，久蓄胸中积疑，顿有涣然冰释之感。文章分两大部分、九个小点予以评说。第一部分为《伤寒论》与《汤液》关系考，确证《伤寒论》依《汤液》而成书，确证《伤寒论》许多方剂来源于《汤液》，证明《伤寒论》属于"经方"类著作，发现陶弘景《辅行诀》。第二部分条分缕析解读《伤寒论》《金匮要略》。第一点就撰出《中国汤液经方》全书四编，首编是《伤寒论》探源，确认该书主要依据《汤液》而成书。第 2 至第 5 点——从《伤寒论传真》《金匮要略全真》评述章太炎、胡希恕、冯世纶等伤寒学大家之论。最后，钱氏说："我对全书总的印象是：讨源纳流，执要说详，条分缕析，纲举目张，巨细不遗，尤执弘纲，既有医理，尤近临床，高瞻远瞩，大论皇皇。"

4. 张家骏说——《杂谈〈伤寒卒病论〉及其序》（《中医药学刊》2005 – 09 – 10 – 11）

张氏用"暨与刘渡舟先生商榷（1）（2）（3）"为副标题，

对由刘渡舟主编、钱超尘副主编的《伤寒论校注》进行探讨。首先肯定了这是"一部具有一定权威性的著作，所以影响比较大"，但是张氏似感尚有商榷的余地，从三个方面提出。

①关于版本问题：他认为，没有选成无己的《注解伤寒论》，而选用赵开美翻刻的"宋本"《伤寒论》这是编者的一个重大失误，并由此而引出一系列的错误判断，列出"张仲景自序"问题、"伤寒论卷数"问题、是"卒"病论还是"杂"病论等。文章还列举了《本草纲目》引出古字之差别，与成本相同，但与赵翻刻本不同，如：人参之参，《本草纲目》为"浸"；柴胡之柴，《本草纲目》为茈；还有"李仁""杏子"同出于一书，佐证赵刻本为成化朝以后之仿本。从《伤寒论》内容分析：其中不少条文的方后有"本云桂枝汤，今……"之语，他认为是在林亿校正之后被人修改的可能大。

②关于张仲景自序问题：张氏直指"然《伤寒论》之'论曰'被作为张仲景'自序'，并进而作为考证张仲景生卒年代之依据……这到底是否是张仲景自己所写……'伤寒杂病论'还是'伤寒卒病论'？是'十卷'还是'十六卷'？由于'自序'的认定，引起了学术界的混淆"。随后，他认为，日本康治本《伤寒论》、康年本《伤寒论》是伪书；还谈到序文之文理不符，与"论"无关，非仲景之手；在秦汉以前未闻有自序其书者。班固的《汉书》、许慎的《说文解字》、王充的《论衡》都是汉代作品，是作者之自序，但全都放在正文之后。同时又举出晋人杜预作《左传集解》已把序文放在正文之前，故认为汉代张仲景把"自序"放在正文之前，难以令人相信。同时还提出"序"中未提及"张仲景跟师、徒弟是谁、从师学到什么"等问题。最后，从成无己的出生年代和撰写《注解伤寒论》的年龄，

以及成氏研究《伤寒论》有 50 年之深厚积累作为自己选则成本的理由。

③关于"自序"内容之探讨：从"现传刻本并无'自序'字样"开始，对整篇序文引用汉时的社会制度、文献、当朝人物等进行了评论。如"上以疗君亲之疾，下以救贫贱之厄"，其中上、下所指、"惟名利是务"不符合仲景所处的时代特点；无钱委付凡医；"伤寒十居其七"正文中死证并不多见，故认为不正确；不应忘了老师张伯祖；序文中所言的切脉要求和诊断方法非汉时所能，如此等等。

最后，张家骏先生认为，《伤寒卒病论》为张仲景首创，由于年代久远，仲景著作经后世不断增删修改，连书名也几经更易，的确是"愈远而愈失其真"。目前所见的《伤寒论》诚如已故程门雪院长所言为集体之作，至宋、林亿校勘而基本定型。目前传世版本当以金、成无己《注解伤寒论》为最佳，赵开美刊刻之"宋本"实为明代成化朝以后的民间仿本，并非真宋本。

至此，几位伤寒学家从多方面研究《伤寒论》可谓至真至深，为伤寒学的研究提供了很好的意见和建议。关于"《伤寒杂病论》是怎样撰成的"这个初看起来是一个不成问题的问题，可以在"自序"中找出答案。如果怀疑"自序"的话，进行深入研究后这个问题也不难回答亦可从其他主面加以佐证。笔者在此摘录北宋校正医书局之"序"和"疏"，以及其他文献资料，以正视听。

《伤寒论》序摘录：

夫伤寒论，盖祖述大圣人之意，诸家莫其伦拟，故晋·皇甫谧序《甲乙针经》云：伊尹以元圣之才，撰用神农本草，以为汤液；汉·张仲景论广汤液，为十数卷，用之多验。近世太医令王叔和，撰次仲景遗论甚精，皆可施用。是仲景本伊尹之法，伊尹本神农之经，得不谓祖述大圣人之意乎……所著论，其言精而奥，其法简而详，非浅闻寡见者所能及……今请颁行。

太子右赞善大夫	臣	高保衡
尚书屯田员外郎	臣	孙　奇
尚书司封郎中秘阁校理	臣	林　亿

等谨上

校正《金匮玉函经》疏

《金匮玉函经》与《伤寒论》同体而别名，欲人互相检阅而为表里，以防后世之亡逸，其济人之心不已深乎？细考前后乃王叔和撰次之书。缘仲景有《金匮录》，故以《金匮玉函》名，取宝而藏之之义也……但此经自晋以来传之既久……惟孙思邈粗晓其旨，亦不能修正之。况其下者乎？

国家诏儒臣校正医书，臣等先校定《伤寒论》，次校成此经。其文理或有与《伤寒论》不同者，然其意义皆通圣贤之法，不敢臆断，故并两存之。凡八卷，根据次旧目总二十九篇，一百一十五方。

治平三年正月十八日。

太子右赞善大夫	臣	高保衡
尚书屯田员外郎	臣	孙　奇
尚书司封郎中秘阁校理	臣	林　亿

等谨上

治平三年，为北宋英宗赵曙纪年，即1066年。以上两则出自北宋校正书局校正之奏章，应该可信无疑。由此可以认定四点：①《金匮玉函经》与《伤寒论》同是张仲景所著，同体而

117

别名。②先校定《伤寒论》证外合397法，112方；次校成《玉函经》，总29篇，115方；一先一后相隔1年，同为校定标准本。③《伤寒论》序云："自仲景于今八百余年，惟王叔和能学之，其间如葛洪（晋名医）、陶景（南北朝药学家）、胡洽（南北朝医师）、徐之才（南北朝医学家）、孙思邈辈（唐医学家），非不才也，但各自名家，而不能修明之。"自此可以推断，《玉函经》版本早于《伤寒论》，而且历经南北朝、隋唐，在当时已经广为流传。④校正《伤寒论》序时已经很明确地指出："汉张仲景论广《汤液》为十数卷，用之多验……是仲景本伊尹之法……"所以仲景运用了《汤液》是不争的事实。

对于"仲景自序"，笔者所持的观点和态度是：序文之有或无并不影响《伤寒论》的重要学术价值，更不伤害仲景的形象。经历代学家的分析、辩论、旁证，加之经考察康治本、高继冲本、玉函经、唐本等均无"自序"，所以对"自序"我亦持怀疑态度，可能仲景未亲自作序，亦可能为晚年弟子和族人根据当时的写作要求，为完成其遗愿而作。但是我们从"自序"的内容了解了到了当时的社会状况、中医药学的处境、人民生活的贫困和伤寒疾病的流行，最重要的是知晓了张仲景撰写《伤寒论》的原因和动机，以及《伤寒论》是怎样撰成的。我仍坚持序中所指出的几个方面的现象，根据历史的记载，事实存在，不可否认。仲景处于封建社会，秦以后，社会制度以中央专制为主，人民群众生活穷困不堪，民不聊生，因而农民起义此起彼伏。加之民族积怨，战争频发，于是贫病交加的社会背景在序中体现无遗。如序中云：本应"上以疗君亲之疾，下以救贫贱之厄"，而当时相当的医药界人士"不留神医药，精究方术""不念思求经旨"，临证时"省病问疾，务在口给，相对斯须，便处汤药，按寸不及尺，握手不及足，人迎跌阳，三部不参"，极端马虎，潦草塞责，毫无仁德之心，以至于当时的广大患者在"卒然遭邪风之气"时，"赍百年之寿命，持至贵之重器"而去"委付凡医"。于是仲景在《伤寒论》各卷中对庸医所造成的误诊误治、逆治之病例或一逆再逆，或因错过治疗时机而导致的合病、并病、坏病等予以救治，使之转危为安，如此病例比比皆是。而这些宝贵经验，仲景逐一总结、归纳，并"勤求古训，博采众方"，"撰用《素问》《九卷》《八十一难》……"之"天布五行，以运万类；人禀五常，以有五脏；经络腑俞，阴阳会通"为重要理论依据，以"论广《汤液》为数十卷"为重要之方剂来源，撰成《伤寒杂病论》，千百年来为业医者学习、运用，并奉为"经典"。

《伤寒论》辨证论治体系探讨

从古至今绝大多数医家都认为《伤寒论》讲的是"六经"辨证，我的看法则不同。我认为应该是以"六病"分证，结合经脉、脏腑、病因，以表里、寒热、虚实、阴阳八纲进行辨证论治的。浙江中医杂志1980年第1期第21页张志民先生在《试论〈伤寒论〉六病分证的特点及其意义》中提出的"而后世所谓'以经分证'实系一种错误说法，应改称'六病分证'较为恰当"的观点我非常赞同，也提出几点看法，详述如下。

一、剖析原文

《伤寒论》原文中属于"六病"范畴的有20条，其中太阳病1条（第1条），阳明病10条（第179、180、181、182、

183、184、185、187、188、186 条），少阳病 3 条（第 263、264、265 条），太阳病 2 条（第 273、238 条），少阴病 3 条（第 281、282、283 条），厥阴病 1 条（第 326 条）。这 20 条原文中提到"太阳之为病"1 次，"阳明之为病"及"阳明病"5 次，"少阳之为病"1 次，"太阴之为病"1 次，"少阴之为病"与"少阴病"2 次，"厥阴之为病"1 次，并未发现原文中有"六经"或"经"的字样。此为"六病分证"理由之一。

从 397 条原文看，提到"太阳病"三字者有 53 次，原文 52 条（第 2、3、6、8、9、13、14、15、16、20、21、23、24、27、31、34、35、37、42、43、44、45、46、47、48、71、82、94、95、103、106、110、111、114、120、121、123、124、125、127、134、137、139、140、153、163、181、244、248、250、266、279 条）；提到"阳明病"三字者 37 次，原文 37 条（第 182、184、187、193、228、221、224、207、213、214、215、253、238、203、209、208、233、205、206、194、234、235、229、230、190、191、192、196、197、198、201、202、199、200、195、236、216 条）；未见提到"少阳病"三个字，另用"柴胡证"三个字代替了"少阳病"三个字者有 7 条原文，"柴胡证罢"（第 267 条）、"有柴胡证"（第 101 条）、"柴胡证在"（第 103、149 条）、"此本柴胡证"（第 104 条）等；提到"太阴病"三字者 3 次，原文 3 条（第 275、276、280 条）；提到"少阴病"三字者 42 次，原文 41 条（第 148、282、287、291、292、304、305、316、323、324、317、314、315、309、306、307、308、325、293、303、319、310、311、312、313、318、301、302、284、294、288、289、295、296、297、298、299、300、320、321、322 条）；提到"厥阴病"三字者 2 次，原文 2

条（第 328、329 条）；提到"六病"的原文共计 135 条，并均以"六病"代表各病的证、脉冠于原文之首。其中仅"太阳病"三字、"少阴病"三字在各一条原文中同时出现。此为"六病分证"理由之二。

二、"六病"与"六经"

自古以来，各家都阐明《伤寒论》的学术渊源来自于《黄帝内经》和《难经》。《〈伤寒论〉序》中指出："撰《素问》《九卷》《八十一难》《阴阳大论》《胎胪药录》，并平脉辨证，为《伤寒杂病论》，合十六卷。"

现行各种版本的《伤寒论》均引《灵枢·海论》"夫十二经脉者，内属于腑脏，外络于肢节"之说，力图说明六经证候的产生是脏腑经脉病理变化的结果。又引用《素问·热论》"伤寒一日，巨阳受之……二日，阳明受之……三日，少阳受之……四日，太阴受之……五日，少阴受之……六日，厥阴受之"，试图以此段原文的各经脉病变来证实《伤寒论》中所述为六经病症。

然而《伤寒论》的六经是不能以《素问·热论》的六经脉代替的，更不等于《灵枢·海论》之十二经。它说明的是经脉与脏腑的循行与联系：①人体是不可分割的整体，经脉、脏腑只是人体中的一个部分。②十二经脉中包括六经脉，再加上手足各六经才是十二经脉，六经并不等于十二经。③经脉的特有症状表现既不能代表脏腑，也不等于脏腑病变，它们之间不过是一种配属归纳关系而已。

《素问·热论》云："伤寒一日，巨阳受之，故头项痛、腰脊强。二日阳明受之，阳明主肉，其脉夹鼻络于目，故身热目痛而鼻干，不得卧也。三日少阳受之，少阳主胆，其脉循胁络于耳，故胸胁痛而耳聋。"这段经文一是说明了伤寒热病循序渐进的发展传变规律；二是指明了三阳经脉病变表现出的经脉不舒症状；三是阐述了三阳经脉的循行路线与部位。与《伤寒论》中三阳病提纲相比，它不过是三阳病证候群中的一小部分而已，并不等于三阳病的症状表现，此理由之一。

太阳病的中风表虚汗出恶风之证是以桂枝汤解肌、调和营卫治之。如果说"伤寒一日，巨阳受之"等于太阳病的话，那么桂枝加葛根汤就是此太阳病的正治，以葛根舒经，就不是桂枝汤所治范围。如果"二日，阳明受之"等于阳明病的话，那就应用白虎汤清热，再加阳明之引经药葛根以治目痛鼻干。如此，《伤寒论》阳明病提出的"胃家实是也"的说法就不能成立，三承气汤证更不属于阳明病范畴，那又该列于何经呢？如果"三日，少阳受之"之证等于少阳病，那就应该是小柴胡汤去人参、芍药、大枣，再加牡蛎，这是治少阳病的正治，即胁痛、耳聋。但《伤寒论》中的桂枝加葛根汤、小柴胡汤去参、芍、枣加牡蛎这些汤方只是各病中的兼证加减法，更无白虎加葛根汤方。所以三阳经病不等于三阳病，更不是用三阳经分证，此理由之二。

《素问·热论》云："四日，太阴受之，太阴脉布胃中络于嗌，故腹满而嗌干。五日，少阴受之，少阴脉贯肾络于肺，系舌本，故口燥舌干而渴。六日，厥阴受之，厥阴脉循阴器而终于肝，故烦满而囊缩。"此段经文提示我们：①三阳经脉病变按顺序传变的规律是第四日入阴经。②三阴经脉各有特定的病变症状表现。③三阴经脉的循行路线、部位及与脏腑的关系。这与《伤寒论》中的三阴病提纲相比，不相符合。"四日，太阴受之"有腹满之症，与太阴病提纲之腹满看上去相同，但"吐、食不下，自利益甚"又属于何经之病呢？太阴的手经属于肺，而太阴病中根本没有肺脏疾病的原文和症状出现，这又如何解释呢？"五日，少阴受之"的经脉病变是口燥舌干而渴，这应属热证之象，可以将其归入少阴热化范畴，但这与少阴之提纲"脉微细，但欲寐"恰恰相反，那么它又归属何经呢？少阴病是阴病中的危重阶段又如何理解呢？"六日，厥阴受之"的经脉病变与《伤寒论》的厥阴病提纲相比，相差甚远。《伤寒论》不是以"六经辨证"，此理由之三。

《伤寒论》之六经命名与《素问·热论》是六经的相同点在于：名称相同，数字相同，论热病相同。不同点是：《伤寒论》是以"六病分证"为提纲，结合经脉、脏腑、病因，运用八纲的理论辨别病位——表里，病理属性——寒热，邪正盛衰——虚实，疾病归属——阴阳，以此形成一个完整的辨证论治体系，《素问·热论》则只论及了热性病中的一种及各经脉病变之实证。因此，《伤寒论》的分证是以代表性的证候群归纳为"六病"的，它继承了《内经》《难经》的理论但又有所发展，是借"六经脉"之名又以"经"字易"病"字而除去经脉之"经"字的局限性，故改称"六病"较为恰当。伤寒"六病"的命名是仲景先生经过临床实践，"并平脉辨证"，结合"天布五行，以运万类。人禀五常，以有五脏。经络府俞，阴阳会通"等理论联系实践的成果。《伤寒论》不是以"六经辨证"，此理由之四。

三、"经"与"腑"

观各家注释《伤寒论》的说法有：太阳病之表虚表实属经

证，太阳病蓄水蓄血属腑证；阳明里实属腑证；少阳病邪在半表半里属经证，少阳病里实属腑证。我认为，这种说法一是想通过经与腑来补充《伤寒论》"六经"辨证之不足，二是力图将各病的表里之证分开，以外证表现为经证，邪入里实之证表现为腑证。纵观《伤寒论》全部原文，提到"经"字的仅 5 条（第 8、103、114、217、384 条）。仅第 8 条云："以行其经尽故也，为欲作再经者……使经不传则愈。"是说热病按顺序传变，由太阳至厥阴经过六经传变到了最后阶段，若再下传经脉……使其不传下经则病解。第 114 条云"太阳随经……到经不解"，是说太阳经脉之病变按顺序传入下一经脉……可是传入下经之后病未好转。第 217 条云"过经乃可下之"，是说太阳病经太阳经传入阳明之后出现里实证就可以用攻下法了。综合以上原文，"经"有两种含义，一为六经脉，二为经过之意。但是并不能以十二经脉病变的传变规律代表或等于《伤寒论》所述的"六病分证"之理。

至于《伤寒论》用脏腑辨证的论点也是不能成立的，为什么？因为《伤寒论》397 条原文中提到"胃"字的仅 26 条（第 29、71、70、89、110、134、157、158、179、180、221、224、248、213、215、217、203、194、230、226、380、191、265、173、145、398 条），且仅是指局部的病变所在，并不是辨证性质的；提到上焦、中焦、下焦仅 6 条原文（第 124、159、282、230、243、184 条）；提到"膀胱"二字者仅 3 条原文（第 106、293、340 条）。看上去，胃、三焦、膀胱三者均属腑，但六腑中其他三腑胆、大肠、小肠并未涉及；五脏中一脏未提，只有一处提到"脏有寒"（第 273 条），究竟是指何脏不明。单以三腑代表脏腑辨证，值得商榷。至于原文中的"胸中""里""脏厥"等解释为某一脏,也只是以方、药进行分析,并无充足之理。回过头来看,既然提出了三腑,又可以方测证,"阳明之为病,胃家实是也"的痛、满、燥、实四症分别使用三承气汤。其并不说明是以脏腑辨证,但是与脏腑病变是有一定关系的。

再者,用"经"与"腑"作为《伤寒论》的辨证依据也是行不通的。"六病"的全部原文没有任何一条提出此属经证、彼属腑证等诊断性论点。仅太阳病篇血证中有"热在膀胱",紧接着一条又提出"热在下焦";阳明病篇仅指出"阳明病外证若何"。外证并不是经证,阳明病提纲也只突出了"胃属实也",痞、满、燥、实俱在的三急下证;少阴病三急下证等原文并未论及已属腑实证的诊断。少阳病篇热邪羁留于半表半里的小柴胡汤证也未指出是经证;大柴胡汤证原文中也未提示是属少阳腑证。因此,将"六病"中的三阳病分为经证、腑证是否有些牵强附会,而且"经"与"腑"相配于理不通,只有"脏"与"腑"才能相配;手足六阳经脉属腑,手足六阴经属脏。因此,随即带来一个问题,即后世诸家的太阳与少阴相表里、阳明与太阳相表里、少阳与厥阴相表里的说法不能成立。为什么呢?因为这种说法仍然是以《素问·热论》的"伤寒一日,巨阳受之……二日,阳明受之……三日,少阳受之……"和《素问·血气形态》篇"足太阳与少阴配表里、阳明与太阴配表里、少阳与厥阴配表里……"的六经为依据的。这里只能用十二经配脏腑才能解释得通,别无他法。因为经脉的手足十二经分配十二脏腑,就经脉而言,它们之间是有表里关系的,但这种经腑关系不可能运用到《伤寒论》中来划分表里关系。如果硬依其说,太阳是表证,少阴是里证,恰巧它们是表里关系,而阳明是里实热证,但太阴是里虚寒证,明明都是里证,怎么又会是表里关系呢？又怎能解释得通呢？看来此说不能生搬硬套，而且《伤寒论》中的"六病"也无需划分表里。

四、十二经脉

《灵枢·逆顺肥瘦》云："……手之三阴……手之三阳……足之三阳……足之三阴……"手足为三阴三阳，合为十二经脉，古典医籍及现代各种经络学说著作均称十二经脉，并无六经命名之说。

《灵枢·经脉》云："肺手太阴也……大肠手阳明也……胃足阳明也……肺足太阴也……心手少阴也……小肠手太阳也……膀胱……足太阳也……肾足少阴也……手厥阴心包络也……三焦手少阳也，胆足少阳也，肝足厥阴也。"此为十二经脉配属十二脏腑，但经脉不等于脏腑、脏腑不等于经脉，它们各自有不同的生理和病理现象。而且六经或十二经也仅限于经络学说在人体的应用，远远不能概括伤寒热病的病证。《伤寒论》运用了经络学说这是事实，如"传经、不传经、欲解、自愈，以及灸、刺法等这些是经络学说在《伤寒论》中的具体运用"。

《伤寒论》中的关于针和的原文有刺风府（第24条）、刺期门（第108、109、143条）、灸少阴（第302条）、灸法（第292、325、349条）等，是运用经络学说的机械的温热刺激法。针灸用于临床，主要的理论根据就是《黄帝内经》经络学说。

五、八纲辨证

八纲辨证是对一切疾病的病和证候性质的总概括。任何一种疾病或一个证候群、一个症状都有不同的性质，或属于表里，或属于寒热，或属于虚实，或属于阴阳。《伤寒论》是在"六病"辨证的基础上运用"八纲"分析判断或直接进行辨证论治的。

①阴阳："六病"提纲原文中以太阳、阳明、少阳为中心辨别阳病的脉、证、治、禁，以太阴、少阴、厥阴为中心辨别阴病的脉、证、治、禁。

如"发于阳也……发于阴也，发于阳，七日……发于阴，六日……"（第7条）；"病发于阳……病发于阴"（第131条）；"阴阳俱虚"（第23、111条）；"病在阳"（第141条）；"云阳"（第30、112、211、283条）；"阳盛"（第111条）；"阴虚"（第111条）；"阳气内"（第134条）；"无阳证"（第130条）；"阳绝于里"（第245条）；"其阳则绝"（第246条）；"阴阳自和"（第58条）。从这些原文我们可以看出阴阳在《伤寒论》中的统帅地位。

②表里：相关原文有"外证未解"（第42、44、163、146条）；"表未解"（第34、43、40、106、164、170条）；"表证在"（第46、124条）；"病在表"（第51、56、45条）；"无表里证"（第61、252、257、170条）；"有表里证"（第74条）；"在里"（第124条）；"寒湿在里"（第259条）；"无里证"（第302条）。

原文中关于表里证的治法有"复发其汗"（第53条）；"先其时发汗则愈"（第54条）；"当以汗解"（第42条）；"当须发汗"（第56条）；"当须解外则愈"（第45条）；"可更发汗"（第51、52条）；"此当发其汗"（第46条）；"此以发汗"（第122条）；"急当救表"（第91条）；"解表"（第164条）；"可发汗"（第234、276条）；"发汗则愈"（第235条）；"宜发汗"（第240条）；"攻表"（第372条）；"救里"（第91条）；"当救其里"（第92条）。由此可以看出，《伤寒论》用"八纲"辨别了病位之在表在里后，有表证才发汗解表、攻表，有里证才救里。

③寒热：相关原文有"病人有寒"（第89、139、333、352条）；"里寒外热"（第317、370条）；"表热里寒"（第176、225条）；"热结在里"（第168、136条）；"有热也"（第105、373、126、367条）；"胸上有寒"（第166、396、324条）；"脏有寒"（第277、338条）；"内寒外热"（第389条）；"结胸热实"（第135条）；"寒实结胸"（第141条）；"无热证者"（第350条）；"里有热"（第350条）；"热气有余"（第332条）；"无大热者"（第162条）；"表里俱热"（第168条）。这些原文明显地指出病因、病理属性为寒热。

关于"寒热"的治法有"当温之"（第277条）；"当先温其里"（第372条）；"急温之"（第323、324条）；"当以丸（理中丸）药温之"（第396条）。由此可知，里有寒证才用温法。

④虚实：相关原文有"虚故也"（第68、70、75、196条）；"虚烦"（第76、375条）；"阴阳俱虚"（第23、111条）；"内外俱虚"（第60条）；"胃中虚"（第134、58、221条）；"极虚、里虚、阴虚、虚羸、下焦虚"（第380、49、111、397、282、214条）；"虚则郑声""虚则两胫挛"（第210、30条）；"此为实也"（第115、105、252条）；"结胸热实"（第135条）；"寒实结胸"（第141条）；"表进而实"（第49条）；"实则谵语"（第210条）；"大实痛者"（第279条）；"此胸中实"（第324条）；"表虚里实"（第217、218、219条）；"表里俱虚"（第93、153、160条）；"胃家实"（第180、179条）。原文已经诊断性地指出邪实正衰。

关于"虚实"的治法有"乃可攻之"（第106、251条）；

"当下之"（第 126、255、256 条）；"下之愈"（第 217 条）；"宜下之"（第 240 条）；"急下之"（第 253、254、252、320、321、322 条）；"当吐之"（第 166、355 条）。如果没有实证是不会用吐、下法的。

若以代表方剂举例说明，我们可用以方测证法进一步证实：桂枝汤解肌调和营卫，以治中风表虚证；麻黄汤辛温发汗平喘，以治表实证；大承气汤峻下热结，以治痞满燥实之证；三物白散化痰破结温下，以治寒实之证；四逆汤回阳救逆，以治里虚寒之证；小柴胡汤和解少阳，以治半表半里之证；白虎汤辛寒清热，以治里热之证；通脉四逆加胆汁汤破阴回阳，通达内外，益阴和阳，以治阴盛格阳之证；黄连阿胶汤养阴清热，以治阴虚火旺不眠之证等。

综上所述，以阴阳、表里、寒热、虚实之八纲进行辨证的条文达 103 条之多，在"八纲"辨证论治的基础上又运用汗、吐、下、和、温、清、消、补八法的原文有 38 条，此外从方药亦可证实。笔者在学术问题上遵循"百花齐放、百家争鸣"的原则，在此谈一点自己学习《伤寒论》后的心得体会。

《伤寒论》中哲学思想底蕴浅析

《伤寒论》为东汉张仲景所撰。笔者认为，《伤寒论》不仅是中医学宝库的瑰宝之一，398 条原文中还蕴藏着丰富的唯物辩证法思想。毛泽东同志说："辩证法宇宙观，不论在中国……在古代就产生了"（《矛盾论》）。张仲景正是古代自发的朴素的唯物辩证法思想的杰出代表人物之一。《伤寒论》理法方药俱备，疗效确切，富于哲理，辩证法贯穿始终。在此就《伤寒论》68 条原文中的主要哲学思想，拟从矛盾的性质、量和质的变化、内因和外因、现象与本质四个方面进行探讨。

一、抓主要矛盾和矛盾主要方面

辩证法认为：“矛盾存在于一切事物发展的过程中，矛盾贯穿于每一事物发展过程始终。”“任何过程如果有多数矛盾存在的话，其中必有一种是主要的，起领导的、决定作用的”（《矛盾论》）。张仲景在《伤寒论》之伤寒病极其复杂的病变过程中，着重寻找疾病的主要矛盾或矛盾的主要方面。《伤寒论》在论述疾病诊治时，首先揭示了伤寒病各个阶段的主要矛盾是“正与邪”的斗争，然后在辨证、论治上抓主要矛盾，在治法方药上解决主要矛盾。

1. 辨证抓主要矛盾

“矛盾即是运动，即是事物，即是过程”（《矛盾论》）。矛盾有主次之分，但区分又不是凝固的、僵死的，在一定条件下矛盾是可以转化的。伤寒病中的正与邪这一对矛盾运动分为两大阶段、六个时期。第一阶段，“邪”盛是主要矛盾。邪在表时可出现“脉浮，头项强痛而恶寒”（第1条），为太阳病；邪传里（肠胃）导致“胃家实”（第180条）为阳明病；邪留半表半里时“口苦，咽干，目眩”（第263条）为少阳病。正与邪的较量发展到第二阶段，“正”衰成为主要矛盾，疾病的性质也随之发生变化。若脾胃虚弱，脾阳不足则见“腹满而吐，食不下，自利益甚，时腹自痛”（第273条）的太阴病；若心肾阳衰则见“脉微细，但欲寐”（第281条）的少阴病；若正衰致使脏气虚，阴寒盛或寒热错杂则见“消渴，气上撞心，心中疼热，饥而不欲食，食则吐蛔，下之利不止”（第326条）的厥阴病。至此，我们已清楚地抓住了伤寒全过程的六个主要矛盾，为进一步辨证提供了纲领和依据。

特别是第101条的"伤寒中风，有柴胡证，但见一证便是，不必悉具"，更能体现《伤寒论》抓主要矛盾的辩证法思想。该病狭义上说是指少阳病，但见口苦或咽干或目眩即可视为少阳病或称之为柴胡证；广义上则是《伤寒论》对六经（病）如何辨证、如何抓住主要病机的指导性总纲。

2. 论治针对主要矛盾

《伤寒论》在论治中密切观察主次矛盾，一旦主次矛盾发生转化，即把主要精力及时地转移到新的主要矛盾上来。如第30条"证象阳旦，按法治之而增剧，厥逆，咽中干，两胫拘急谵语……厥逆，咽中干，烦躁……更饮甘草干姜汤。夜半阳气还，两足当热，胫尚微拘急，重与芍药甘草汤，尔乃胫伸"。当几种矛盾同时出现时，首先抓住"厥逆，咽中干，烦躁"矛盾的主要方面，给予"甘草干姜汤"；已亡之阳得以恢复之后，"胫尚微拘急"又上升为主要矛盾时"重与芍药甘草汤，尔乃胫伸"。再如第91条："伤寒，医下之，续得下利清谷不止，身疼痛者。"此时以里之下利清谷为主要矛盾，"急当救里"，"后身疼痛，清便自调者"说的是救里之后身痛，二便正常时，在表的身疼痛为主要矛盾，所以"急当救表"。

由于矛盾的主次不同，论治当分先后。如第104条云："伤寒十三日不解，胸胁满而呕，日晡所发潮热，已而微利。"其中同时存在两种矛盾，"胸胁满而呕"是邪在外或半表半里，为主要矛盾；"日晡所发潮热"是邪在里之实证，与前症比较为次要矛盾，故"先宜服小柴胡汤以解外，后以柴胡加芒硝汤"。第106条"其外不解者，当未可攻，当先解其外。外解已……乃可攻之"，亦揭示了先表后里的论治原则。

《伤寒论》中多次告诫后世学者，"观其脉证，知犯何逆，随证治之。常须识此，勿令误也"（第 44 条）；要细心观察，"知犯何逆，以法治之"（第 267 条）；还要"视其前后，知何部不利，利之愈"（第 381 条）。这些针对主要矛盾论治的哲学思想对于临床实践有着重要的指导意义。

3. 立法处方解决主要矛盾

中医学提出，要因证立法，以法系方。仲师根据疾病的属性、病位的浅深、证候的性质、正气的强弱、邪气的盛衰在立法处方上重点解决主要矛盾。

如"当以汗解，宜桂枝汤"（第 42 条）；"此当发其汗……麻黄汤主之"（第 46 条），二者均为表证未解，故汗之。"当吐之，宜瓜蒂散"（第 166 条），痰阻胸膈，必吐之法可祛邪。"宜抵当汤下之"（第 237 条），此为下焦瘀血与热邪搏结。若阳明里热盛，灼阴（津）屎燥者而出现"大便难"（第 252 条）或"发热汗多"（第 253 条）或"腹满痛者"用大承气汤急下泻热逐实，救欲竭之阴津。"少阳中风……不可吐下"（第 264 条）和"少阳不可发汗"（第 265 条），二者为邪在半表半里，故宜小柴胡汤"和"之。"以其脏有寒故也，当温之"（第 277 条），以温法解里之虚寒。"伤寒脉滑而厥者，里有热"（第 350 条），当用白虎汤"清之"。如果"伤寒哕而腹满，视其前后，知何部不利，利之即愈"（第 381 条），"利"者"消"之。更有"伤寒脉结代，心动悸"（第 177 条）以炙甘草汤补其心血，振奋心阳。可见，仲景治疗伤寒病注重抓住主症，拟订主法，制出主方。

《伤寒论》还根据病势的缓急、轻重，依据"不同质的矛盾，只有用不同质的方法才能解决"（《矛盾论》）的原则，对蓄血之急症"其人如狂……但少腹急结者"（第106条）以桃核承气汤攻之，对缓症用抵当汤或丸缓下之；对结胸之重症"不大便五六日……日晡所小有潮热，从心下至少腹硬满而不可近"（第137条）予大陷胸汤；轻症"正在心下，按之则痛"（第138条）用小陷胸汤；对阳明腑实证，据"热、实"的程度不等分别用调胃、小承气、大承气汤。《伤寒论》中诸如此类者举不胜举。

再看《伤寒论》所用之药共用药91味，其中甘草70方（次），附子23方（次），人参、半夏各22方（次）等。这些药物根据君、臣、佐、使的组方原则加减变化，先后组成112方。

从各方的方药味数看，1味组方的4首，两味组方的10首，3味组方的26首，4味组方的24首，最多的是麻黄升麻汤14味药。由此可知，制方时仲景用药是针对主病，集中力量，量大味少，力专功宏。可见《伤寒论》自始至终都是以抓主要矛盾、解决主要矛盾为出发点，主要矛盾解决之后，次要矛盾就迎刃而解了。

二、突出量变和质变规律

事物处在不断的运动、变化和发展中，这种能动作用，通过量变和质变表现出来。《伤寒论》所列各病，其变化过程同样包含着量变和质变。

"伤寒一日，太阳受之"（第4条）；"伤寒二三日，阳明少阳……"（第5条）；"太阳病，头痛至七日以上自愈者，以行其经尽故也"（第8条）。可见其顺序是一日太阳、二日阳明、三日少阳、七日又回到太阳，此为阳病变化规律。其一、二、三、七为量变。"脉若静"为质未变故不传，而"颇欲吐，若烦躁，脉数急"（第 4 条）为由量变到质变，故传也。第 5 条所云"二三日"同样是量变，不见阳明、少阳证者是因质未变。《伤寒论》中误治导致疾病由量变到质变的如"发汗过多，其人又手自冒心，心下悸欲得按者"（第 64 条）。这里汗多是量变，心阳是质。汗多心阳受损，故有心下悸，为质变。汗多的量变引起质变，患者就出现双手交叉按其心上的表现。又"太阳病，发汗后，大汗出，胃中干，烦躁不得眠，欲得饮水者，少少与饮之，令胃气和则愈"（第 71 条）与"发汗后，饮水多必喘"，这里"大"和"少"是量的变化，多量的饮水适得其反，会导致出现喘的质变，故以"少"饮和胃气之质。

"量变是质变的必要准备，质变是量变的必然结果"。《伤寒论》第 320、321、322 三条所述本为"少阴病"之质，但由于"得之二三日""六七日"的量变准备，其质出现了"口燥，咽干"与"自利清水，色纯青……口干燥"及"腹胀，不大便者"的改变，使"少阴"之质向"阳明"之质转变，故以大承气汤急下之。

第 181 条云："太阳病，若发汗，若下，若利小便，此亡津液，胃中干燥，因转属阳明。"这是因误治导致津液损伤甚至消亡的量变，使得原本的"太阳"之质而转化为"阳明"之质。一日（太阳）、二日（阳明）、三日（少阳）是量的积累，所以第 270 条云："伤寒三日，三阳为尽，三阴当受邪。"三日之后是"根本性的显著的突变，是对原有度的突破，是事物的连续和渐进的中断"。阳病转化为阴病，既是伤寒病量变自身的发展规律，又是量变引起质变、质变又引起新的量变的过程。"伤寒发热四日，厥反三日，复热四日，厥少热多……必便脓血"（第 341 条）及"伤寒厥四日，热反三日，复厥五日，其病为进"

（第342条），更体现了"量变→质变→新的量变"的过程。如此相互联系、相互转化，就是量变、质变或质量互变的规律。

三、重视内因，其起决定作用

唯物辩证法认为："事物发展的根本原因，不是事物的外部而是在事物的内部"（《矛盾论》）。外因通过内因起作用，在《伤寒论》中有两个方面得到体现：其一是正气（内因）强盛，不受病邪（外因）的干扰；二是外袭之后有两种发展趋势：或是机体内自身调节不药而愈，或是病性不断演变日趋恶化。"病有发热恶寒者，发于阳也；无热恶寒者，发于阴也"（第7条），其"阳""阴"乃内在因素。"阳"决定了其症发热恶寒，"阴"决定了其症无热恶寒。还有"凡病，若发汗，若吐，若下，若亡血，亡津液，阴阳自和者，必自愈"（第58条）与"大下之后，复发汗，小便不利者，亡津液故也，勿治之，得小便利，必自愈"（第59条）。该两条的共同特点是误治、亡津液、必自愈。"误治"是外因，"阴阳自和""得小便利"是内因，最终是内因的决定性作用使津液恢复，故自愈。

在疾病的发生发展过程中，同样的外因可因不同的内因而有不同的症状表现。如第131条云："病发于阳，而反下之，热入因作结胸；病发于阴，而反下之，因作痞也。"同是下法误治，但因内因的"阳""阴"不同，故结果一为结胸，一为痞证。《伤寒论》重视内因，但并不否认外因对疾病的影响，如第83、84、85、86、87、88、89条之咽喉干燥、淋家、疮家、衄家、亡血家、汗家、有寒等均不可发汗，强发汗则便血、则痉、必额上陷脉急紧、必寒栗而振、必恍惚心乱、必吐蛔等，这些均是外因导致津液更亡，而变证丛生。以上所述符合唯物辩证法认为的"外因是变化的条件，内因是变化的根据，外因通过内因而起作用"（《矛盾论》）。

四、善于透过现象看本质

"唯物辩证法的一个共同的基本任务，就是在于指导人们透过事物的现象，把握其内在的本质。"《伤寒论》的绝大多数病、证、症都包含着现象和本质两个方面，现对书中如何透过现象看本质起着指导作用的方法和原则总结如下。

1. 识别真假

《伤寒论》第 11 条云："病人身大热，反欲得衣者，热在皮肤，寒在骨髓也；身大寒，反不欲近衣者，寒在皮肤，热在骨髓也。"第 317 条云："少阴病，下利清谷，里寒外热，手足厥逆，脉微欲绝，身反不恶寒，其人面色赤。"第 366 条云："下利脉沉而迟，其人面少赤，身有微热，下利清谷。"这三条告诉我们，在病理矛盾复杂的情况下，表寒热易呈假象，而在里的寒热方显真情。病人身大热、面色少赤等，是阴寒之邪凝滞于内，致虚热浮越于外，故外热是现象，是假；内寒是本质，是真。而身大寒、反不欲近衣者，是邪热炽盛而郁于内，阳气不能透达于外，故外寒是现象，是假；内热是本质，是真。

2. 把握现象

《伤寒论》第 125 条云："少腹硬，小便不利者，为无血也；小便自利，其人如狂者，血证谛也。"第 126 条云："少腹满，应小便不利，今反利者，为有血也。"两证均以小便利与否识别蓄水、蓄血之本质。蓄血者为热邪与血互结，故小便利；蓄水者是邪热与水互结，故小便不利。联系第 237 条，"阳明证，其人喜忘者，必有蓄血"。喜忘是现象，本质则是"本有久瘀血，故令喜忘"。

3. 分析对比

《伤寒论》第 203 条云："阳明病，本自汗出，医更重发汗，病已差……以亡津液，胃中干燥，故令大便硬。"这里"当问其小便日几行，若本小便日三四行，今日再行……今为小便数少，以津液当还入胃中，故知不久必大便也"。分析看，小便本来日三四行，今日再行则可知不久可大便，其本质是津液得到恢复之后还入胃中，故小便数少，津液走肠间而使肠润便出。

4. 药物试探

第 209 条云："阳明病，若不大便六七日，恐有燥屎，欲知之法少与小承气汤，汤入腹中，转矢气者，此有燥屎也。"这是在治疗与用药上以方药试探其是否燥屎内结。转矢气是现象，燥屎内结是本质。在判断病情恶化方面，第 332 条云："伤寒，始发热六日，厥反九日而利。凡厥利者，当不能食，今反能食者，恐为除中。"第 333 条云："伤寒，脉迟六七日，而反与黄芩汤彻其热。脉迟为寒，今与黄芩汤复除其热，腹中应冷，当不能食，今反能食，此名除中，必死。"在厥利，腹中冷的情况下，以能食与不能食来判断生死，能食是假象，本质是胃气衰败，故死。

五、结语

呼吁广大中医工作者学好唯物辩证法，并以之指导临床实践。因为"辩证唯物论之所以为普遍真理，在于经过无论什么人的实践都不能逃出它的范围"（《实践论》）。《伤寒论》的先进性、科学性、实用价值早已在千百年的历史中被无数的医学家所证实。张仲景既是一位伟大的医学家，又是一位伟大的哲学家。

　　呼吁中医界要以哲学观作为研究《伤寒论》的方法和手段，不仅要继承《伤寒论》的学术经验，还要继承《伤寒论》所运用的唯物辩证法思想。学术经验、一方一法固然是每个中医人都要学的，但更重要的是学习仲景的辩证法，因为其哲学思想是指导中医学、提高疗效的总纲。

《伤寒论》运用阴阳学说浅析

一、经典医籍所论阴阳与《伤寒论》的关系

　　《素问·阴阳离合论》曰："阴阳之变，其在人者，亦数之可数……是故三阳之离合也。太阳为开，阳明为阖，少阳为枢……是故三阴之离合也。太阴为开，厥阴为阖，少阴为枢……阴阳冲冲，积传为一周。"《伤寒论》论及三阳病——太阳、阳明、少阳与三阴病——太阴、少阴、厥阴之六病之名；少阳可转属阳病，亦可转属阴病，为阳病之枢；少阴可转属阳病，亦可转属阴病，为阴病之枢。仲师还用时间与病名相合，按顺序先传三阳后传入三阴，六日一周为经尽，由六到七再回到太阳，以此假说作一循环的规律与轨道示六病的传变。这些关于阴阳的论述均源于《素问》之理。再如《伤寒论》第4条云："伤寒一日，太阳受之。"第5条云："伤寒二三日，阳明少阳证不见者，为不传也。"第7条云："发于阳，七日愈；发于阴，六日愈。以阳数七，阴数六故也。"第8条云："太阳病，头痛至七日以上自愈者，以行其经尽故也。"第384条云："欲似大便，而反矢气，仍不利者，此属阳明也，便必硬，十三日愈，所以然者，经尽故也。"这些条文均为《伤寒论》以经气再周之期为愈日，揭示了《伤寒论》所述阴阳之气流传往来，动

而不止，积其所动，随气血循环一周于身。

《灵枢·邪气脏腑病形》曰："邪之中人，或中于阴，或中于阳……中于面，则下阳明。中于项，则下太阳。中于颊，则下少阳……邪入于阴经，则其脏气实，邪气入而不能客，故还之于腑。"《伤寒论》的"发于阳……发于阴"意与之同。又如第 270 条云："伤寒三日，三阳为尽，三阴当受邪，其人反能食而不呕，此为三阴不受邪也"，亦当源于此。

《难经·五十八》曰："中风之脉，阳浮而滑，阴濡而弱；伤寒之脉，阴阳俱盛而紧涩。"联系《伤寒论》中"太阳中风，阳浮而阴弱，阳浮者热自发，阴弱者汗自出"（第 12 条）与"太阳病……脉阴阳俱紧者，名为伤寒"（第 3 条）可知，《伤寒论》中的阴阳与《素问》《灵枢》《难经》等一脉相承，而且仲师联系实践，将其内涵发挥得淋漓尽致。

二、《伤寒论》中阴阳的对立和制约

阴阳既是对立的又是统一的，统一是对立的结果，其对立又表现为相互制约。如《伤寒论》第 7 条云："病有发热恶寒者，发于阳也；无热恶寒者，发于阴也。"第 70 条云"发汗后，恶寒者，虚故也；不恶寒，但热者，实也"，均是说阳邪致病，可使阳气偏盛而出现"阳盛则热"；阴邪致病，可使阴气偏盛而出现"阴盛则寒"。如果阳气虚衰，不能制阴，如"大汗出，热不去，内拘急，四肢疼，又下利厥逆而恶寒者，四逆汤主之"（第 353 条），则为阳亡于外、阴寒盛于内的"阳虚则外寒"的虚寒证。如果阴液亏损不能制阳，如"少阴病，得之二三日以上，心中烦，不得卧，黄连阿胶汤主之"（第 303 条），则为"阴虚则内热"的虚热证。因此，曾有前贤将《伤寒论》中的六经病归纳为"三阳病属表、热、实，三阴病属里、寒、虚"；"实则阳明，虚则太阴"，说的是阴阳的对立性。

三、《伤寒论》中阴阳的互根互用

阴阳两者既相互依存（互根），又相互为用。《素问·阴阳应象大论》曰："阴在内，阳之守也；阳在外，阴之使也。"也就是说，任何一方都不能脱离另一方单独存在，否则"孤阴不生，独阳不长"。《伤寒论》论及阴阳互根的条文有"太阳病，医发汗，遂发热恶寒，因复下之，心下痞，表里俱虚，阴阳气并竭，无阳则阴独"（第153条）和"直视，谵语，喘满者死，下利者亦死"（第210条），前者为阳亡阴独，后者为阴绝阳无依附，两者均属阴阳失去互根。

阴阳任何一方如果虚损到一定程度，均可导致对方的不足。如"太阳病，发汗，遂漏不止，其人恶风，小便难，四肢微急，难以屈伸者"（第20条），正是"无阳则阴无以生"的"阳损及阴"现象。此外还有阴虚有热，水气不利之"若脉浮发热，渴欲饮水，小便不利"（第223条）乃"无阴则阳无以化"的"阴损及阳"病机；更有阴竭阳亡之"吐已下断，汗出而厥，四肢拘急不解，脉微欲绝者"（第390条）的"阴阳两虚"之结局。

《伤寒论》第344条云："伤寒发热，下利，厥逆，躁不得卧者，死。"第346条云："伤寒六七日不利，便发热而利，其人汗出不止，死，有阴无阳故也。"此两条正是"阴阳离决，精气乃绝"。与此相反，"凡病，若发汗，若吐，若下，若亡血、亡津液，阴阳自和者，必自愈"（第58条）。

四、《伤寒论》中阴阳的消长平衡

阴阳之间并不是静止不变的，而是始终在不停地运动和变化，在一定的限度和时间之内又保持着相对平衡。一旦失去平衡则病矣。《伤寒论》第 300 条云："夜半阳气还，两足当热，胫尚微拘急，重与芍药甘草汤，尔乃胫伸。以承气汤微溏，则止其谵语，故知病可愈。"由于"阳长阴消"，因势利导，使机体之阴阳趋于平衡，故愈。

《伤寒论》厥阴篇以厥、热之病程来说明"阴阳消长"的病理现象。先热后厥者为"阳消阴长"，再复热为"阴消阳长"，以致厥热相等，"期之旦日夜半愈。所以然者，本发热六日，厥反之九日，复发热三日，并前六日，亦为九日，与厥相应。故期之旦日夜半愈"（第 332 条）。先厥后热示"阴消阳长"，再不复厥，如"伤寒病，厥五日，热亦五日，设六日。当复厥，不厥者自愈。厥终不过五日，以热五日，故知自愈"（第 336 条）。"伤寒厥四日，热反三日，复厥五日，其病为进。寒多热少，阳气退，故为进也"（第 342 条），因"阴盛则寒"。假若"伤寒发热四日，厥反三日，复热四日，厥少热多者，其病当愈；四日至七日，热不除者，必便脓血"（第 341 条），说明热不除为阳复（长）太过，灼伤肠络必会便脓血，属"阳盛则热"的阴阳偏胜（盛）偏衰现象。

五、《伤寒论》中阴阳的相互转化

《伤寒论》中之阳病转阳、阳病转阴、阴病转阳者不乏其例。

1. 阳病转阳

第 181 条云："问曰：何缘得阳明病？答曰：太阳病，若发汗，若下，若利小便，此亡津液，胃中干燥，因转属阳明；不更衣内实，大便难者，此名阳明也。"第 185 条云："本太阳初得病时，发其汗，汗先出不彻，因转属阳明也。"第 266 条云："本太阳病不解，转入少阳者，胁下硬满，干呕不能食，往来寒热。"这三条均为病机变化而阳病转阳。

2. 阴病转阳

第 181 条云："伤寒，脉浮而缓，手足自温者，是为系在太阴。太阴者，身当发黄，若小便自利者，不能发黄，至七八日，大便硬者，为阳明病也。"此外少阴三急下证（第 320、321、322 条）等为"重阴必阳""寒极生热"。

3. 阳病转阴

第 68 条云："发汗后病不解，反恶寒者，虚故也，芍药甘草附子汤主之。"第 70 条云："发汗后，恶寒者，虚故也。"第 82 条云："太阳病发汗，汗出不解，其人仍发热，心下悸，头眩，身𧽯动，振振欲擗地者，真武汤主之。"这三条所述病证均为由阳入阴，后条仅水气内动有别，因太阳与少阴相表里。太阳病本应发汗，但汗后病不解而恶寒是阳气外泄，邪陷少阴，即实则太阳，虚则少阴。因而前者用芍药甘草附子汤补阴敛液，温经回阳；后者因阳虚水气内动，所以用真武汤壮肾中之阳以散水气。其病理机制已从太阳转属少阴，故为阳病转阴。

《伤寒论》中"重阳必阴""热极生寒"之例未能体会到。

谈《伤寒论》之"气"

《伤寒论》有关"气"的论述占了相当篇幅，计 57 条，共 15 种。

一、正气

正气泛指人体脏腑的一切生理功能活动，具有推动、温煦、防御、固摄、气化等功能，它的存亡代表着生命的兴衰，它的不足可导致疾病的产生。如《素问遗篇·刺法论》云："正气存内，邪不可干。"《伤寒论》对正气的论述主要有以下几个方面。

1. 气之强弱

《伤寒论》十分重视脾之胃气，论及脾胃之气的有 12 条。其中第 332 条指出："食以索饼，不发热者，知胃气尚在，必愈。"反之，"凡厥利者，当不能食，今反能食者，恐为除中"。在治疗中要注意"无犯胃气及上二焦，必自愈"（第 145 条）。在切诊时（趺阳脉），"浮则胃气强，涩则小便数，浮涩相搏，大便则难，其脾为约"（第 247 条）。此乃胃强脾弱，脾不能为胃行津液。在症状表现上，"病人脉已解，而日暮微烦，以病新差，人强与谷，脾胃气尚弱，不能消谷"（第 398 条）。处方用药时，如"太阴为病，脉弱，其人续自便利，设当行大黄、芍药者，宜减之，以其人胃气弱，易动故也"（第 280 条）。观多条原文可知，胃气的强弱既是病理机制虚实属性的关键，又是病情恶化和向愈的依据。

2. 气须和调

气和则顺，反之则逆。"病常自汗出者，此为荣气和。荣气和者，外不谐，以卫气不共荣气谐和故尔……复发其汗，荣卫和则愈，宜桂枝汤"（第 53 条）。"病人脏无他病，时发热，自汗出而不愈者，此卫气不和也"（第 54 条）。"若胃气不和，谵语者，少与调胃承气汤"（第 29 条）。"不恶寒，但热者，实也，当和胃气，与调胃承气汤"（第 70 条）。"太阳病，发汗后，大汗出，胃中干，烦躁不得眠，欲得饮水者，少少与饮之，令胃气和则愈"（第 71 条）。"若腹大满不通者，可与小承气汤，微和胃气，勿令至大泄下"（第 208 条）。"上焦得通，津液得下，胃气因和，身濈然汗出而解"（第 230 条）。上述条文仲景告诫我们，治疗上在外则须调和荣卫之气，在里勿令大泄犯胃、伤胃，必须以顾护胃气为本，使其调和，病必向愈。

3. 气的顺接、重微、退还

《伤寒论》第 337 条云："凡厥者，阴阳气不相顺接，便为厥。厥者，手足逆冷者是也。"反之，阴阳之气顺接则无恙。第 46 条云："服药已，微除，其人发烦目瞑，剧者必衄，衄乃解。所以然者，阳气重故也。"第 122 条云："病人脉数，数为热，当消谷引食，而反吐者，此以发汗，令阳气微。"此为阳气重、微之病理变化。第 30 条云："夜半阳气还，两足当热。"第 342 条云："伤寒厥四日，热反三日，复厥五日，其病为进，寒多热少，阳气退，故为进也。"此乃阳气之退还，提示着病情趋向。第 53 条云："阴阳气并竭，无阳则阴独。"指出阴阳之气在人体不可偏衰偏盛，否则会"阴阳离决，精气乃绝"。

4. 气之郁滞（陷）

郁则不达，滞则留塞或内陷。《伤寒论》第 48 条云："设面色缘缘正赤者，阳气怫郁在表，当解之、熏之。若发汗不彻，不足言，阳气怫郁不得越。"第 134 条云："医反下之……阳气内陷，心下因硬，则为结胸，大陷胸汤主之。"第 151 条云："脉浮而紧，而复下之，病反入里，则作痞，按之自濡，但气痞耳。"以上乃阳气怫郁、内陷为病。

二、邪气

邪气系一切危害机体的致病因子。《伤寒论》涉及了水气、火气、客气三个方面。

1. 水气

第 40 条云："伤寒表不解，心下有水气，干呕、发热而咳。"第 41 条云："伤寒，心下有水气，咳而微喘，发热不渴。"此两条所述乃表邪不解、内有水饮之证。第 157 条云："伤寒汗出解之后……胁下有水气，腹中雷鸣，下利者。"第 395 条云："大病瘥后，从腰以下有水气。"第 136 条云："少阴病，二三日不已，至四五日，腹痛，小便不利，四肢沉重疼痛，自下利者，此为有水气。"虽同是水气为患，可留胁下，可停腰以下，可走肠间，三者自有区别。

2. 火气

第 161 条云："因火为邪，则为烦逆……火气虽微，内攻有力，焦骨伤筋，血难复也。"第 284 条云："少阴病，咳而下利，谵语者，被火气劫故也，小便必难。"这两条是火气为害，均因误用灸法（火攻）所致。阴虚血少而有内热者当须禁灸；再者少阴热化而强用火劫发汗，此乃抱薪救火，耗津竭液，故生变证。

3. 客气

第 134 条云："太阳病，脉浮而动数……医反下之……客气动膈、短气躁烦，心中懊侬，阳气内陷，心下因鞭，则为结胸。"第158条云："伤寒中风，医反下之……医见心下痞，谓病不尽，复下之……客气上逆，故使硬也。"第221条云："阳明病脉浮而紧……若下之，则胃中空虚，客气动膈。"客气乃外来之邪气，此三条一示太阳病脉浮，二言伤寒中风，三曰虽然阳明病而脉浮均提示病在表，因反下之、复下之而使邪气（客气）入里为害，可谓非正治而变生诸症。

三、气病见证与病机

1. 气上冲

第15条云："太阳病，下之后，其气上冲者，可与桂枝汤。"第67条云："伤寒，若吐下后，心下逆满，气上冲胸。"第160条云："伤寒吐下后，发汗……气上冲咽喉。"第166条云："病如桂枝证，头不痛，项不强，寸脉微浮，胸中痞硬，气上冲咽喉不得息者。"第117条云："烧针令其汗，针处被寒，核起而赤者，必发奔豚，气从少腹上冲心者。"第326条云："厥阴之为病，消渴，气上撞心。"以上条文同为气上冲，然发病机制有别。一为病在表而误用吐下之后，正气未衰，犹能与欲陷之邪相抗争而上冲；或因吐下而中虚，土虚则水不受制，致下行而上逆；或经吐下再误用汗法，使表里阴阳气血俱伤，正气不足而邪扰，中气虚弱益甚，下焦浊阴之气上逆。二是痰涎壅塞膈上，阻碍气机，故气上冲喉咽不得息，此乃正气驱邪外出。在治疗上当因势利导，宜瓜蒂散涌吐之。三乃厥阴禀风木而内寄相火，其病大多寒热错杂，厥阴之气上逆，故气上撞心。四因烧针发汗，心阳受损，复受外寒引动水寒之气，乘虚上冲而发奔豚。

2. 失（矢）气、转气

第 209 条云："阳明病……若不大便六七日，恐有燥屎，欲知之法，少与小承气汤，汤入腹中，转失气者，此有燥屎也，乃可攻之……不转失气者，慎不可攻也。"第 384 条云："伤寒……欲似大便，而反矢气，仍不利者，此属阳明也，便必鞭。"第 214 条云："阳明病，谵语，发潮热，脉滑而疾者，小承气汤主之。因与承气汤一升，腹中转气者，更服一升，若不转气者，勿更与之。"第 358 条云："伤寒四五日，腹中痛，若转气下趋少腹者，此欲自利也。"转失气并非概为燥屎内结，大体有三：一是脉象滑而疾者，以小承气汤试探而得转失气乃为燥屎，非小承气汤所能胜任，必用大承气汤攻之；二是脉象微涩而反失气，这是利后伤津，正胜邪却胃气来复之征；三是转气之势下趋少腹，此乃里阳不足，阴寒太甚，水谷之气不能如常运行，而趋下为欲自利之先兆。

3. 短气

第 48 条云："二阳并病……若发汗不彻，不足言，阳气怫郁不得越，当汗不汗……其人短气但坐，以汗出不彻故也，更发汗则愈。"此乃表气闭塞，肺气遏阻而上逆，所以出现"短气但坐"。第 134 条云："太阳病，脉浮而动数……医反下之，动数变迟……短气躁烦，心中懊恼……心下因鞭，则为结胸。"此因误下致胃气虚，邪结胸中，气机被阻，故短气躁烦，心中懊恼，胃脘部硬满，结胸之证已成。第 152 条云："太阳中风……心下痞鞭，引胁下痛，干呕，短气，汗出不恶寒者。"饮邪上迫于肺，气机被阻，所以呼吸短气（促）。第 208 条云："阳明病脉迟，虽汗出不恶寒者，其身必重，短气腹满而喘，有潮热者。"由于腑气壅滞于内，故见腹满，短气作喘。"风湿相搏，骨节疼烦，掣痛不得屈伸……汗出短气，小便不利"（第175条），这是风湿留注关节，湿邪内阻，气化失宣，上则呼吸短促，下则小便不利。"阳明中风，脉弦浮大而短气，腹都满"（第231条），阳明邪热致经气郁闭，邪出无路，故短气腹满。《伤寒论》中短气之症有四种治法：①汗出不彻，表邪迫肺，更发汗则愈，仲师未出方药，宜选方治之。②邪结胸中之里实，以大陷胸汤治之，或水饮内结之里实宜十枣汤逐其水邪。③湿邪内阻，卫气不固用甘草附子汤以缓祛风湿。④第231条虽阳明病，据其脉证，可为三阳合病或少阳、阳明并病，解表攻里均非所宜，故先用刺法以泄阳热之邪，针对病情，因势利导以小柴胡汤和解之。

4. 噫气

第161条云："伤寒发汗，若吐，若下，解后，心下痞硬，噫气不除者。"由于经汗、吐、下之后胃虚而浊气不降，饮邪上逆，所以心下痞硬，噫气不除，治以旋覆代赭汤培土补中，降逆涤饮。与157条"干噫食臭"相比较，后者为胃虚食滞，水气不化，以生姜泻心汤补中和胃，宣散水气。

四、结语

笔者就《伤寒论》所提到的"气"字原文进行了分类、归纳和分析，不包括中医学或临床所见到的气病脉证治。至于方名如大、小、调胃、桃核承气汤之承气，以及历代医家所谈《伤寒论》中的"气化"学说，概不在此讨论范围。

本节将谷气、荣气、卫气、脾气、胃气、阴阳气归于正气范畴，将水气、火气、客气归于邪气范畴，只是便于叙述。《伤寒论》所述气病见证，其气的动向趋势或逆于上，或滞于中，或陷于下，虽然见证各异，但总的病机非邪实即正虚，均为气机被阻，壅塞不通。

《伤寒论》之"血"证

血液运行于人体无处不到，无处不有，它灌注和滋养脏腑、经络、四肢百骸，受着气的推动和固摄。弄清它产生的病理变化及引起的各种治禁、见症及病机，对于指导临床防治疾病有着重要的意义。《伤寒论》先后在太阳、阳明、少阴、厥阴各篇共47条指出了16种血证。现从血证的自愈、证治禁忌和血证的主症、病因、病机、治则方药等方面进行分类和概括，以便学习、掌握古人对于血证的治疗经验。

一、《伤寒论》中血证自愈及证治禁忌析

《伤寒论》对于血证的诊治，仲师阐述得非常明了。虽为血证，但若能明察秋毫，把握治疗分寸，纵有是证也能不药而愈，或因势利导使之向愈。更重要的是，仲师指出了诸亡血（家）的辨证及逆顺发展趋势，再三告诫后人高度注意，治疗时切勿滥投，以免发生变证以致不可救药。

1. "自愈"之例

①第58条云："凡病，若发汗，若吐，若下，若亡血，亡津液……阴阳自和者，必自愈。""凡病"是指大多数疾病，汗、吐、下都是治病的大法，但用之不当或太过便会伤及正气。亡血、亡津液时，正气虽伤，但只要阴阳协调（平衡），亦能渐渐恢复。第47条云："太阳病，脉浮紧，发热身无汗，自衄者，愈。"太阳病，脉浮紧，发热又无汗为表气闭塞，邪气不得出，出玄府从汗外泄，故逼血而逆冲于肺窍自衄。一衄之后，热随

血散，邪气得泄故曰愈。以上两条为不药而自愈。

②第145条云："妇人伤寒，发热，经水适来，昼日明了，暮则谵语，如见鬼状，此为热入血室。无犯胃气及上二焦，必然自愈。"第216条云："阳明病，下血，谵语者，此为血热入室。但头汗出，刺期门，随其实泻之，濈然汗出则愈。"第168条云："诸亡血虚家，亦不可与，得之则腹痛，利者，但可温之，当愈。"（服法遵医嘱）此三条原文，一云热入血室在治疗上不能使胃气及上二焦损伤，并不是不需治疗，参考各家之说可选用小柴胡去甘草加活血祛瘀之品。二是说阳明病热入血室之证，因血室隶属于肝脉，今血室被热邪所扰，期门为肝之募穴，故刺期门，以泄血中之实邪，使濈然汗出而愈。三告诫诸亡血虚家无实热可清，致使肠中气机被阻，消化功能紊乱，故腹痛而利。但从末句"但可温之"可知里虚或寒盛，更进一步证明"亦不可与"之理，既然不可与白虎之类，故温之当愈。

2. 不可汗

①第87条云："亡血家，不可发汗，发汗则寒栗而振。"第50条云："假令尺中迟者，不可发汗。何以知然？以荣气不足，血少故也。"荣阴不足，发汗伤阳，阳气亦不充沛，荣阴不足以濡养筋脉，卫阳伤无以卫外为固，所以寒栗而振。后者言荣气不足，血少的尺脉迟不可发汗，虽未指出误治之症，与第87条相比，亡血家、血少实无原则差别，同为不可发汗之例。

②第84条云："淋家，不可发汗，发汗必便血。"第294条云："少阴病，但厥，无汗，而强发之，必动其血。"第114条云："太阳病，以火熏之，不得汗，其人必躁，到经不解，必清血，名为火邪。"此三条均为汗禁，若汗之则动血。淋家乃指患尿意频数、量少而不畅之症者，多为肾阴虚而膀胱有热，热灼

津伤。本来就阴液内乏，汗之则阴液愈虚、热愈炽，从而导致邪热迫营，血妄行而尿血，阴络损伤，大便必然下血。

③第85条云："疮家，虽身疼痛，不可发汗，汗出则痉。"第86条云："衄家，不可发汗，汗出必额上陷脉急紧，直视不能眴不得眠。"二者均为出血之症，只是出血部位和方式不同而已。疮家系久患疮疡流脓流血，营血必然不足，如强逼其汗，必更加亏耗，一来筋脉失去濡养而强直拘急，二来必犯虚虚之戒。衄家乃经常患鼻衄者，常失血则素体阴血虚，大发其汗则使血脉空虚，筋失濡养，所以下陷紧急，脉既急紧。诸脉系目，所以目睛直视不能入眠。

3. 不可吐

"热入血室，无犯胃气及上二焦"（第145条），指不得用发汗以犯上焦，更不得使吐法犯中焦，或是刺期门亦犯中焦。刺期门则动荣气，而荣气出于中焦。"诸亡血虚家，不可与瓜蒂散"（第166、355条）。此两条瓜蒂散方后服法中仲师告诫，临床中诸亡血、虚家不可用本方，因瓜蒂散乃涌吐之峻剂，以体气壮实、邪气阻于胸膈且有上逆之机，为本方之标，亡血、虚家服之必犯虚虚之戒。

4. 不可下

①第140条云："太阳病，下之，其脉促，不结胸者，此为欲解也……脉浮滑者，必下血。"太阳病之正治乃汗解，下之乃误治也。下可有两种趋向：如果下之脉促、不结胸者为向愈，因里和而不受邪，仍在其表，为欲解也。反之，变证变脉丛生，如脉浮（数）滑者，为病甚（《医宗金鉴》云："浮滑是论中白虎汤证之脉。当是脉数滑……数滑者是论中下脓血之脉，有表误下，邪陷入阴，故伤营下血"）。

②第 347 条云："伤寒五六日，不结胸，腹濡，脉虚，复厥者，不可下，此亡血，下之死。"今无结胸证，腹部亦按之柔软，脉又见虚，可知里无实邪结聚，其脉虚肢厥，是因阴血亏虚，不能荣养于四肢之故，故不可下。

5. 不可灸（火攻）

①第 111 条云："太阳病中风，以火劫发汗，邪风被火热，血气流溢，失其常度。两阳相熏灼，其身发黄。阳盛则欲衄。"第 114 条云："太阳病，以火熏之，不得汗，其人必躁，到经不解，必清血，名为火邪。"此二者乃火攻后所生变证。前者风为阳邪，火亦属阳，火借风势，风助火威，阴络受伤，血流失常而逼上故衄；后者火邪逼血，而血下行。

②第 115 条云："脉浮，热甚，而反灸之，此为实。实以虚治，因火而动，必咽燥吐血。"第 116 条云："微数之脉，慎不可灸；因火为邪，则为烦逆，追虚逐实，血散脉中，火气虽微，内攻有力，焦骨伤筋，血难复也。"此两条乃在热证时误用灸法，以热治热，致火热亢盛，血为火迫，前条造成咽燥吐血；后条"微"为血少，是阴虚血少又有内热，灸之使阴分受伤，更致内热炽盛，消灼血液，而筋骨失却濡养，即使用滋养营血之法也难以恢复。

6. 不可治呕

"呕家有痈脓者，不可治呕，脓尽自愈"（第 376 条）。临床上因他证致呕者与因呕致病者不乏其例，各有其别。唯本证为内有痈脓所致，若治呕则腐热之邪被阻，而且能呕出痈脓可知其病在上，内壅无出路可泄，必致他变，故不可治呕，脓尽则腐热之邪随脓去，而呕自止矣。

二、《伤寒论》之便脓血及痈脓析

便脓血及痈脓在《伤寒论》中是另一种出血倾向，论及此种失血者计 17 条，现就各条原文分析如下。

1. 治疗禁忌

第 85 条疮家，仲师告诫不可发汗，前面已叙，此略。

2. 误治变证

第 114 条太阳病以火熏之、140 条太阳并下之均为治后导致下血之变，前面述及，此略。

3. 病变趋势

①"阳明病，下血，谵语者，此为热入血室"（第 216 条）。此原文虽未冠之以妇人二字，但应视为妇人经期之时患阳明之病。它既不属阳明外证亦不属阳明里实，仲师明确诊断为热入血室之证。该证邪热炽盛，侵袭血室（冲任筋脉）。血为热扰而逼血另走谷道，故下血。第 258 条云："若脉数不解，而下不止，必协热而便脓血也。"这是接 257 条而言之假令已下的另一变证。下后脉数为邪热未减，中气因下而伤致便利不止，热下行蒸腐伤络故便脓血。"少阴病，八九日，一身手足尽热者，以热在膀胱，必便血也"（第 293 条）。此热在膀胱，似应为小便失血之症。但原文明指少阴病，从经络、脏腑而言，少阴属肾，与太阳为表里，又肾主开阖、司二便。少阴之邪从阴出阳，故一身手足尽热；病又已八九日，可知热邪可损伤此二脏腑，而迫血妄行以致小便出血或大便下血。第 306 条云："少阴病，下利，便脓血者……"第 307 条云："少阴病，二三日至四五日，腹痛，小便不利，下利不止，便脓血者……"此两条应联系起

来看，概为少阴病之下利，为桃花汤主治适应证。桃花汤的药物及性能是：赤石脂之涩以固肠胃之脱，干姜之辛温以散里寒，粳米之甘平以补正气，故本方确是温涩之剂。由此可见，该两条所论下利、便脓血是脾肾阳气不足，肠胃虚寒，下焦不能固摄，属于虚寒滑脱之证。

②第332条云："伤寒，始发热六日，厥反九日而利……又三日脉之而脉数，其热不罢者，此为热气有余，必发痈脓也。"本条前段说的是厥热胜复的既厥又利之症，后段脉数、热不退为阳复太过，阳热偏胜，必伤营阴，营血受热煎灼而腐，发生痈脓的变证。"伤寒，先厥后发热，下利必自止，而反汗出，咽中痛者，其喉为痹。发热无汗，利必不自止，若不止，必便脓血，便脓血，其喉不痹"（第334条）。本条与上条的相同点有三：一为厥利同病；二为同是阳复太过而生变证；三为热伤营而发痈脓。不同点是：前条为先热后厥，虽发痈脓但未指明具体部位；本条为先厥后热，并有两种转归，热伤上焦气分则喉痹而不便血，热伤下焦血分则便脓血而喉不痹。

③第339条云："伤寒，热少，厥微，指头寒，默默不欲食，烦躁，数日小便利，色白者，此热除也；欲得食，其病为愈；若厥而呕，胸胁反满者，其后必便血。""伤寒，热少，厥微"当是热微厥亦微的轻症，但"小便利，色白者"之句反衬托出前症定有热邪入里所致小便不利之淋病或癃闭色赤之症。不退则进，病情加剧，热邪入里，热深厥亦深。厥阴经脉夹胃上膈布胁肋，因热郁不达致厥阴经脉不舒，木郁于胃不和为呕、为胸胁烦满。此症的发展必然为热久而阴络受伤，其后发生便血。其便血含糊其词，未指明是大便血还是小便血。考各家之说，大多认为指大便血。笔者则不以为然，认为当是小便血。

从前文可见"小便利，色白者，此热除也"为转愈先兆，故其证病深之"便血"视为小便尿血为妥。

④第341条云："伤寒发热四日，厥反三日，复热四日，厥少热多者，其病当愈。四日至七日，热不除者，其后必便脓血。"本条是先热后厥又复热，乃寒热错杂，阴阳互相胜复，热共八日，厥仅三日故厥少热多。就厥阴病的病机而言是顺利的，故其病当愈；但热不除，阳复太多，热伤阴络则便脓血。

⑤第363条云："下利，寸脉反浮数，尺中自涩者，必清脓血。"第367条云："下利脉数而渴者，今自愈。设不差，必清脓血，以有热故也。"这两条辨厥阴病时脉与证相结合，在有下利的情况下，"寸脉反浮数"之"反"，因厥阴下利本属虚寒，应脉沉迟，故曰反；今浮数是阳复太过，阳气盛也；"尺中自涩者"，正是下焦血伤，故便脓血。如果是脉数又有口渴之症，是为阳气复有自愈的趋势。假设不向愈，是因阳复太过，阳亢而致阴伤，则成便脓血之症。

4. 治则方药

第306条、307条乃少阴病下利便脓血者，治以桃花汤主之。本病除了药物治疗外，也可用针刺法。"少阴病，下利便脓血者，可刺"（第308条）。但原文叙述不详，未说明应刺哪些经穴。为了治疗准确，应综合整个证候而定。

三、《伤寒论》吐血、衄血析

①第115条云："脉浮，热甚，而反灸之，此为实，实以虚治，因火而动，必咽燥吐血。"此条在上文证治禁忌中述及，在此略。"伤寒六七日，大下后，寸脉沉而迟，手足厥逆，下部脉不至，咽喉不利，唾脓血，泄利不止者，为难治"（第357条）。

此乃伤寒误下后，阴阳气不相顺接，形成上热下寒，虚实并见。阳气并于上，阴液奔于下，上见咽喉不利、吐脓血，为热实之证。

②第46条云："太阳病，脉浮紧，无汗……表证仍在，此当发其汗。服药已，微除，其人发烦目瞑，剧者必衄，衄乃解。所以然者，阳气重故也。"第55条云："伤寒脉浮紧，不发汗，因致衄者……"第56条云："伤寒不大便六七日，头痛有热者……其小便清者，知不在里，仍在表也，当须发汗。若头痛者必衄。"前两条均为脉浮紧，示病邪在表。第46条虽然经解表发汗治疗，但终因阳气重，郁遏太甚，故出现心中烦乱且目闭不欲睁开之鼻衄先兆。由于一时不及汗解，阳邪奔迫于上，故致衄血，然经"红汗"而解。第55条与第46条病理机制虽同，但第46条从衄解，第55条者仍可发汗，使用麻黄汤。第56条与第55条相比，虽同有衄血，都经发汗治疗，但此条证轻。进一步说明，经桂枝汤发汗后仍头痛，为阳邪过盛而冲激，致动营血，故必衄，为一种病势的预测。

③"阳明病，口燥但欲漱水，不欲咽者，此必衄"（第202条）。阳明病热邪内外充斥，邪留气分者有口渴之症，但今仅口燥而不渴，仅欲漱水而不欲咽，非气分之热，亦非真渴，实属热在血分，血被热蒸，推测有衄血发生的可能。"脉浮，发热，口干，鼻燥，能食者则衄"（第227条）。从症状表现来看，此为阳明外证，气分热炽，无里实之象，为邪热随经脉上扰，不得外越，内迫营血上逆而衄。

从《伤寒论》衄血各条中我们可知，无论病在太阳还是阳明抑或其他经脉，若邪无出路，热势必会伤营动血，上迫致衄，其中有虽汗而衄、分衄乃解、衄后邪仍在之别。《伤寒论》所述之衄症均有先兆：一为热邪在太阳时发烦目瞑、虽有汗而头仍痛者；一为热邪侵入阳明，口燥漱水不欲咽；一为发热、口干、鼻燥、能食等，这些都可预测有衄血的可能。掌握了衄血先兆，我们在临床上便可针对实际及早投以清泄之品，这样就可预防鼻衄的发生。

四、《伤寒论》之血证蓄、瘀论

①第125条云："太阳病，身黄，脉沉结，少腹硬，小便不利者，为无血也；小便自利，其人如狂者，血证谛也。"第126条云："伤寒有热，少腹满，应小便不利，今反利者，为有血也，当下之。"辨蓄血之证，在有少腹硬（满）的情况下，重点观察小便。小便不利者，为热与水结；气化失司，为无血之蓄水。如果小便自利，为热与血结，称为有血之蓄血，加之"如狂"，蓄血之证确实。

②"阳明证，其人喜忘者，必有蓄血。所以然者，本有久瘀血，故令喜忘"（第237条）。诊断有无蓄血，除少腹硬、小便利、如狂或发狂之外又一要点是喜忘，结合屎硬易下、色黑之症，可辨为久有瘀血。

③第257条云："病人无表里证，发热七八日，虽脉浮数者，可下之。假令已下，脉数不解，合热则消谷喜饥，至六七日，不大便者，有瘀血。"无表里证、发热、脉数，经下之后脉数仍在，消谷善饥并六七天不解大便者，知其热不在气而在血，此为诊断瘀血的依据。

五、结语

《伤寒论》中的血证，根据其症状表现可分为两大类型：失血性［亡血（家）、吐血、衄血、便脓血（清血）、经水、痈脓等］和非失血性（蓄血、瘀血）。失血者为所失之血排出体外而可见，观察指征与诊断显而易见；非失血者谓溢出脉外而停留在体内的血，临床需结合脉、脏腑反映到体表的症状或患者自觉症状才能得出正确诊断。我们学习《伤寒论》要掌握血证在临床上的种种表现，认真辨别虚、实、寒、热、表、里，从而采取相应的措施论治。

蓄血和瘀血同为血液离开正常运行之道而停留在体内（可发生在身体任何部位）的病证。但从某种意义上说，蓄血与瘀血在程度上是有轻重之差别的。蓄血者稍轻，瘀血者重；在时间上，蓄血不愈，停滞日久必成瘀血，可见青紫、疼痛、包块、癥聚、出血、发热、皮肤甲错、精神失常等症，甚则危及生命的变证。

此处所谈之血证仅局限于《伤寒论》中，其他血说以及临床所见的血证不包括在内，故不述。

中医学之血，在生理、病理上均与气、津液之间关系密切，在此不再讨论。

《伤寒论》津伤液耗病脉证治

《伤寒论》论及津伤液耗的有45条，所占比例较大。笔者拟从病机探讨津伤液耗的病脉证治。

一、热炽津伤

第169条云："伤寒无大热，口燥渴，心烦，背微恶寒者。"此为邪热由表传里，里热炽盛，气液两伤。"渴欲饮水无表证者"（第170条），为外无表邪，里热津伤；"阳明病……若渴欲饮水，口干舌燥者"（第 222 条）乃邪热亢盛，津液耗损。此三证之相同点是里热盛而耗津伤液，导致口干，舌燥渴，饮水以自救，故均以辛凉重剂白虎汤清气热，加人参生津止渴益气。

"阳明之为病，胃家实是也"（第 180 条）。胃家实是因里热炽盛致津伤液耗，邪热与胃肠中宿食、糟粕相结。"不大便五六日，上至十余日，日晡所发潮热，不恶寒，独语如见鬼状。若剧者，发则不识人，循衣摸床，惕而不安，微喘，直视……微者，但发热，谵语者……"（第 212 条）；"阳明病，谵语，有潮热，反不能食者，胃中必有燥屎五六枚"（第 215 条）；"病人小便不利，大便乍难乍易，时有微热，喘冒不能卧者，有燥屎也"（第 242 条）。以上四条所述主症虽有不同，但病机均为里热炽盛，伤津耗液，以致热结里实不通，里热燔灼，上扰神明。因此，必以大承气汤苦寒泄热、咸寒软坚、宽肠理气以达泻下救津之目的，并嘱"若一服利，则止后服"。然而，阳明病更有"伤寒六七日，目中不了了，睛不和"（第 252 条）与"发汗不解，腹满痛者"（第 254 条）。一言上，一言中，仅此 20 个字所描述的症状是不足以视为危重之症的，必须与前四条结合，一可避免因省文略字所造成的片面性，二则方可辨为里热炽盛、灼烁真阴、精气消耗殆尽、邪热与糟粕互结不通的危重症，且必以大承气汤急下存津，夺实救阴。

二、大汗耗液

1. 误治再汗

"阳明病，本自汗出，医更重发汗，病已瘥，尚微烦不了了者，此必大便鞕故也。此亡津液，胃中干燥，故令大便鞕"（第 203 条）。又"伤寒四五日，脉沉而喘满……反发其汗，津液越出，大便为难，表虚里实，久则谵语"（第 218 条）。"脉阳微而……汗出多者，为太过……太过为阳绝于里，亡津液，大便因鞕也"（第 245 条）。第 203 条虽更重发汗然伤津耗液尚轻；218 条为里病治表反发其汗致表虚里实，仲师无方似可选承气之类；245 条是发汗太过导致阳绝于里，三者均为误汗亡液而致大便鞕。

2. 热盛迫汗

"阳明外证……身热，汗自出"（第 182 条）。"阳明病，其人多汗，以津液外出，胃中燥，大便必鞕，鞕则谵语"（第 213 条）。"阳明病……手足濈然汗出者，此大便已鞕也"（第 208 条）。三证共为里热盛，既灼津又逼汗外出，其发展趋势有轻、中、重之别。前者为阳明邪热充斥内外而又未成里实之阳明经证；中者因热灼汗耗故大便鞕，里热上扰神明故谵语，只能以小承气汤泄热和胃通便；后者是承上文而省略，以阳明病三字冠之，实质上是里热燔灼，里实不通，故主以大承气汤。更有"阳明病，发热，汗多者，急下之"（第 253 条），本条亦为省文，确为阳明病之危急证候，宜大承气汤急下救液。

3. 火劫致汗

第 110 条云："太阳病二日，反烧瓦熨其背，大汗出，大热入胃，胃中水竭，躁烦，必发谵语。"此因火邪乘虚入胃内灼又逼大汗津亡于外，而发谵语。第 111 条云："太阳病中风，以火劫发汗。邪风被火热，血气流溢，失其常度。"火借风势，风助火威以致"两阳相熏灼，其身发黄。阳盛则欲衄，阳虚小便难"，以及腹满、谵语、循衣摸床等症丛生，此时仲师以小便利作为可治之据。

三、火迫灼津

《伤寒论》中常有被火、火熏、熨、烧针、温针用以迫使汗出解表。如"太阳病，发热而渴，不恶寒者，为温病……若被火者，微发黄也，剧则如惊痫，时瘛疭"（第6条）。阳邪与阳病之热邪相灼，故伤津耗血。"太阳病，以火熏之，不得汗，其人必躁，到经不解，必清血，名为火邪"（第114条）。此因火热灼津而动血，还有"伤寒脉浮，医以火迫劫之，亡阳，必惊狂"（第112条）。

四、其他

"少阴病，下利清谷……脉微欲绝……或利止，脉不出者，通脉四逆汤主之"（第317条），回阳救逆，意在益气补液救脱。第6、26条为汗、热共伤津；168条为吐、下、热三因同时耗津。137条为汗、下、热所致津伤里实。181条乃汗、下、利小便亡津液转属阳明。390条之"吐下已断，汗出而厥，四肢拘急不解，脉微欲绝者"，为阳气阴津俱竭之危候，故以通脉四逆汤加猪胆汁救之。179条因汗、利小便致成少阳、阳明之里实，与233条之"阳明病，自汗出，若发汗，小便自利者，此为津液内竭，虽硬不可攻之"相比，一实一虚，前者可用泄热通里法，后者只需蜜纳谷道导之。第59条由于下、汗之后"小便不利者，亡津液故也。勿治之，得小便利，必自愈"，说明虽有津伤液耗，可以从小便利否判断其预后。

五、讨论与体会

津与液来源于饮食精微，由肺、脾、肾主管，随三焦之气环流于全身，是维持人体生命活动之重要物质之一。津伤液耗则诸症蜂起，重则危及生命。津亡液竭之因大体不外乎热、汗、火、泄、吐、下、利小便等七个方面。相关原文揭示了热病的发展规律；津亡液竭大多是误诊误治所造成，失去治疗时机。仲师分别采取辛凉清热、苦寒泄热、咸寒软坚、急下存阴、益气补液等救治法。治法也说明伤寒实乃热病也，临证要把握时机，救得一分津液，获得一分生机。

《伤寒论》水液代谢障碍证治

《黄帝内经》曰："饮入于胃，游溢精气，上输于脾，脾气散精，上归于肺，通调水道，下输膀胱，水精四布，五经并行，合于四时五脏阴阳，揆度以为常也。"人体每时每刻都在不停地进行新陈代谢，其中包括水、气、津、精、液及糟粕的输布和排泄。此乃正常之生理活动，反之则病矣。笔者就《伤寒论》中因水液代谢障碍导致的病、症、证及其病因病机、治法方药进行探析。

一、气机障碍，水饮停聚

《伤寒论》第 40 条云："伤寒表不解，心下有水气，干呕发热而咳，或渴，或利，或噎，或小便不利，少腹满，或喘者。"第 41 条云："伤寒，心下有水气，咳而微喘，发热不渴。"此为内有水饮停聚，外为寒邪袭表，水寒相搏，邪无出路。表不解故发热，水气停胃则干呕，上攻于肺则咳（喘），由此还可出现一系列或然之症，治用小青龙汤内蠲水饮，外散寒邪。

第 127 条云："太阳病，小便利者，以饮水多，必心下悸；小便少者，必苦里急也。"此以小便利否预测水停的部位。停在中焦者，则心下悸；聚在下焦者，必苦里急。

若因下之而成痞，复经泻心汤治而"痞不解，其人渴而口燥烦，小便不利者"（第 156 条）。本痞证的形成是水饮内蓄而致津液不行，并非热也。此与"伤寒，汗出解之后，胃中不和，心中痞硬，干噫食臭，胁下有水气，腹中雷鸣，下利者"（第157 条）相比，二者均言痞，前者为下之后气机紊乱成痞，后者为汗之后胃虚食滞成痞。后者乃胁下有水气以致下利，水气交滞诱发痞鞕，因痞而碍水气，故虽下利其痞仍痞。痞与水气同患，以生姜泻心汤补中和胃，宣散水气，则痞利俱除。若"大病瘥后，从腰以下有水气者"（第395 条），是病后脾气先困不能制水，以致水气泛滥而壅滞不通，治宜牡蛎泽泻散，决逐利水治其标。该方峻猛，宜慎之，中病即止。

二、湿邪内困，水液停滞

第 134 条云："太阳病，脉浮而动数……表未解也。医反下之……阳气内陷……若不结胸，但头汗出，余处无汗，齐颈而还，小便不利，身必发黄也。"此为表不解而误下之逆。因水（湿）热既不能从汗外解，又不能从溺而出，湿热内蒸，势必发黄。

第 175 条云："风湿相搏，骨节疼烦……汗出，短气，小便不利，恶风不欲去衣被，或身微肿。"其症既汗出又恶风为卫气不固，但重点在于短气、小便不利的湿邪内困和外搏于肤表，故用甘草附子汤固卫（散湿）缓祛其湿，以解身微肿。

湿邪致病不仅侵犯关节，还有"阳明病，无汗，小便不利，心中懊恼者，身必发黄"（第 199 条）；"阳明病……但头汗出，身无汗……小便不利，渴饮水浆者……身必发黄"（第 236 条）；"伤寒七八日，身黄如橘子色，小便不利，腹微满者"（第 260 条）。其共同症为小便不利、身黄。虽言阳明病，然病机实质为湿困热郁（瘀）中焦，中焦运化无权而致里实，热甚里实又致气化不利，邪无出路故发黄，投茵陈蒿汤，苦寒以通泄利湿，使湿热从大小便祛。湿祛热清，其黄必愈。另有"伤寒，发汗已，身目为黄，所以然者，以寒湿在里不解故也"（第259条）。与前三证相比，前三者乃湿热，后者为素有寒湿在内、脾阳不振而失运，因而必"于寒湿中求之"，意不可下矣，采用温中化湿之法。二者虽证治不同，但均为水湿代谢障碍所致，故后人又称之阳黄、阴黄。

三、脾肾阳虚，寒凝水停

第82条去："太阳病发汗，汗出不解，其人仍发热，心下悸，头眩，身瞤动，振振欲擗地者。"第316条云："少阴病，二三日不已，至四五日，腹痛，小便不利，四肢沉重疼痛，自下利者，此为有水气。"第191条云："阳明病，若中寒者，不能食，小便不利……以胃中冷，水谷不别故也。"三证所见，一为太阳，二为少阳，三为阳明。三者其病不同、病证表现各一，然病机均为阳虚内寒水停。前二者重在肾阳不足，故均以真武汤壮肾中之阳，以散水寒之气；后者为脾胃中寒，可治以温中散寒，以利谷消水利。此阐明了阳虚水停、水寒相搏之代谢障碍的两类不同证治。

四、气化失司，水停不行

"太阳病，发汗后……若脉浮，小便不利，微热消渴者"（第71条）。"发汗已，脉浮数，烦渴者"（第72条）。"伤寒，汗出而渴者"（第73条）。"中风发热，六七日不解而烦，有表里证，渴欲饮水，水入则吐者，名曰水逆"（第74条）。"本以下之，故心下痞，与泻心汤。痞不解，其人渴而口燥烦，小便不利者"（第156条）。"霍乱，头痛，发热，身疼痛，热多，欲饮水者"（第386条）。该六症之共同症状是渴，次为小便不利，或水入即吐等。其渴或小便不利并非热灼而津伤液耗，而是气化失司导致水饮内蓄，水津不布，气液不能升腾而引起，故均以五苓散化气行水，使水津四布而渴解，饮化则水行而小便利。

五、约束转输，津液不行

第179条云："问曰：病有太阳阳明……何谓也？答曰：太阳阳明者，脾约是也。"第247条云："趺阳脉浮而涩，浮则胃气强，涩则小便数，浮涩相搏，大便则难，其脾为约。"趺阳脉乃诊脾胃之脉，浮为阳，知胃亢盛；涩为阴，知脾阴不足，为约。今为胃强脾弱导致脾失转输，约束津液不得四布，致小便数，故以麻仁丸滋燥润下，使脾为胃行其津液，解除约束。

六、讨论与体会

《伤寒论》论述水液代谢障碍的23条原文，所见主症临床几乎每天都可遇到类似情况。然而，见咳喘者用杏仁、苏叶肃之宣之，遇吐者以半夏、生姜镇之止之，视小便不利者投前仁、金钱草利之排之，若渴者与花粉、麦冬清之润之等屡见不鲜，全然不顾治病求本，辨证论治。临证时需遵《黄帝内经》水液代谢之旨，按仲景之法，掌握水液代谢障碍乃脾不散精、肺失治节、肾不蒸化、三焦作梗、膀胱气化失司等病因病机，反复实践，方可知常达变，克服偏颇之弊。

附：《伤寒论》水液代谢障碍病机证治图

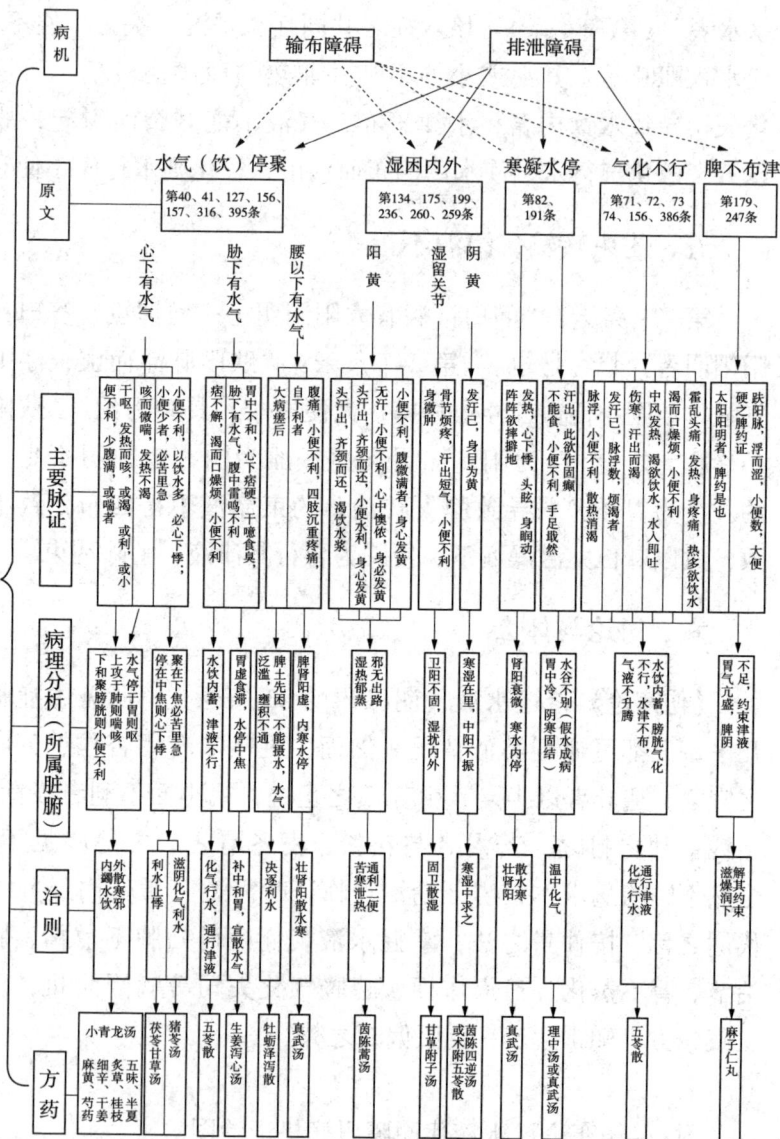

《伤寒论》水液代谢障碍病机证治图

水液代谢障碍

病机：输布障碍 / 排泄障碍

原文：
- 水气（饮）停聚 第40、41、127、156、157、316、395条
- 湿困内外 第134、175、199、236、260、259条
- 寒凝水停 第82、191条
- 气化不行 第71、72、73、74、156、386条
- 脾不布津 第179、247条

方药：小青龙汤、麻黄、细辛、炙草、五味、半夏、芍药、桂枝、干姜；苓桂甘草汤；猪苓汤；五苓散；生姜泻心汤；牡蛎泽泻散；真武汤；茵陈蒿汤；甘草附子汤、或术附五苓散；真武汤；理中汤或真武汤；五苓散；麻子仁丸

《伤寒论》方运用甘草规律

《伤寒论》乃方书之祖，方中甘草与其他药物相比，运用频率最高，占全书 112 方的 63%。但用甘草绝不是滥用，而是有很强的辨证论治特色，理解仲师运用甘草之因与法，对指导临床有重要的意义。笔者从甘草的性味、功用、配对及相关的病因病机探讨《伤寒论》方用甘草的规律。

一、甘草的功用及其在《伤寒论》中的地位

甘草甘甜性本温，调和诸药首为尊，通经暖胃除红肿，下气通关又壮筋。此乃对甘草性、味、功用的高度概括。仲景掌握了甘草的功用，运用于太阳、阳明、少阳、太阴、少阴、厥阴等各病证之中，既有居君之位，发挥救危为安之功；亦有臣、佐之职，行使调和之能，达到安内攘外之绩；还具有使者之德，充分发挥引导、协作、扶助之作用。《伤寒论》中甘草先后用有 70 方次之多，其中炙用者 67 方，生用者 3 方，为治疗伤寒六经病诸症屡建奇功。

二、《伤寒论》方用炙甘草的经验及其规律

甘草的性味、功能决定了其在辨证论治中的独特角色。其味甘性缓，炙用温补中州。《伤寒论》根据病、症、证恰当运用炙甘草组方，体现了甘草调和、制约、配对、补中的功绩。

1. 调和作用

①调和诸药：调和为甘草之本能，《伤寒论》方中比比皆是，其中代表性方证如桂枝汤，用炙甘草调和诸药，有安内攘

外之功，恶风、发热、汗出、头痛、脉缓之症投之无不奏效。小青龙汤中用甘草，令药性不暴则药力周到，能入气饮互结之处而攻之。柴胡桂枝干姜汤中诸药寒温不一，以炙甘草和之来宣化停饮，透达郁阳。黄连汤证乃升降失常，故甘苦并投，加炙甘草协和，与人参、大枣和胃安中，协半夏达止呕之功。芍药甘草附子汤佐以甘草从中调和，使芍、附共同发挥作用，且兼顾气阴。

②调和营卫：太阳主表，统辖荣卫，乃《伤寒论》所言人体最外一层，故风寒之邪外袭，太阳首当其冲。《伤寒论》第53条宜桂枝汤，其机要全在于资养胃气。方中炙甘草既可以助桂枝调卫，又能协芍药和荣，最主要的是使胃气不弱，达到营卫之调和。又如桂枝加葛根汤、桂枝加附子汤、桂枝二越婢一汤、麻黄升麻汤、茯苓甘草汤中之炙甘草，均有调和营卫之用。

③调和中宫：甘草炙用可养胃助脾，作用于中宫，能起到养、资、助、健、暖、保、和、安、培、补等功能。桂枝加厚朴汤之甘草，能和中救逆而疗误下之证；苓桂术甘汤之甘草，为补之以甘；茯苓甘草汤之甘草，为用之和中；小建中汤以炙甘草为臣，资养脾胃，生养营血，使木气疏和；桂枝去芍加蜀漆龙牡救逆汤用炙甘草，以资助中焦之气；黄芩汤用炙甘草，以和中缓津液之下奔；黄芩加半夏汤之甘草，养胃平逆；白虎汤之甘草，乃调和中宫，补土泻火；栀子柏皮汤用炙甘草，以和胃保脾，缓苦寒之性；四逆散之炙甘草，调中缓急止痛；当归四逆加吴茱萸生姜汤用炙甘草之甘以缓肝；理中丸用炙甘草，以坐镇中州，中气既立，则清气自升，浊气自降，吐泻亦自平。

④调和阴阳："阳在外，阴之使也；阴在内，阳之守也"。发汗后阳从外泄，卫气不固，故汗后恶寒。芍药甘草汤佐以炙

甘草从中调和，助芍、附使阴阳调和。汗下后阴阳两虚，茯苓四逆以炙甘草之甘扶阳救阴。

2. 制约作用

《伤寒论》方常以炙甘草之甘缓，制药之悍或缓证（症）之急。

①制药之悍：石膏辛寒，具有解肌清热之功。仲景在白虎汤、白虎加人参汤、麻杏石甘汤、大青龙汤中一以甘草缓寒平苦，使得无损脾胃；二以甘草配人参、粳米以救津液之虚，抑制石膏之悍；三以甘草特救肺气之困；四是倍甘草以和中，又减石膏之苦，助清内攘外。

芒硝咸寒，软坚通腑泄热。《伤寒论》方之调胃承气汤，用炙甘草缓大黄、芒硝之悍，使二者留中泄热，故谓调胃；因甘能胜咸，故用甘草制芒硝。柴胡加芒硝汤用炙甘草配人参以扶胃气，使其速下而无碍胃气，一举两得。热与血结少腹，桃核承气汤以甘草之甘缓诸药之势，祛邪而不伤正，为佐也。因风湿相搏，小便自利、大便硬，故以桂枝去桂加白术汤，用甘草缓姜、附之峻。在湿热之邪无出路之身热发黄、无里实之证时，以栀子柏皮汤清之，用甘草和胃保脾，缓苦寒之性。在太阳少阳两感证中，麻黄附子甘草汤以甘草缓麻黄发汗之猛，求微汗得解。桂麻各半汤取草、枣甘缓以平麻、桂之峻，刚柔相济，无过汗伤正之弊。在湿邪内阻、气化失宣、病深关节时，用甘草附子汤，以甘草为君，缓和诸药，使猛烈之性缓缓发挥作用，免留后患。

②缓症之急：医反复下之之误治，取甘草泻心汤，重用甘草为君，既可益胃之虚，又可缓痞硬之急。太少合病之腹泻，以黄芩汤之甘草配大枣和中，以缓津液之下奔。少阴病因阳郁

不伸、气机不宣导致四逆，出现咳、悸、腹痛之症，投以四逆散，用甘草为君，调中缓急止痛。血虚外感风寒，气血被寒所遏，导致手足厥寒、脉细欲绝，当归四逆汤调和厥阴，以甘草配大枣以缓肝。

3. 配对组方

《伤寒论》方中运用甘草与治疗主病证的药物配对而发挥其特殊功能。

①救津：因服桂枝汤后大汗出、烦渴不解，白虎加人参汤之甘草配人参、大枣，取味甘补土而生金。金者水之上源，意在救津液之虚。病后余热未清、气液两伤之竹叶石膏汤证，以人参配甘草益气生津。

②补中培土：汗后心阳虚而水邪上逆之茯苓桂枝甘草大枣汤证，佐甘草配大枣，培土以制水，达平冲降逆之目的；栀子甘草豉汤证，先煮栀子、甘草，缓其苦寒，以利清虚热而除烦，但重点是补益中气，以解少气之症见；烧针发汗、心阳受损、水寒之气乘虚上冲，桂枝加桂汤散寒制肾气、平冲降逆的同时，炙甘草配桂枝补心气，以达安内攘外之功；医反下之的甘草泻心汤证，重用甘草为君以补胃，与大枣相配，则补中之力更著。

③刚柔相济：病在太阳日久、表邪已微，治以麻、桂之合方轻剂。方中芍药配草、枣而酸收甘缓，又有姜、麻、桂之辛甘发散，合方则刚柔相济，获小汗解邪之效。

④辛甘复阳：第29条似桂枝证而误攻其表之后咽中干、烦躁吐逆之症见，因阳虚为急，甘草配干姜以辛甘合用，重在复胃脘之阳。《伤寒论》中多次运用四逆汤，主要针对脾肾阳虚。方中甘草得姜、附，鼓肾阳，温中寒，有水中暖土之功；姜、附得甘草，通关节，走四肢，有逐阴回阳之力。发汗过多的桂

枝甘草汤证，辛甘合用，阳气乃生，心阳得复而悸动自平。风湿相搏的桂枝附子汤证，辛甘化阳和营卫，助阳散湿。

⑤酸甘益阴：太阳夹饮证误治伤津，用桂枝去桂加茯苓白术汤。方中芍药配甘草酸甘益阴，得生姜、大枣，一以协和诸药，二以培养中气，使内停之水饮尽从下去。

⑥酸甘化阴：伤寒脉浮、自汗、脚挛急误治之后得阳复，以芍药甘草汤酸甘化阴使阴复，如此两脚自伸。若汗后身疼痛，乃营卫虚而不和，治用桂枝加芍药生姜人参新加汤。方中甘草助桂枝专行营分，辅人参滋补血脉生始之源，配芍药潜行于经脉而定痛也。误下之后阳陷于里并于上、阴阳两伤不相顺接，治用麻黄升麻汤，芍药以敛津液，配甘草以和之，如此咽喉可利也。

⑦酸甘相辅：因表证未解、阳邪陷入太阴，故以太阳之桂枝汤加芍药，以阴和阳，芍药得甘草，酸甘相辅，和脾缓急止痛。

⑧甘淡相佐：伤寒汗出而不渴，乃胃阳不足、水停中焦，茯苓甘草汤行阳以绕阴，甘草佐茯苓渗里缓中并用，乃留津液以安营之用。

4. 资助中气

病在表而以火劫汗，桂枝去芍药加蜀漆龙牡汤以救逆。方中甘草配大枣以资助，使心阳得复，中焦水谷之精充。火又下之、一逆再逆之桂甘龙牡汤证，方中甘草多配桂枝辛甘，以复心阳，且资助中焦，使上下阴阳之气交于中土而烦躁自平。邪入少阳而太阳未去之柴胡桂枝汤证，方中甘草助人参以扶正驱邪。又误下之后邪陷痞结之半夏泻心汤证，甘草助参、枣益气补正，既使谷气内充，又使邪不复作。胃虚食滞之生姜泻心汤证，甘草配干姜以温里（中）寒，助参、枣以补中州之虚。汗、吐、下后胃虚饮逆作痞之旋覆代赭汤证，以人参配甘草养正补虚，甘草得姜、枣和脾养胃，安定中州。若伤寒外有表邪，内有瘀热而发黄，用麻黄连轺赤小豆汤，以甘草助麻、桂发散表邪，使湿热郁蒸之邪从表而散。

三、《伤寒论》方中用生甘草

经查阅几种版本的《伤寒论》，书中厚朴生姜半夏甘草人参汤之甘草，有的未注明炙用，有的注明炙用，诸家对其病机则统一认为是汗后阳气外泄，脾阴虚而不运致壅滞腹满。为此认为该方是生用以和阴，加之人参培阴，补之泄之则阴结散、虚满消。少阴客热咽痛、病势轻浅，特以甘草生用以消火解毒；又少阴客热致肺气不宣，投甘草桔梗汤，以生甘草甘平而和阴阳，合桔梗开达肺气，使客热自能透达而解。

四、讨论与体会

甘草不仅在《伤寒论》方中常用，在历代方剂之中亦属常见。笔者在长期临床实践中也普遍用之。曾治 1 例高热大汗大渴恶寒者，用白虎汤加桂枝 1 剂而愈；救治 1 例脑危重症，以调胃承气汤两剂而转危为安；对心阴阳两虚、脉结者用炙甘草汤，甘草先轻后重，疗效悬殊，其中自然有甘草之功；对于实证（无虚象）、湿浊、中满及急性黄疸型肝炎等病证，从不使用甘草，以免留邪为寇。可见，临床中用好、用准甘草，必须遵循仲师的经验，掌握好《伤寒论》运用甘草的规律。

《伤寒论》42 方不用甘草辨析

《伤寒论》所载 112 方中，不用甘草者有 42 方，占 37%，颇具特色，对指导临床及科研有着很高的价值。笔者拟就仲景《伤寒论》在识证、组方时不用甘草的情况进行探究。

一、《伤寒论》论甘草功用及副作用

甘草因性味、功用和独特的药理作用，在两千多年的临床中是一味广为应用的良药。《伤寒论》对甘草的用法用量以及方中的次序因病、症、证和体质的不同而各异。组方时用甘草，是发挥其补中、调和、制约、解毒等功效，充分发挥其特长，以提高疗效；不用则考虑其不适应证及与某些药物相反，或与某些药物同用会影响疗效，或增加某些药物的毒副反应。无论用之与否，均堪称典范。

《伤寒论》第17条云："若酒客病，不可与桂枝汤，得之则呕，以酒客不喜甘故也。"方中甘草、大枣甘缓，易助湿，不适合湿热内盛的病证和体质，服桂枝汤可致壅遏湿热、胃失和降而发生呕吐。纵非酒客，单是湿热素盛的人，亦值得考虑是否使用辛温又甘腻的药物，因平日蓄有湿热，酒家取药之毒积为淫湿，自壅盛于内，辛甘两不相宜。

二、《伤寒论》方不用甘草析

甘草之性味、功能既决定了其在辨证论治中的作用，也决定了不适应的病、症、证，或与其相反的毒副作用。现从证急不宜缓、实证恐留邪、中焦不虚、气化不利、阴邪化热、寒热错杂，以及甘草反甘遂、大戟、海藻、芫花等方面分述如下。

1. 证急不宜缓

甘草因味甘性缓、具有缓急之能，故证急不宜。如干姜附子汤证变化很快，阴寒极盛，阳气大虚，因此不宜用甘缓的甘草，以免牵制姜、附，不能迅速发挥作用。大陷胸汤之结胸急症，虽胃中空虚，但客气动膈，阳气内陷，用此方乃取其迅速荡涤胸中痰水互结之功，因而不用甘草之和缓。痞满燥实之阳明腑实证，需用大承气汤以荡涤急下，所以不用甘草之缓与补中之功。少阴病下利之真寒假热、阴盛格阳时，因证急，故以白通汤或加猪胆汁方，恐甘草缓姜、附之性，反掣急救回阳之肘，故不用。牡蛎泽泻散用于水气壅积、下焦气化失常以致水气不利，若用补脾之法，恐脾气转滞、水气转盛而泛滥为患，故此利水祛邪之品中不宜用甘草。

2. 实证恐留邪

实证者在《伤寒论》中极为常见，属八纲辨证之表、里、实、热、阳证，多用汗、吐、下、清之法以祛之攻之。

①邪热内扰：即热邪致病，表现为上、中、下热邪充斥，弥漫三焦。《伤寒论》治疗此病用栀子豉汤清热除烦；栀子生姜豉汤既清热除烦，又降逆止呕；栀子厚朴汤乃清入里及腹未成里实之热邪；栀子干姜汤既除上焦扰于胸中之邪热，又暖中焦之寒，方中寒热异性，功则合矣；枳实栀子豉汤主治大病新瘥、血气未复、邪气（余热）未尽而强力作劳复发热，为泄热除烦、散表和中而设。以上诸症非虚所致，故不用甘草以免留邪。文蛤散适用于水寒外束而里有邪热之证，为解表清热、利水除烦之治，不宜用甘草之缓。症见邪热壅聚上中二焦，非苦寒泄热之大黄黄连泻心汤不能祛之，方以麻沸汤渍之，取其清热泄痞非攻下也，而不用甘草助热益痞。

②内热里实：热邪入里且与肠中糟粕互结形成里实不通，如此更助热势嚣张，必用泄热荡实之剂方可奏效。大柴胡汤主治少阳病兼有里实之症，所以去甘草，恐其缓中留邪。小承气

汤证为大便虽硬、燥结不甚的腑实证，微和胃气使大便下泄，邪热随之而去。若热邪上扰神明窜入目系，或发热汗多、热迫津外泄，或发汗不解、邪热入腑使之成为大实证，或邪热直中少阴出现三症大实如赢状，需急用泄热救阴（津）的大承气汤，均不宜用甘草之缓，以免留邪为寇。

③湿热互蒸（结）：湿邪入内，蕴久化热，或上蒸，或瘀滞，导致热不得外越、湿不得下泄。水湿与热邪相蒸不解、郁而不达，治以茵陈蒿汤之苦胜湿、寒胜热，使湿热之邪尽从小便而祛，不用甘草之甘助热缓湿。若湿热之邪滞于肠间而热利下重，白头翁汤清之导之，亦不用甘草甘缓留邪。

④痰瘀为患：痰和瘀本为病理过程中的产物，但在病机变化中又可反过来成为致病因子，或痰或瘀，碍气滞血；或互为交结，缠绵难愈。柴胡加龙骨牡蛎汤是柴胡汤、桂枝汤去草、芩、芍而成，以除客于胸中之阳热。心恶热而神不守故惊，其实质为痰所患。三物白散证为寒实水结胸，不用甘温之缓的甘草碍邪缓痰。若热与痰结之小结胸证，以小结胸汤清热涤痰。方中大黄苦寒荡涤、半夏辛温滑利、黄连解热，不用甘草之甘缓，以免留湿痰之弊。如果是内有痰饮实邪与热相结而成结胸缓证，以蜜制大结胸丸，用蜜以图缓行，不用甘草之甘，以免缓留痰饮之邪。太阳随经瘀热在里、蓄于下焦血分，投以抵当汤直捣病所。方中无甘草，一因取其峻矣，二为瘀血久，无用甘草。然其病势比抵当汤证虽深但较缓者，不宜速去，当以抵当丸缓之，因其病在血，为瘀热互结之缓证，不用甘草，恐留邪变生他证。

3. 中焦不虚

中焦者，实指脾胃而言。甘草可养胃助脾，作用于中宫，中焦不虚，无需养、资、助、健、暖、保、和、安、培、补之。下焦滑脱不固，当以赤石脂禹余粮丸收涩，此利在下焦，非中虚也，因而不用甘草。痰涎壅塞于膈，阻碍气机，痰随气逆上冲咽喉，瓜蒂散因势利导以吐之，方中不用甘草，一是病在上，无中虚；二是恐留痰邪作祟。麻仁丸润肠通便，因内热偏盛致胃气旺盛，脾被胃所束，未见虚象，故无需甘草之缓，亦因胃气旺盛不宜补中。太少两感始得之证稍急，以麻黄附子细辛汤之附子温补少阴之虚，防亡阳之变；细辛之气温辛而升，助麻黄以发汗，此证初时中焦不虚，无需甘草之助。

4. 气化不利

《素问·灵兰秘典论》云："肾者，作强之官，伎巧出焉。三焦者，决渎之官，水道出焉。膀胱者，州都之官，津液藏焉，气化则能出矣。"五苓散治水停下焦不化、格拒上逆，方中重用苓、泽，治下焦为主兼降逆化气。此证并非中宫阴津不足，故无需甘草资中，以免有碍气化水行。真武汤治发汗太过、肾阳虚而水气内动，是标本同治之剂，并非单纯阳虚之证，如不夹水气则可直接用参、草以补虚复阳。而阴虚有热、水气不利的猪苓汤证在于育阴利水，虽口渴但病不在中、上二焦，是水津既不上行亦不下降，故不用甘草保胃和中。

5. 阴邪化热

《伤寒论》之少阴病本为阴盛阳虚之衰竭证候群，但其病变则突出表现为邪从热化。黄连阿胶汤针对病邪之从阳化热、阴虚阳亢、心肾不交而不用参、草以助阳，乃滋阴和阳法。猪肤汤证重在下利伤阴、邪从热化、虚火上炎，治疗旨在润燥培土，除烦利咽。猪水畜也，其气先入肾解少阴客热，不用甘草以助阳。苦酒汤用于少阴水亏不能上济君火、阴火沸腾之证。苦酒入阴降沸，敛疮消肿，利窍通声，此非甘草所能。

6. 寒热错杂

寒热之邪随素体之异，既可互相转化，亦有上下、脏腑之别，更有错杂交替。附子泻心汤用于上热下寒、邪热致痞、命门真阳已虚。特以三黄略浸去滓，取清轻之气祛上焦之热，取附子浓汁温下焦之寒，不用甘草是因既无中病亦非虚痞。乌梅汤证乃寒热错杂之蛔厥，方用乌梅之酸，连、柏之苦，姜、辛、桂、椒之辛以温脏安蛔。干姜黄芩黄连人参汤证是误用吐下之后，虽中焦虚寒更甚，却格热于上。是方以参、姜温其寒，芩、连折其热，不宜用甘缓之甘草。

7. 反甘草

"十八反"言，海藻、大戟、芫花、甘遂反甘草。十枣汤证系水饮内结、水气攻窜、充斥泛滥之实证，因甘草与诸药相反，故选甘之大枣为君，一以顾护脾胃，二以缓其峻毒之猛。

8. 其他

外用蜜煎导方取其滑润导便，烧裈散以治阴阳易，二者均为单味方。另有吴茱萸汤温降肝胃，补中泄浊，不用甘草之和。附子汤乃元阳虚甚，非甘草所能。桃花汤非温补之证，不用甘草，以求温中固脱。

三、讨论与体会

自古以来，甘草就被称有"和诸药而解百毒"之功。《伤寒论》方用甘草者占63%，然不能因甘草在中药处方中占大多数而忽视其毒副作用。本节只列举了八个方面不用甘草之理，结合各地报道：芍药甘草汤可引起浮肿，炙甘草汤可引起大量出汗，甘草、人参合用可导致黑便；尤其是贫血，每日用甘草 10g 以上，连续 4~5 日，即可发生水肿；长期口服大剂量甘草提取物甚至可引起高血压、低血钾等，这与甘草有雌激素样作用有关。至于甘草与甘遂、大戟等配伍的毒性问题，报道颇不一致，但可以明确的是，甘遂的无水乙醇提取液与甘草合用毒性极强，然而临床中应用海藻玉壶汤（丸）、瘿瘤丸、海甘散治疗甲状腺肿、瘰疬、乳癖等均有良效。因此，既要借鉴《伤寒论》的历史经验，也要重视现代研究成果，两者结合，深入探讨甘草的不适应证及毒副作用。

第五章

学经典，联系实践，谈临床思维

论中医临床思维步骤与方法

本节结合实际病例从两个方面谈中医的临床思维。一是步骤，包括信息逻辑思维、系统认识思维、目标模拟思维、预后推理思维四步。二是方法，诊疗中 3 种不同情况和心理，如何搜集和取舍；运用 5 种方法进行辨证分析；提出治疗中 4 种选择；为指导预测疗效提出四十八字诀。

一个医师在临床上，从了解疾病的发生发展到分析病机，直至立法处方治疗疾病，往往千头万绪，甚至思绪混乱。为此，我们要保持中医特色，运用哲学观点和方法察看疾病，并善于利用现代科技手段，养成思路开阔、细致敏捷、多思善断的思维素质，努力探索疾病发生发展新的规律。笔者在临证时，遵循系统的思维步骤和方法。

一、信息逻辑思维——诊视中收集与取舍

临证的第一步是在诊疗中运用四诊，结合现代仪器检测手段，通过直接的感官获得信息，从而认知疾病。"存在决定意识"。接诊患者后，通过望、闻医生获得患者的第一印象。加上

随后的患者主诉，医生能够深入、广泛地收集患者反馈的表面和内在信息，再参阅病历资料及切诊，医生的思维活动便逐渐展开，能够获得较丰富但可能是杂乱无章的症、舌、脉象数据。这时医师初步完成了信息收集的第一步，在以后的诊疗中会不断发现遗漏或新的信息，从而补充、完善。之后，以中医学的宏观基础理论、法则作指导，用舌、脉、经络等微观指征进行辅助比较、对照、鉴别，借鉴前人有关舍脉从症、舍症从脉、舍症从舌的经验，取一个（或以上）主症与有关证候群相联系，结合现代检测进行充实，舍去次要的、与主症无关的东西，整理成有条理、有系统、有价值的第一手资料。

诊疗中对于常见病、多发病，一般运用常规方法即可，采用变法思考取舍也可轻易解决。但遇到危急重症时，一定要沉着冷静，按操作步骤有条不紊地进行，要在极短的时间内收集重点病情，快速做出较正确的取舍，以抢救生命，使患者转危为安。最棘手的是疑难、复杂的病证，它要求医生必须诚心、耐心、细心地询问，取得患者的信任，切忌用诱导的语言（包括复诊了解疗效时），否则患者及家属会顺着医生的意思回答一些违心、含糊、使医生满意的话，这样有可能造成尴尬的局面，更重要的是会掩盖病情。医生要在患者千头万绪的诉说和有限的信息中去捕捉有价值的信息，要借鉴他人的经验，利用他人的诊断、用药的长处和不足给自己以帮助。在决定取舍时，要有自己的主见，即使是名医或精密仪器的结论也不要轻易取舍，亦不可人云亦云，要大胆地假设、比较，这样方可避免因思维受限而造成困惑。

1988年6月门诊来了一个黄疸14年的患者。患者姓吴，女性，26岁，常德市鼎城区石公桥镇村民。14年前曾恶寒、发热、腹痛，经当地医治痊愈，但唯目黄、身黄、尿黄逐渐加深，别无他苦。5年来先后在县、市、省几家医院行B超检查，均提示肝未见异常，胆囊 42mm×19mm、壁光滑，胆总管 4mm，均未见光团伴声影。胆系造影示显影清晰、收缩良好。肝功能+转氨酶，黄疸指数 60～80 单位（3 次），HBsAg 阴性，其他正常。患者因黄疸多次失恋，甚为苦恼。诊时：黄疸较深、色较鲜，伴口苦、烦躁、叹息，舌红，苔薄黄燥，脉滑带数、左关浮弦有力。

　　同年 8 月接诊一自汗、盗汗 3 年患者。患者陈某，男，37岁，常德市物资局干部。3 年前受凉后发热、恶寒、汗出、鼻塞、喷嚏、咳嗽，经西医药物治疗好转，但留下动则自汗、夜必盗汗的症状。3 年中先后多处医治，否认肺结核感染。服用玉屏风散计 30 多斤、六味地黄汤（丸）加收涩品若干而无效。诊前时而自汗重，时而盗汗多，伴有头晕、乏力、食少、睡眠不安多梦。诊时：身体消瘦，面色无华，畏风，二便可，舌淡红少津、满布黄白燥苔、边尖有齿印，脉弦缓、双尺浮大且弦长。

　　以上两例对患者病史、前因后果、治疗经过、现症进行了详细地收集，并分别取舍，以为下一步辨证做准备。

二、系统认识思维——辨证时分析与立论

　　辨证是对所拥有的四诊资料及现代检测信息，经过正反、直接、间接的系统认识，得出对该病的病因病机概括及分型。这个过程贯穿五个运用：首先是藏象、经络、气血的生理、病理，辨证纲领及法则的运用；二是中医学的基本理论、医学经典等思维的选择性运用；三是前贤的经验总结的运用；四是他人教训的运用；五是自己以往成功典型案例的运用。然后结合

时令、气候、体质等学说进行综合分析，否定错误的，肯定正确的，且确信分析是正确的，从而得出符合实际的、客观的立论。

如例1的主症是黄疸。首先排除肝、胆、胰等器质性病变，然后再查口苦、烦躁、叹息的表面现象，因考虑黄疸是外感湿热或内伤饮食所致。正如《读医随笔》所言："凡脏腑十二经之气化，皆必藉肝胆之气以鼓舞之，始能调畅而不病。"本例病机乃湿滞肝胆，气机受阻，湿邪郁久化热，蕴蒸胆腑，致胆汁外溢。加之情志抑郁，升发条达失司而黄疸逐渐加重。口苦、烦躁、叹息乃肝胆病之特征，为湿热上蒸、气郁不畅、疏泄无权所致。

例2，前医分别以固表止自汗、滋阴收盗汗治之，把阴阳分割开来，致使治疗毫无收效。《黄帝内经》云："阴在内，阳之守也；阳在外，阴之使也。"机体的阴阳任何一方虚损到一定程度，必然导致另一方的不足，即"阴损及阳，阳损及阴"。该例病机乃病（汗）久致虚，加上治疗不当，阴阳平衡失调，以致阴虚生内热，迫津外出故盗汗；阳虚生外寒，阳不守阴，遂自汗不止；卫外不固，故自汗畏风，从而导致"无阳则阴无以生，无阴则阳无以化"的既自汗又盗汗的结局。

以上两例的治疗，前医均犯了顾此失彼之嫌，为避免犯如此错误，必须把握目标模拟思维。

三、目标模拟思维——治疗时侧重和兼顾

治疗时侧重和兼顾是目标模拟思维的总方针，其反复出现在治疗过程中。针对主病、主症，确定病位，模拟诊断，分型立论，拟定治则，采取先解决主要矛盾、兼顾与主病主症相关

的症的策略。除此之外，以治未病之法，切断传变途径，防止病情生变。同一患者的主病主症消除之后，次要矛盾便可上升为主要矛盾，此又进入新的侧重与兼顾之中。治则的拟定要抓纲带目，注重经方、时方、经验方、自拟方的选择，加减药物的选择，内外合治、针（灸）药的选择，复诊时无效或疗效平平则再进行选择。

如例1的病因病机是湿热、气郁，病位在肝胆，治以清热利湿，疏肝解郁泻胆，使邪有出路，热清湿祛、气机条达则郁自解。选用自拟方龙虎清解汤加威灵仙直达病所，以增强泻胆之功。待黄疸退净之后，以健脾调理收功。

例2的病机是阴阳两虚，阴虚内热盗汗宜滋阴清热，阳虚自汗宜补气固表，目的是阴中求阳，阳中求阴，调节阴阳，使其归于平衡协调。首先用当归六黄汤加味侧重治盗汗，方中一派阴药中加黄芪以补气扶阳，加椒目（阳药）10g研末分次冲服，加强止盗汗之功；继用玉屏风散合当归六黄汤加黑附片、浮小麦，三黄减半，以气血双补，兼滋阴清解，养心坚阴，引阳守之，以达"阴平阳秘"。

然而，临床中要完成诊视、辨证、治疗三个环节，还必须做到预后推理思维。

四、预后推理思维——疗效有预测及总结

通常疗效的评定都是在治疗之后，而我提出在开出处方时就要对疗效做出预测，并且告知患者服该方后主要解除什么病证，有哪些症状可以减轻或好转。对于常见病、多发病，服药后多长时间能够痊愈；危急重症多长时间能够转危为安；对于疑难复杂的慢性病先解决什么问题、复诊时再治疗什么，包括

可能有哪些副作用出现，做到自己心中有数，让患者也心中有数，以增强其治疗信心。当然也有不可预料的时候，这时一定要细心推敲为何会出现自己未预料的情况。这对每个临床医师来说，是一个长期被忽视且没有得到解决的难点。其实疗效预测并不难，只要从病因入手，掌握病机，运用规律，主次分明，围歼病邪，给病邪以出路，切断传变途径，协调平衡，因势利导，举一反三，知常达变，灵活变通，以此来指导思维活动就可以做到。

例1、例2按如上治则、方药初治之后，再诊时知与预测一致，故复诊月余而告愈。

病案的总结是经验和教训的积累，能够提高诊疗水平，也是临床实践借鉴、学术交流所需要的。要注意的是，总结要真实，之后要反复验证，经得起重复检验的方可立论。只有不断预测与总结，才能提高学识水平，才能振兴中医事业。

论中医学的宏观和微观

宏观与微观是相对的，两者同时存在于自然界的一切事物之中。目前人们有一种偏见，只看到中医学的宏观性，忽视或否定了中医学的微观所在。笔者认为，必须纠正这种认识，要明确中医学是可分宏观和微观的，但却不可分割，两者虽各有其内涵，但只有并存才能构成中医学体系。

一、树立正确的认识观

正确认识来源于实践。对中医学的宏观和微观的正确认识可从以下四个方面论证。

1. 世界上本身就存在多种观察和了解事物的方法，而每一学科都有自身的发展规律和认识观，中医学只是多种方法中的一种。它有着独特的体系、原则和方法，有着自身的宏观、微观论，并以此区别于其他医学。

2. 唯物辩证法认为，"事物都是一分为二的"。宏观之中包含着微观，宏观由微观为基本内容予以充实和构成。同样，中医学既有宏观，也有丰富的微观。

3. 追溯历史，中医学至今已历数千年，中医学不断地接受各历史时期的社会文化、风俗习惯、生产变革、生活规律、气象、物候、地理等多学科的知识，并汲取其精华构成自己的感性和理性知识，形成了别具一格、符合客观实际、通俗而实用的宏观和微观论。

4. 中医学的宏观和微观既是古老的、传统的又是奥妙的、精深的。事实证明，中医学理论中的相当一部分内容现代科学仍无法认知，或暂时没有理解或正在认知和理解，如脾、肾实质的研究成果，经络的客观存在等。同时被认知和证实的科学事实也不乏其例。

中医学自身的宏观和微观，其认识角度、方法、观点与西医学截然不同，不能因两者不等同和不能衡量就予以否定，这不是科学的态度。另外，中医界中的一部分人不敢承认中医学有微观，此乃无知的表现。可以说，中医学有自己的宏观、微观区分原则和内容。

二、中医学的宏观原则和内容

宏乃广博、宏大之义。宏观是包括由极多的原子组成和肉眼能看到的物体，以及物体和场在宏观的空间范围的各种现象。然而，中医学的宏观应根据其独特的理论体系来确定其原则和内容。

1. 哲理性

中医学是由古代辩证法与现代唯物辩证法的哲学与传统中医相结合的基础理论性知识。首先在生命和疾病的运动中，外因很重要，但内因始终是生命和疾病运动的根本；二是矛盾贯穿于疾病发生发展过程的始终，内因与外因既矛盾又统一，从而导致疾病的发生、发展及其转化；其三无论是生理还是病理，都有一个从量变到质变和从质变到量变的相互转化过程；四是"研究任何过程，如果存在着两个以上矛盾过程的话，就要用力找出它的主要矛盾，捉住了这个主要矛盾，一切问题就迎刃而解了"（毛泽东《矛盾论》），治疗疾病也是如此。在疾病治疗的过程中要抓住主要矛盾，把握矛盾的特殊性，透过现象把握本质，不同本质的疾病具有不同的现象，不同的现象往往反映不同的疾病本质。

2. 整体性

这是针对中医借用古代阴阳学说、五行学说和运气学说而言的。阴阳与万类的生杀变化犹如于人身，同相参合，治疗之道必先求之。五行学说中的木、火、土、金、水具有生、克、乘、侮的关系。运气学说可概括为整体恒动观，生理、病理气化论，病因正邪论，病机求属论，对疾病辨证论治，是运用五运六气以说明脏与脏之间的生、克、制、化关系，以经络学说说明脏与腑、脏腑与表里的相互联系，从而形成了以五脏为中心、把人体看作一个有机整体的朴素的唯物辩证法观，有效地指导着疾病的治疗。

3. 功能性

中医学的宏观性具有以下四方面的特性。

一是脏腑功能：肝、心、脾、肺、肾五脏者，藏精气而不泄也，故满而不能实。五脏的功能表现为肝主疏泄、藏血；心主血脉、神志；脾主运化、升清、统血；肺主气，司呼吸、宣发和肃降等；肾主水，主藏精，主生长、生殖。胆、胃、大肠、小肠、膀胱、三焦六腑者，传化物而不藏，故实而不能满也。六腑的功能表现为胆主胆汁的化生与排泄；胃主受纳、腐熟水谷；大肠主传导变化；小肠主受盛化物，分清泌浊；膀胱主贮尿与气化；三焦主诸气、司气机之能。另外还有奇恒之腑。

二是气血功能：在生理上，气必须依附于血，即血为气的载体。血依靠气的推动，即气为血的动力。中医学称"气为血之帅，血为气之母"。气具有推动、温煦、防御、固摄多种功能，血具有营养和濡润全身之气的作用。

三是水液代谢过程中所体现的功能：《素问·经脉别论》云："饮入于胃，游溢精气，上输于脾。脾气散精，上归于肺，通调水道，下输膀胱，水精四布，五经并行。"这是对津液的生成和输布、排泄所涉及的多个脏腑系列生理功能的概括。

四是经络功能：《灵枢·海论》云："夫十二经者，内属于脏腑，外络于肢节。"《灵枢·本脏》云："经脉者，所以行气血而营阴阳，濡筋骨，利关节者也。"

中医学受古代唯物论和辩证法的深远影响，以整体观为主导，以脏腑经络的生理和病理为基础，以辨证论治为特点，形成了自己独特的宏观理论体系。

三、中医学的微观原则和内容

中医学研究人类疾病，是以人体内部千丝万缕的联系为基点而进行的全方位探索，经过比较、鉴别，最后得出普遍性和特殊性的规律。由于社会条件和科学试验的限制，其验（治疗）对象是人。中医学在历史上又受到唯心论和一点论的影响，因而与西医学的哲学观和方法论不同，其宏观和微观的内涵也不太相同。中医界的仁人志士打破社会条件的限制，并不等待声、光、电、磁、核的广泛应用之后再来研究中医学，而是走自身发展规律的道路。中医学的微观原则和内容是客观存在的，这点毫无疑义。

1. 客观实在性

中医学的微观表现在客观实在性。

《黄帝内经》详细记载了经络的起止部位和循行路线，从古至今为临床所沿用。经络既看不到又摸不着，又不是解剖学中的神经、淋巴管。祝总骧等运用科学手段和仪器已证实了经络的存在，并与古籍记载完全相符。同时人体361个正经穴位及其他穴位针刺时确实会出现酸、麻、胀和蚁走感，并循其经络走向而放射，以此达到治愈疾病的目的。

寸口脉切诊源于《黄帝内经》，发展于《难经》，详于《濒湖脉学》。其中切诊分候——沉、中、浮，分部——寸、关、尺分别对应不同脏腑；脉的速度分一息三至（迟脉）、四至（缓脉，每分钟70次左右）和六至（数脉），三五不调名曰涩、结、促脉等；脉的体状有滑脉如珠潜潜然、浮脉如木在水中浮、紧脉如转索左右弹、弦脉如弓弦端直等；脉的部位有短脉不及本位、长脉远远过本位等，且各有主病。脉象有数量之变化，且以日常生活中易见易懂之现象进行通俗描写，可谓细微、客观、精深的诊断手段。

2. 直观性

中医在临床实践中，运用宏观指导全方位收集的资料具有物质和直观的微观内容。如闻声音之重浊、低微、谵语、郑声；

辨面（肤）色之苍白、萎黄、黄如橘皮、黄而晦暗；察舌质之淡、红、紫、绛、胖、嫩、齿痕、润、燥、焦、芒刺；舌苔之黄、白、黑、灰、腐、腻；分痰涎之清、浊、稀薄、泡沫、脓腥（米粥）；考大便之时间、气、味、量；观毛发之颜色、光泽、润燥、油腻等；查白痦、痘、疹之颗粒形状、大小、分布、润、晶莹、枯槁及色泽等，这些对判断疾病的性质、逆顺、预后，指导方药的使用均起到了决定性作用。

3. 特异性

特异性是指中医学的微观中具有特殊价值、用于判断疾病的至关重要的信息。如表现为长吁短叹者多为肝气郁结或胆病；动则汗出乃自汗多阳虚、寐则汗出乃盗汗多阴虚、大汗而清冷为亡阳、大汗如汁粘手（稠）为亡阴；舌与白睛之紫点、斑点，舌下络脉迂曲怒张及各种生理、病理出血成块、紫黑均为有瘀内停；白带之清稀量多为虚为寒、黄而稠及腥臭为湿热下注；指甲、纹、口唇的色泽变化可反映疾病所在；"久痛入络""怪病多痰""肥人多湿（痰）""瘦人多火"等，这些均是具体而符合实际的微观特征。

四、发展和完善中医学的微观

发展、充实和完善中医学的微观，要以继承、发扬和保持中医特色为指导思想，要采取开放、引进和拿来主义的方法，以传统—生物—心理—社会为目标，同时警惕以西医学的理论体系来改造中医、替代中医，避免走入存药亡医的歧途。

西医学的微观包括声、光、电、磁、核等高新手段和技术在医疗领域的应用。这些都是科学思维和感官的延伸，能够获得客观、量化的指标，有助于探求疾病的内涵所在，这也是发展和完善中医学微观的方向。随着社会的不断进步，科学在向纵深发展，要有新的头脑和眼光，现代科学技术不只属于西医，要实行"拿来主义"，形成具有中医特色的微观学说。

立"通法"治脏病论

历来从理论到实践、从书本到临床，只对腑病的治疗提出使用通法。《素问·五脏别论》云："所谓五脏者，藏精气而不泻也。"因此，有腑病"以通为治""以通为补"之说。但是笔者在临床中发现，通法同样适用于脏病。

一、脏病用通法的分类

通，乃无障碍、通行无阻之意，亦称通下，是八法中的下法。通既是治疗手段，也是目的。用通的目的不一定都是通便，主要是祛除病邪，清除病理产物。清·高士宗说："通之之法，各有不同，调气以和血，调血以和气，通也；上逆者使之下行，中结者，使之旁达，亦通也；虚者助之使通，寒者温之使通。"这是针对某些疾病的致病因素所产生的壅郁阻闭之症，运用通可祛滞的方法。临床用于脏病治疗时，可以起到逐水、通阳利水、攻（化）痰、逐瘀、通阳（气）、软坚（消）、排石的作用，达到祛除病因的目的。

①逐水　适用于属肝、肺、脾、肾病证的水饮内停胸、腹的实证。选用甘遂、芫花、大戟、牵牛子、葶苈子等泻水的药物，配合使用桂枝、茯苓、大黄。代表方剂如控涎丹、舟车丸、十枣汤、葶苈大枣泻肺汤等，取其峻泻逐水、泻肺逐饮、止痛消肿的作用，注意要酌情使用。

②通阳利水　适用于脾肾阳虚、肾与膀胱气化功能减退而

引起的水饮潴留证。选用附子、肉桂、仙茅、仙灵脾等温阳药物，配合党参、白术、黄芪、茯苓、泽泻等以补气、利尿。代表方剂如术附汤、真武汤、桂附八味丸等，取其通阳利水作用。

③攻（化）痰　适用于因肝、脾、肺气机不畅所致的湿痰滞留，或火灼煎熬所致的顽痰凝结、阻塞通道的证候。攻（化）痰的药物如南星、半夏、礞石，配合大黄、巴豆霜等泻下药。代表方剂如桔梗白散、礞石滚痰丸等，取其攻（化）痰、泻下的作用，使痰饮病邪从大便排出。

④逐瘀　适用于因心、肝、脾、肺、肾病所致的瘀血内结、癥瘕肿块等。一般选用桃仁、红花、土鳖虫、五灵脂、当归尾、赤芍等破血药，三棱、莪术等破气行血药，穿山甲、皂角刺等攻窜通络药与适当的泻下药。代表方剂如桃仁承气汤、血府逐瘀汤、大黄䗪虫丸等，取其破血逐瘀、消结止血的作用。

⑤通阳（气）　适用于心阳、胸阳微弱或阳气阻遏之证。选用全瓜蒌、薤白、白酒，使胸阳宣通，或加用丹参、赤芍、桂枝、当归等行气活血药。代表方剂如瓜蒌薤白白酒汤、炙甘草汤、枳实薤白桂枝汤等，取其通阳化浊、止痛宁心之效。

⑥软坚（消）　适用于肝脾气郁血瘀之癥瘕积聚证。选用鳖甲、甲珠、丹参、葫芦等，配合香附、川芎、三棱、莪术等行气散血、逐瘀之品。代表方剂如鳖甲煎丸、膈下逐瘀汤等，取其攻消软坚的作用。

⑦排石　适用于肝、胆、肺、肾气血郁结、凝聚（煎熬）成石阻之症。选用琥珀、鸡内金、金钱草、威灵仙、海金沙等，配合柴胡、枳壳、桔梗、贝母、冬葵子、葶苈子等疏肝、开（肃降）肺、利尿药物，组成各类排石剂，取其排石之功。

二、脏病用通法的病机病证

五脏者，心、肝、脾、肺、肾也。其生理功能乃心主血脉，为人体生命活动的中心；肝主血液之贮藏调节，故得其养而视明；脾主运化，输布水谷精微，升清降浊，为生化气血之源，又具有统血之能；肺主气属卫，为气机升降出入之枢；肾主藏精、主五液，以维持体内水液的平衡，为生殖发育之源。五脏之病总离不开血脉的运行受阻。概括来说，有肝气郁结、寒滞肝脉；传输运化功能失调；痰浊水湿内聚，呼吸孔道受阻；肾虚水泛及异物阻塞不通等实证或虚实夹杂证。临床表现为：病在心者则心悸怔忡、心痛、癫狂、昏迷等，属痰火内扰、饮邪阻遏心阳、心脉瘀阻证，甚则出现口唇、指甲青紫，四肢厥冷，脉微欲绝等危重表现；病在肝者则中风、眩晕、头痛、胁痛、积聚、吐血，属肝气、肝火郁结，寒滞肝脉证，乃疏泄无权，或湿热蕴结或肝脉瘀阻所致；病在脾者则黄疸、水肿、鼓胀、痰饮，为脾阳虚衰、寒湿或湿热所致；病在肺者则咳嗽、肺痨、肺痈、胸痛，乃气道阻塞，肃降失司；病在肾者则水肿、尿血、淋浊、癃闭、腰痛等，因肾阳不振、命门火衰、真阴耗伤、蒸化无能、结石瘀滞等造成。

总之，五脏之体互相关联，与腑相通，均有管道上通下达，环绕周身内外，虽不传糟粕化物，但其气血津液周流不息。大凡管腔狭窄、障碍、闭塞之病变不外乎气之郁结，血行迟缓、凝聚，水湿潴留，痰饮泛滥，异物嵌顿，其均可导致脏病的发生，亦都可运用通法。

附　典型病例

病例1　心绞痛——心血瘀阻案

邹某，男，48岁，常德市鼎城区大龙站人。因胸前区阵发性绞痛1个月于1978年4月就诊。

病程经过：患者1977年2月始食欲差，心悸逐渐加重。1个月前胸憋闷疼痛，前往常德地区某医院就诊，经心电图检查及胆固醇、甘油三酯检测，诊为冠心病、心绞痛，住院西药治疗1个月，效果不显而来诊。

诊时所见：急性病容，形体肥胖，面色㿠白，气怯畏寒。诉近几个月来心跳快，时有冷汗出，胸前区阵发性绞痛逐渐加重，并放射至右侧腋下及肩背、日发3～7次，且痛如针刺固定不移，伴食少，泛吐清水，大便溏、不爽、日2～3次，舌胖嫩有齿痕，苔白，脉细涩无力。

辨证：胸阳不振，心血瘀阻。

方药辨析：急投以瓜蒌薤白桂枝汤加味。药用全瓜蒌12g，薤白18g，桂枝、附片各6g，厚朴、枳实、桃仁各8g，红花3g。连服10剂后，心悸缓解，饮食增加，胸阳已振，唯心绞痛仍日发2～4次。此为瘀阻仍存，且肥人多湿，故改投桃红四物汤，以全当归、赤芍各12g，川芎、干地黄、桃仁各10g，红花4g，水煎服；加苏合香丸，每服1丸（3g），日2次。连服20多天，饮食大增，胸痛基本控制，舌淡红润、少苔，脉缓。复查心电图示T波稍平，心肌供血明显改善，右束支完全阻滞消失；胆固醇、甘油三酯接近正常。后以金水六君煎加丹参20g调理月余，康复出院。

随访至今，届满古稀，健康无恙。

病例2 肾功能重损——石淋案

蒋某，男，48 岁，常德市鼎城区大龙站乡企业干部。因肾结石腰痛、浮肿半年于 1983 年 1 月就诊。

病程经过：患者于 1982 年 8 月自觉腰痛，时而尿频尿急，入冬腰痛加重，当地屡用苦寒或清痰利水之剂，上症加重。1983 年元月于常德地区医院做肾图检查：右肾图 A、B 两段正常，C 段下降延时，示右肾排泄差，提示右肾功能轻度损害；左肾图 A 段可，B 段上升缓慢、峰不尖，C 段下降明显缓慢，提示左肾功能重度损害。复经静脉尿路造影报告：左肾不显影，原因待查。

诊时所见：面色苍白，眼睑轻浮，下肢肿，神倦，腰痛，双膝酸软，夜尿频，腰及阴部有冷感，舌淡有齿印，苔白，脉沉细。

辨证：肾阳不足，沙石阻塞。

方药辨析：熟地黄 20g，淮山药、杜仲各 15g，茯苓、泽泻、仙茅、附片、白前仁各 10g，淮木通 8g。共 15 剂，水煎服。送服金匮肾气丸，每次 8g，日 2 次。3 月 4 日、4 月 6 日复诊，上方加金钱草 15g，共服 23 剂后，排出绿豆大小结石 4 颗。复查肾图示：右肾正常，左图 A、B 两段正常、C 段下降迟缓，提示左肾功能轻度损害。继予上方，减淮木通，加生鸡内金 10g（研粉兑服）、黄芪 18g，仍与金匮肾气丸同服。时至 5 月 16 日，经静脉尿路造影报告：左肾已显影，输尿管下行正常。后以济生肾气汤（丸）加减治疗至痊愈。

随访至今，一切正常。

三、讨论

通法治疗脏病，不能一概而论，临床上应认真辨证，鉴别是气、血、水、湿、痰、瘀、石等何者所致，从而采用适合的通法祛除病邪。通法治脏病亦属常用之法。病例1病在心，先通（温）阳逐瘀，阳复则调整为温通活血，行气开窍化浊，最后资肾培土治其本。病例2病在肾，因阳虚而结石阻塞，为本虚标实之证，故始终通补结合。从某种角度讲，用通法治脏病，只要把握好分寸，坚持不懈，中病即止或衰其大半而撤，既可挽其垂危，又可避免虚虚之弊。

论热入血室

热入血室的病名散见于古医籍中。最早出于张仲景《伤寒杂病论》，经西晋王叔和、复经宋代林亿等另行编次，校正为《伤寒论》《金匮要略》两书。《伤寒论》将有关热入血室的原文（第143、144、145、216条）列入太阳病脉并治下篇、少阳篇、阳明篇之中，《金匮要略》把四条原文归入妇人杂病篇。后世温热学派王孟英收集了叶天士《外感温热篇》与薛生白的《湿热病篇》有关热入血室的论说，将其编入《温热经纬》中。从宋·成无己到现在，论述与注解者达数百家之多，都为继承和发扬中医学遗产做出了贡献。然而对于热入血室众说纷纭，单就血室之所在者已是各持己见。有谓血室即胞宫者，有认为血室即冲脉者，亦有说血室即肝者，更有说三者皆是，似乎各有根据。从现行的各种版本来看，大都承各家之理。一些高等院校教材对热入血室的原文解释也说法不一，笔者结合古籍进行归纳总结，并提出自己的见解。

一、血室的生理及所指

《素问·上古天真论》云："女子……二七而天癸至，任脉通，太冲脉盛，月事以时下，故有子……七七任脉虚，太冲脉衰少，天癸竭……丈夫……二八肾气盛，天癸至，精气溢泻，阴阳和，故能有子……八八天癸竭，精尽……今五脏皆衰……天癸尽。"《灵枢·五音五味》篇云："冲脉、任脉，皆起于胞中。"因此，女子一定要在太冲脉盛、任脉通这两者一盛一通的情况下才能经水来潮。随着年龄的增长或其他原因导致任脉虚，太冲脉衰少，则经水枯竭。因此，经水来潮必然出于胞宫。更有任脉者，女子得之以任养也，此病女子不孕也。然该经文仅言女子冲、任二脉发源于胞中，男子只提肾是为何？所以，冲、任在男子是否有无，或另有其他功能，很值得进一步探讨。

《素问·五脏别论》云："所谓五脏者，藏精气而不泻也，故满而不能实。六腑者，传化物而不藏，故实而不能满也。"其肯定了脏与腑的生理特点。《灵枢·本神》云"肝藏血"。脏主藏而不泻，故肝主藏血。胞宫乃奇恒之府，形状像脏，生理功能似腑，故泻而不藏，天癸至经水以时下。

《灵枢·逆顺肥瘦》篇云："夫冲脉者，五脏六腑之海也，五脏六腑皆禀焉。"《素问·痿论》篇云"冲脉者，经脉之海也，与阳明会于宗筋……会于气街"，阐明了冲脉与脏腑、冲脉与经脉的密切而不可分割的关系。

《灵枢·本脏》篇云："经脉者，所以行气血而营阴阳。"又云："血和则经脉流行，营复阴阳。"冲脉乃奇经八脉之一，其生理功能同十二经脉。古代医家认识到各个脏器有其独特的生理功能，彼此之间是相互分工而又合作的。经络有沟通人体内外表里、运行气血、营养全身的作用。各经脉在循行、分布上都有一定的部位。

肝虽藏血，可谓血之室，但藏而不泻，在生理上与经水有联系而无直接关系。冲脉是十二经之海，亦是五脏六腑之海也。它本身非藏血之室，只是运行气血的道路。而经水的来潮必有赖于肾气盛而化生的精水，加之任脉通、太冲脉盛才能月事以时下。从西医学来看，肝为一实体，藏血乃经过动静脉；胞宫为一腔室，是产生月经、胚胎着床、胎儿生长发育之所。古今之说相对照，以胞宫为血室更为妥当。

二、热入血室的病理

《伤寒论》云："妇人中风，发热恶寒，得之八九日，经水适来，热除而脉迟身凉。胸胁下满，如结胸状，谵语者，此为热入血室。"又云："妇人伤寒、发热，经水适来，昼日明了，暮则谵语，如见鬼状者，此为热入血室。"又云："妇人中风，七八日，续得寒热，发作有时，经水适断者，此为热入血室。"《湿热病篇》云："湿热证，经水适来，壮热口渴，谵语神昏，胸腹痛。"此外，《伤寒论》云："阳明病，下血谵语者，此为热入血室，但头汗出。"加之《外感温热篇》皆论及如经水适来或适断，热邪陷入与血相结，或本经血结自甚，均会出现少腹满痛等症，另或有夹寒、气滞之不同。从以上论述可知，热入血室之病因可分为中风、伤寒、温热、湿热四端，但都符合邪来于外与邪性属热两个特点。

从热入血室之病名与症状就可以明确，病邪是由外袭而陷入血分，临床上表里症状可同时存在，亦可出现表邪已解，里证突出。若有其他兼夹症，当与素体有关。在病理变化上，若为风寒之邪外袭，卫阳被遏，营阴郁滞则发热恶寒；如果邪留半表半里，邪正相争，则寒热发作有时如疟状；如邪热上窜熏蒸则头汗出；若表邪已罢，热邪陷入于里并夹有里寒与血搏结，血脉凝泣，则热除而脉迟身凉；若阳热之邪内入血室，血热上扰神明则见谵语；若邪热内郁不得外达，气滞不畅，致肝胆之经脉不利，则胸胁下满如结胸状；若本经血瘀（结）已甚，加之邪热搏结则其血必结，经水适来适断；昼日明了乃邪不在阳，暮则谵语如见鬼状为邪在血分，夜则入于血室与阴争也。湿热之邪入于血室，湿蕴化热，其热邪内炽于里，侵入气分，则壮热口渴；陷于营分，扰乱神明，气营两燔则谵语神昏，迫血妄行，逼走谷道则下血。总而言之，热入血室之病理变化：一是发病与外感有关；二是与经水适来适断有关。如果离开这两点，则此症不能为患，另属他病。

三、热入血室的分类及治疗

热入血室从病因进行分类比较恰当。根据《伤寒论》《温热经纬》以及其他书籍，热入血室可分为中风伤寒型（轻型、重型）、温热型和湿热型三大类。

1. 中风伤寒型

轻型：寒热发作有时如疟状，经水适断。治以和解表里，兼以活血祛瘀，小柴胡汤主之，使邪从外出，邪祛则寒热自止。钱天来云："小柴胡汤中应另加血药，如牛膝、桃仁、丹皮之类。"可作参考。

重型：发热恶寒，经水适来，胸胁下满如结胸状，谵语或昼日明了、暮则谵语等。《伤寒论》原文已明确指出当刺其期门，随其实而取（泻）之。刺期门以泻肝实，使热从外泄，故汗出而解。刺期门一法为仲景所创，现临床少用或不用，往往以药物治之，常用小柴胡汤加减。或可两法并举，遵循《灵枢·经脉》篇所说的"经脉者，所以决死生，处百病，调虚实，不可不通"的古训。

2. 温热型

王孟英说："温邪热入血室有三症：如经水适来，因热邪陷入而搏结不行者，此宜破其血结；若经水适断，而邪乃乘血室之空虚以袭之者，宜养营以清热；其邪热已传营，逼血妄行，经未当期而至者，宜清热以安营。"另外，《伤寒论》云"阳明病，下血谵语者"，根据其症状表现可列入此型。临床可参考上述治疗原则分别选方治之。

3. 湿热型

《湿热病篇》云："经水适来，壮热口渴，谵语神昏，胸腹痛或舌无苔，脉滑数，邪陷营分宜大剂犀角、紫草、茜根、贯众、连翘、鲜菖蒲、银花露等味。"可见，治疗湿热型热入血室的重点是凉血解毒，透营醒脑，亦可针对湿热并重或热重于湿灵活加减。

此外，临床上亦可出现一些兼夹症，如夹里寒者可加桂、姜、酒制大黄少许；气滞者可加香附、陈皮、枳壳；若血结甚，少腹满痛，确有瘀血者，可小柴胡汤去甘、药，加延胡索、当归尾、桃仁、红花等。

四、结语

《伤寒论》中"阳明病，下血谵语者，此为热入血室"的原文虽未冠以"妇人"二字，但应视为妇人未值经期或经期当至而未至之时患阳明病的另一种类型。这主要是从三点来考虑的。

一是阳明病不是经证就是腑证。经证者，无形热邪充斥内外未与有形之糟粕相结，故大热、大汗、大渴、脉洪大，治用清法，取白虎汤之类。腑证者，邪热与胃肠有形之宿食相结而成里实，故痞、满、燥、实，分别用三承气汤等。该"下血谵语"一不属经，二不属腑，故属热入血室，而逼血另走谷道，出现下血谵语。二是中风、伤寒、温热、湿热所致热入血室之症，均有经水适来或适断，但该条无经水适来或适断，却有下血。仲景又明确诊断为热入血室，似乎可说明热入血室有血走他道之症。三是结合治法来看，妇人中风之热入血室与该条均为刺期门随其实而泻之。冲脉为经脉之海，会于气街。冲脉起于胞中即血室，血室又隶属于肝脉，期门乃肝之募穴也。今邪入血室，因经脉与血关系密切，故刺期门以泻肝实，散血室之热，使热从外泄，濈然汗出而解。因此，热入血室之症是否应考虑为妇人特有疾患，更进一步可说"血室即胞宫"。

热入血室多有谵语一症，须详加鉴别。此并非阳明胃家实也。故仲景"无犯胃气及上二焦"一句应为该症之证治禁忌。因其病既不在胃又不在上二焦，不可误用承气下之以夺胃气，亦不可从上焦论治而用汗、吐等法。"必自愈"并不是无需治疗，而是应根据"经水适来适断""此为热入血室"之句，从热邪、从血分辨证论治，如此则预后良好。

论当代中医的临床思维和方式

随着人们认知水平和疾病谱的变化，当代中医的临床思维和方式已经发生或正在发生变化。笔者认为，当代中医的临床思维具有四个方面的特点：①辩证法思维观。②逻辑性思维观。③目标式思维观。④规范化思维观。其思维方式表现为将古代朴素的唯物辩证法转变为当代的哲学思想，把传统的意念灵感转变为科学的多元意念；以单纯的效法方式扩大为八个方面的模拟目标，用拿来主义使病、症、证规范、客观、量化，更好地运用于临床。

历史的变迁促使中医临床思维不断变化，社会的发展给中医学注入了新的内容。两千多年的浩瀚医籍，有多学科研究中医学的结晶《黄帝内经》，有用朴素唯物辩证法研究中医学的典范《伤寒杂病论》，有现代生物学渗透中医学的传染病学典籍《温病学》。这些医籍以及学说共同构成了中医学独特的较为完整的理论体系，指导着医疗活动，为中华民族的繁衍昌盛做出了巨大贡献。

一、辩证法思维观——宏观指导方式

辩证法是当代社会科学中先进的哲学思想，现在它已成为当代中医的座右铭，替代了古代朴素的唯物辩证法。现在临床中已广泛运用对立与统一、整体与局部、主要矛盾与次要矛盾、运动与静止、内因与外因、量变与质变、现象与本质、共性与个性等，作为认识人体生命活动中的整体与局部的辩证关系、运动与平衡的统一、变化与差异的天秤，以及识别疾病性质、部位、转化、关系和规律的衡器，为掌握疾病的发生发展规律起到了宏观指导作用。

与此同时，社会精神和物质文明影响着人们的生活、心理、环境和追求。如战乱灾荒的消除、社会安宁和物质丰富使人们的生活得以改善，科技和工农业的发展、生态的失衡，并由此而出现的劳逸不当、过食膏粱厚味、环境污染、恐癌心态，使得疾病谱发生了变化，致病因子远远超出了六淫、七情的范围。

当代中医相应地也应改变临床思维观和方式，针对人们的向往和追求，把身心保健、长寿、免疫、攻克癌症、新病（中医无记载）防治，以及医源性、药源性疾患，人为破损脏器和功能，抗、耐药性及毒副反应纳入临床思维，充分发挥中医药的特点和优势，开展急诊、保健、康复、剂型改革以扩大诊疗范围，提高疗效对抗新的疾病，在完成时代赋予我们的历史使命中构成新的思维方式。

二、逻辑性思维观——科学意念方式

逻辑性思维即抽象思维，又称科学思维。它从接触感性的对象开始，随着认知的深化而逐渐舍弃客观对象中个别的、直观的或可以直接感觉的方面，抽象出概念、定理、定律并形成一定的理论体系，以表述认知的结果。然而，逻辑与意念有着内在的联系，往往在辨证论治中，运用理论和经验进行类比推理时，引出的"意、意也、悟也"，即联想思维、逻辑性思维。"医者意也"是传统中医在围绕治病求本而发挥的主观能动性的思维方式的概括。中医有史以来被蒙上一层神秘的面纱，素有只可意会不可言传之说。当代中医已将这单一的灵感，转化为包含中医基础理论、哲学观与方法论、社会因素、心理学、医生品德等综合的多元意念方式，使传统的意念科学化，并使逻辑性思维观趋于具体化。

临证时从患者的症状特征和诸症状关系反馈中获得的众多信息，并以之为思考点，借助中医学唯物辩证观和方法的宏观理论、概念，中医学微观的客观实在性、直观性、特异性及现代设备仪器进行判断、推理，从具体到抽象，从感性认识到理性认识，把医疗实践与想象力有机结合，整理成有条理、有系统、有价值的第一手资料，从而得到证治概念和诊治方法。

这是医术炉火纯青时出现的思想升华，是思维物质飞跃于刹那间的智慧，是科学意念与主客观相符所迸发出的火花，它使辨证论治具有艺术特征，显示出当代中医辨证论治特有的模拟式——目标式思维。

三、目标式思维观——实践效法方式

医师在临床上对病、症、证进行辨证时往往将患者的诸多证候与先贤的理论相比较，并与之相对，有的放矢。医生在寻求或攻击的对象（或称为病证）时，其思维活动和所采取的措施，即称为有目标的效法方式。

效法方式是根据前人的经验，利用固有的模型去认识事物的思维方式。当代中医通常从四个方面进行效法：一是学习先贤医著和当代医学教材，在掌握基本原理的同时，熟记各种理论所归纳的证候类型，并以此为准绳；二是以他人报道的研究成果和失败教训为验证模拟；三是运用多元意念对某些病种进行前瞻性科研实验方案或协作攻关课题实施；四是回顾自己的有效案例和失误案例，举一反三，以过电影的形式与现证候相对照，用择优法为我所用，为病情所用，达到新的印证。

效法必须有目标，且必须作为依据去套用，这是当代大多数中医的临床思维观。诸如效仲景法、效陈修园法、效逆流援舟法、效王清任法等，大多是在病机相同的情况下同病同治或异病同治，属照葫芦画瓢。这是效式之一。在同病异治方面，因病机不同而立法有别，如同为泌尿系结石，若结石嵌在输尿管及其以下者，常以行气活血、利尿排石治之。若结石结在肾盏内，属阳虚者，则治以温补肾阳兼排石；属阴虚者，以滋阴补肾排石为法，此为辨证论治，效式之二。常见的子宫肌瘤、陈旧性宫外孕破裂、术后粘连性肠梗阻等，病证各异，究其病机均为气滞瘀阻，治疗上缓者桂枝茯苓丸，急者桂枝茯苓汤，既可消除症状，亦可免除手术之苦，此乃异病同治，效式之三。四是在没有适宜方法或中医学无记载，一时无目标时，运用辩证法、逻辑学进行宏观指导，结合现代科学手段，分析病因病机，推理立论，以药试治，认真观察，积累资料，不断总结，如此也往往能获得意外的进展和突破，继而为创造性探求现实事物新特征而铸成了规范化思维观。

四、规范化思维观——客观量化方式

中医学有几千年的历史，每一个时期都有诸多学科的知识，是数以万计的先辈们呕心沥血的学术结晶。从《五十二病方》到《黄帝内经》，再到现在的统编教材，都为中医学的规范化做出了不可磨灭的贡献，充实了中医学宏观、微观的原则和内容。

近几十年来，当代中医在坚持整体观、遵循辨证论治、保持中医特色的前提下，在理论和实践方面实行拿来主义，武装自己，运用现代高、精、尖、新的仪器和检测手段，获得了可贵的客观知识，克服了看报告单后中药西用、方套病、证套方的不足。

当代中医在辨瘀血证方面，除了采用传统思维外，还从血液流变学方面加以印证，使证的规范化、客观化逐渐成为可能。当血液黏稠度过高、细胞凝集增强时，我们会意识到有心脑血管疾病发生的可能，从而提早防治，以治病求本。X光和断层扫描技术可显示身体任何部位的立体解剖图像，提高诊断的及时性和准确性，从而为中医学增添了公认的诊断和疗效判断标准，提高了中医在当代的学术水平和地位，促进了国内外学术的交流。

对于病、症、证的规范化问题，从理论到实践中医人正在进行研究和论证，迫切希望症状、病名、证名能够规范化。通过研究、考证、澄清、吸取、鉴别、删除之后，一个概念更加明确、定义更加严格、规范化、客观量化的新医学理论体系将会展现在眼前，运用于临床。

第六章

运用仲景方治急、危、重症 24 例

白虎汤加桂枝治疗高热大汗大渴伴恶风案

胡某，男，33 岁，农民，常德市大龙站板桥大队人。

病程经过：1964 年 7 月，正值抢收季节。病始为发热、头痛、口渴之症，先后经 3 位医师诊治，历时 4 天，以青霉素、安基比林注射液、复方阿司匹林片及中药治疗，上症逐渐加重，故邀余出诊。

诊时所见：患者自诉高热不退，头痛如裂，神志清楚，卧床不起，全身大汗淋漓，衣被皆湿，并要家人扇扇纳凉，但扇时全身恶风，皮肤起粟粒（鸡皮疙瘩），大渴时索凉水一饮而尽。查体温 40.2℃，舌红、无苔少津，脉浮大而洪。

辨证：阴阳邪热内蒸，迫津外泄，兼表邪未尽。

论治：辛凉清热，兼以解表。白虎汤加桂枝。处方：生石膏 60g，知母 24g，炙甘草 10g，粳米 1 匙，桂枝 6g。2 剂，水煎服。虑及病重而危急，第 2 天前往复查，患者诉 1 剂已尽，诸症皆愈。嘱其第 2 剂不再服，以饮食调之。

按：本例高热、大汗、大渴、脉洪大四大之症俱现，究其病机乃无形邪热充斥于内外，有津脱阳亡之危，故以辛凉重剂白虎汤清之。唯恶风起粟粒仲师无加减法，并不因"桂枝下咽，阳盛则毙"所惧，由于认定此兼症虽大汗然表邪仍在，虽高热津耗然仍以桂枝调和营卫，解肌祛风，终收热清邪解立效之功。

关于白虎汤之适应证，《金匮玉函经》之太阳·180条指出："伤寒脉浮，发热无汗，其表不解者，不可与白虎汤。渴欲饮水，无表证者，白虎汤主之。"本文前段"无汗"，为"表不解"，当然不可用白虎汤，因白虎汤乃辛凉之重剂；但后段"渴欲饮水，无表证者"，既没有讲"有汗"，又没有提示"无汗"，那就有可能是指"不恶寒"。然而本例是在四大症俱备的情况下兼有"恶风"。诚然"恶风"与"恶寒"有区别，但都是"有表证"的存在，只是在"有大汗"的情况下"恶风"。在无理论依据的情况下，大胆而慎重地选用桂枝以解肌祛风，能解"大汗恶风起粟粒"的特有之症见。这是作者刚从医几年之后所遇到的既是重症又是典型的经方运用的案例，1剂而收全功，实属意料之外，因此受到了极大的启发和鼓舞，开始对张仲景之学说的辨证思维非常崇拜，故五十多年来，读、学、用、总结《金匮玉函经》之方用于临床，锲而不舍。

桂枝茯苓丸合三仁汤治疗产后尿潴留案

章某，女，25岁，长沙人。

病程经过：患者于2005年7月29日在长沙某医院妇产科经剖宫产产下一健康女婴后，出现小便不通，初始点滴而下，两天后闭塞不通，小腹胀急疼痛，难以忍受。经诱导引尿、肌注新斯的明、腹部热敷、针灸等治疗7天，未见效果。不经导尿小便难以排出，故邀吾会诊。

诊时所见：小便闭塞不通，腹部胀急，伴饮食不思，口淡不渴，胸脘满闷，喜汗出，大便稍硬，无明显恶寒发热。体胖，面色白而无华，皮肤湿润，舌淡红，苔薄腻，脉濡缓而涩。

辨证：气虚血瘀，三焦、膀胱气化失司。

论治：益气化瘀，利尿通闭。方选桂枝茯苓丸合三仁汤加减：白蔻仁6g，杏仁10g，薏苡仁18g，厚朴10g，法半夏8g，白通草10g，淡竹叶12g，六一散15g（包煎），西洋参8g，香薷9g，桂枝3g，茯苓15g，桃仁12g，丹皮10g，赤芍18g，益母草15g。水煎服，1日1剂，忌食生冷、辛辣之品。服完两剂患者即有便意，拔掉导尿管可自行排出小便，3剂后排尿恢复正常。

按：产后尿潴留中医称小便不通、癃闭，多由于产后气虚血瘀，三焦、膀胱气化失司，腑气不降而成。根据因时制宜、天人相应理论分析，患者犯病时值长夏，暑湿之邪偏盛，产时大汗，腠理疏松，外邪乘虚而入。更重要的是，妇女产后有气虚、血瘀两大特点，其虚是体质虚，瘀乃下焦之瘀阻，因而治疗时以清解暑湿、益气化瘀、利尿通闭为法。方中三仁汤加香薷清暑化湿，西洋参益气，桂枝通阳化气以助膀胱气化，茯苓淡渗利尿，桃仁、丹皮、赤芍、益母草活血化瘀。诸药合用，切中病机，故服之辄效。

大承气汤合桂枝茯苓丸治疗股骨术后肠梗阻案

刘某，女，81岁，本院职工家属。

病程经过：因股骨手术后高热、神昏、谵语、腹胀3天，于1990年11月8日下午7时会诊。患者25天前因跌倒致左侧股骨骨折，当时仅做一般护理。5天前受伤局部似有恶化趋势，才来院做骨外科手术。手术较顺利，但术后第2天自觉有发热（38.6℃）、口渴、腹胀、疲倦等症。术后第3天中午患者暴食，于晚7时出现高热（体温40.5℃），白细胞计数为17×10^9/L，中性粒细胞百分比88%。

诊时所见：高热，神志欠清，答非所问，循衣摸床，自汗出。查：腹部坚满，右下腹有一包块如拳大、边界较清，压痛、反跳痛明显。听诊肠鸣音高亢，偶尔能闻及金属音，询问家属患者已有3日未大便，亦无矢气，舌老红少津，苔黄燥起芒刺，扪之有刮指感，脉弦细数。左侧患肢极度肿胀不可动弹。

辨证：热瘀交结，邪热上扰，宿食糟粕阻隔。

论治：通腑攻下，活血通瘀。方用大承气汤合桂枝茯苓丸。

处方：生大黄9g（后下），枳壳10g，厚朴10g，丹皮12g，桂枝4g，桃仁10g，赤芍10g，芒硝10g（另包，待上药煎好后以药液分2次冲服），急煎于晚8时服下。4小时后患者先泻下颗粒粪及大量秽臭腐渣粪便，随即腹软，包块消失，神志清醒，舌津已复，安然入睡，高热、大汗、腹坚满霍然而去。此时查腹平软，肠鸣音正常，高亢、金属音消失。

按：该患者的特点，一是高龄，为年过八旬老妪，非年轻体壮之躯；二是病久体虚，骨折后25天又复经手术；三是腹坚满有巨大包块，邪实为急。如果按照年龄、体质、病久之虚来考虑，乃不堪一击。当时会诊时意见很不统一，有人提出需做腹部透视，查是否为梗阻，能否见肠液平面，结果因不能搬动而废止；有人提出腹坚满、巨大包块，可考虑行腹部探查术，又因前次手术左侧患肢极度肿胀不可动弹，恐险象丛生而被否决。最后余以中医辨证、辨病之理说服了会诊者，当时并科学地计算时限，预计在服药4小时后会产生药效，果然大约在凌晨1时大便通泄，其矢、瘀、热一并清除。

另一个问题，就是为什么要合用桂枝茯苓丸。该患者的另一大特点是实，需急下。结合患者实际，行股骨术时局部损伤，术后左下肢极度肿胀均为瘀阻。必须明了，桂枝茯苓丸不仅可温通血脉，还可助大承气汤一臂之力，通腑攻下且不伤正，实在是三管齐下而取速效。

桂枝茯苓丸治疗术后粘连性肠梗阻案两例

桂枝茯苓丸出自《金匮要略·妇人妊娠篇》，原为治疗妇人宿有癥病复受孕而胎动不安、腹痛漏下之症。笔者自 1976 年 3 月至 1986 年 7 月先后运用桂枝茯苓丸治疗因急腹症和其他腹部脏器手术所致的粘连性肠梗阻，收到满意疗效，使患者免遭再手术之苦。现从所治 11 人、18 例次中选取 2 例详述如下。

一、一般资料

性别：本组共 11 人，男 5 人，其中 2 人反复发作，先后 9 次手术，共计 12 例次；女 6 人，共计 6 例次，先后 18 例次手术。

年龄：11 人中，7 岁、16 岁各 1 人，25～55 岁 8 人，64 岁 1 人。

行阑尾切除术 3 例次，胃溃疡穿孔及大部切除术 2 例次，外伤性肠穿孔吻合术 5 例次，子宫次全切除术 2 例次，剖宫取胎术 2 例次，左肾切除术 2 例次，结肠癌切除术 2 例次。

临床表现：本组患者肠梗阻均发生在腹部脏器手术后。临床以腹痛阵发性加剧为主症，伴有呕吐、不排气、不大便；腹部听诊可闻及高调肠鸣音或金属音；触诊有肠形或肠蠕动波；X线透视见腹部阴影密度增高，气液平面或肠腔内大量积气；舌红或淡，苔厚白或薄黄燥，脉弦紧、缓、数、涩。

基本方及加减法：桂枝茯苓丸改为汤剂，由桂枝、茯苓、桃仁、丹皮、芍药组成。气滞偏重者加广木香、川厚朴或砂仁；偏寒者加熟附片或荜茇；偏热者加蒲公英或白花蛇舌草；偏瘀重者加滇三七、刘寄奴。

疗效：18 例次患者全部治愈。一般情况下，肠梗阻较轻者服本方 2 剂即可缓解，腹痛、呕吐消失，大便通畅；重者 3～6 剂，临床症状消失而愈。唯有 2 例患者因劳动强度大，加纳食过饱先后反复发作 4～5 次，但每次发作用本方均治愈。

二、典型病例

术后粘连性肠梗阻案 1

唐某，男，24 岁。因腹痛阵发性加剧 24 小时，伴呕吐 4 次、腹胀满、不大便，于 1976 年 4 月 25 日来我门诊。

病程经过：患者 1 年前在码头工作，不慎被木头弹伤腹部，以致肠穿孔而施行手术，术后 1 年无恙。前天因春耕大忙，加之饮食过饱，上症再次发生。

诊时所见：发热，体温 38℃，血压 110/70mmHg，腹痛，呕吐，痛苦面容，捧腹呻吟。心肺（－），右腹脐旁一切口瘢痕 10cm，腹部隆起，腹肌紧张、压痛明显，肠鸣音增强，时有金属音。X 线透视见右下腹部 3 个液平面，舌红少津，苔薄黄燥，脉弦带数。

辨证：瘀热互结，气滞腹痛。

论治：理气化滞，活血逐瘀。处方：桂枝 6g，茯苓 15g，桃仁 18g，丹皮 15g，赤芍 15g，川厚朴 10g，蒲公英 30g。3 剂，水煎服。留门诊观察，上方进 1 剂后，腹痛缓解，未再呕吐。继进 1 剂后，夜间已有少量矢气，仍有阵发性腹痛；继服第 3 剂，矢气频频，大便排出干屎约 700g，计 24 小时内连服 3 剂而愈。

后每遇劳动强度大与过饱之时，先后于 1976 年 10 月、1977 年 4 月、1978 年 5 月、1980 年 7 月又复发 4 次，其症状表现与第 1 次基本相似，每次均服上方而愈。后经随访至今，未再复发。

术后粘连性肠梗阻案 2

熊某，男，7 岁。因持续性腹痛、阵发性加剧 12 小时于 1979 年 3 月 20 日入院。

病程经过：患儿于前 1 天中午自觉腹痛，逐渐加剧，伴有呕吐黄水，24 小时无矢气、未排大便。1 年前患急性阑尾炎，经手术治疗痊愈出院，无其他传染病。实验室检查：白细胞总数 1400/m³，中性粒细胞百分比 80%；X 线透视见少量液平面，右中腹密度增高。入院诊断：①粘连性肠梗阻。②失水酸中毒（轻）。外科补液，以纠正水电解质失调，肌注青霉素、口服硫酸镁、颠茄合剂，2 天未见好转，上症加重，急邀中医会诊。

诊时所见：肢体不温，神色淡，舌质淡，苔白厚，脉弦紧。体格检查：体温 37℃，脉搏 80 次/分，呼吸 20 次/分，血压 110/80mmHg，双眼眶稍凹陷，心律齐无杂音，双肺呼吸音正常。腹部稍膨隆，右下腹有一长约 4cm 切口瘢痕，腹肌紧张，压痛明显，有时可见肠形及蠕动波，肠鸣音增强，时有高调音。

辨证：寒凝腹痛，气滞瘀阻。

处方：桂枝 20g，茯苓 10g，桃仁 15g，丹皮 15g，赤芍 20g，砂仁 5g，广木香 4g（磨汁兑服）。服上方 1 剂后，症状减轻；继服 1 剂，便下约 100mL 水样便，矢气频作，药尽又排出大便约 80g，便通痛止，痊愈出院。至今未见复发。

三、分析和休会

粘连性肠梗阻属中医学"关格"范畴。近年来，各种外科手术逐年增多，该病临床屡见不鲜。该病既不属于阳明腑证，故不可用泻下；亦不属积滞，故不可用消导。"痛则不通，通则不痛"。本病是因手术导致肌肤脏器损伤，进而经络阻塞不通，为气血运行逆乱的综合性病理现象，主要矛盾是"瘀阻"。因此，用桂枝茯苓丸方活血化瘀。方中桂枝通血脉，芍药柔肝扶脾，一阴一阳调其寒温，通经活络；茯苓淡渗下行，丹皮理血清瘀，一气一血配桃仁以化瘀血而利血行，修复创伤，是针对病因病理属瘀而设，因而瘀祛便通，痛止病愈。

另外，两例病案反复发作的原因很可能是瘢痕形成，经络不利，遇到气血运行不畅则一触即发。

本方治疗粘连性肠梗阻，虽病例不多，但两例患者多次发作，用之均收到满意疗效，可见这并不是偶然的，足以证明桂枝茯苓丸治疗本病是较理想的方剂之一。但须注意不可滥用，要中病即止，药后注意调理脾胃。

桂枝茯苓丸加味治疗子宫肌瘤案

彭某，女，42岁，工人，常德桃源人。门诊病例。

初诊：月经每月超前而至，淋沥不断，夹有紫色血块，伴少腹疼痛；腰腹酸胀1个月，于2007年12月11日来诊。

刻下：舌淡嫩稍胖，薄白腻苔，边尖有齿痕，舌下络脉怒张迂曲，脉细缓带弦。

辅助检查：B超检查提示子宫肌瘤（子宫前壁左侧及后壁可见两个大小分别约29mm×15mm、25mm×30mm的低回声结节，类圆形，边界清楚，内回声欠均匀）。

辨证：气滞血瘀，痰瘀交阻胞宫。

治法：行气活血，逐瘀化痰散结。

主方：桂枝茯苓丸加味。处方：桂枝 4g，茯苓 15g，桃仁 10g，丹皮 10g，杭白芍 18g，茜草 18g，香附 12g，当归 12g，益母草 20g，炒黑栀 8g，银杏 8g（去壳）。7 剂，水煎服。

二诊（1 月 9 日）：服上方后，本次月经如期而至，量多伴少量黑色血块，淋沥不断之象消失，少腹疼痛减轻，自感疲惫乏力。舌淡紫少津，苔薄白，脉弦细缓。

辨证：气滞瘀阻胞宫。

治法：行气活血逐瘀。

主方：逍遥散合桂枝茯苓丸加减。处方：杭白芍 18g，赤芍 15g，当归 15g，炒白术 10g，炙甘草 6g，柴胡 8g，云茯苓 15g，薄荷 4g，桂枝 4g，桃仁 12g，丹皮 10g，三棱 6g，莪术 6g，生黄芪 25g，益母草 20g。10 剂，水煎服。另云南白药（4g×4 支）分次兑中药服。

三诊（3 月 18 日）：服上方后症状有所减轻。现月经按期而至、量不多、色灰黑有块，少腹及腰隐痛，大便日 1 次，舌淡润，苔薄白，脉弦细缓。

拟守上方。杭白芍 18g，赤芍 15g，当归 15g，炒白术 10g，炙甘草 6g，柴胡 8g，云茯苓 15g，薄荷 4g，桂枝 4g，桃仁 12g，丹皮 10g，三棱 6g，莪术 6g，生黄芪 25g，益母草 20g。10 剂，水煎服。另田七粉 20g，分次与中药兑服。

服上药后，月经期、量均正常，无其他不适，舌淡红润，少苔，舌下络脉稍怒张，脉缓。复查 B 超示：子宫肌瘤消失，子宫大小形态正常，回声中等。

按：子宫肌瘤是女性生殖器最常见的一种良性肿瘤，可归属于中医"石瘕""癥瘕"范畴。中医学认为，其发病机制为脏腑失和，气血失调，痰、瘀等聚结胞宫。笔者十多年来以桂枝茯苓丸（汤）方为主治疗该病百余例，均取得了满意疗效。

本病以患者月经来潮前1周服药为佳。方中以活血化瘀调经之药为主，利于经前1周宫体内的变化。气血的加速运行能够调节月经周期，加快瘀血消散，恢复月经的正常运行。

桂枝汤加味治疗荨麻疹案

陈某，女，33岁，农民。1974年3月12日因荨麻疹反复发作4年、此次发作1周而就诊。

病程经过：患者近4年来，每逢冬春季节天气寒冷或吹北风及接触冷水时则从肢端迅速遍及全身，突起红白相兼的疹块，有的融合成片如掌大，痒甚。经当地治疗若干次罔效。

诊时所见：面色青白，头面、四肢端及胸背、腹部遍布红白色疹块、丘疹，并见搔抓痕。疹块高出健康皮肤、触之较硬，舌淡红嫩润，苔薄白，脉浮缓。

辨证：营卫不和，风寒袭于肌腠。

治疗：桂枝汤加味。处方：桂枝8g，白芍10g，蝉蜕10g，炙甘草6g，生姜3片，大枣六枚。4剂，水煎服。

二诊（3月20日）：诉服上药3剂后有明显效果，4剂服完，近几天未再出现疹块，仅有少量丘疹、微痒。察舌、切脉未见其他异常。仍守上方，4剂。同时处以人参养荣丸（120g×8瓶），药后温开水送服，每次10g，日2次。随访至今，一直未复发。

按：桂枝汤为《伤寒论》方，是仲景为太阳中风而设。柯韵伯说："此方仲景群方之冠，乃滋阴和阳，调和营卫，解肌发汗之总方也。"方中桂枝味辛性温，辛能发散，温通卫阳，为君；芍药为臣，味酸性寒，酸能收敛，寒能走营，和营中有调卫之功；生姜助桂枝解肌泄邪，大枣佐芍药和营益阴，甘草调和诸药，以安内攘外。特加入蝉蜕，咸甘寒而入肺肝，以散风息风直达病所，使"卒风暴起，则经水波涌而陇起"之症除。笔者在十多年的临床中，经治类似患者数十例，屡用屡验。

小柴胡汤治疗重度早孕反应案

聂某，女，22 岁，常德市银行干部。因妊娠近 3 个月剧烈呕吐 1 个月于 1985 年 9 月 13 日来诊。

病程经过：患者诉在县医院妇产科已住院 30 天，治疗效果不显，昨天出院。住院期间连续输液 25 天，口服氯丙嗪片 30 天。呕吐仍然每天 8 次以上，食后及饮水随即呕出。

诊时所见：面色㿠白，身体消瘦，精神不振，烦躁，饮食极少，口苦，嗳气频作，舌淡红瘦，薄黄苔，边尖有齿痕，寸口脉左关尺弦大稍有力、右关浮而无力。末次月经净于 6 月 20 日，平素性情急躁易怒。

辨证：肝郁脾虚，胆热上蒸，肝胃不和。

论治：平肝和胃，和解少阳，平逆止呕。小柴胡汤加味。

处方：柴胡 8g，黄芩 10g，法半夏 10g，参须 8g，炙甘草 6g，生姜 3 片，大枣 5 枚，石斛 10g，砂仁 4g。3 剂，水煎，呷服，停服其他药物。

二诊（9 月 18 日）：服上方后饮食明显好转，每餐能进食二两左右。饿后觉胃脘嘈杂，仍有嗳气，舌红瘦，无苔少津，脉弦细。此乃胃阴受损，肝胃不和。上方加麦冬 12g，3 剂。

药后随访，因临床症状消失，且患者 1 个多月来为药所苦，故不再服药，以膳食调理之。于1986年4月生一男婴。

按：小柴胡汤为邪在少阳之方，出自于《伤寒论》。笔者抓住呕恶、口苦、烦躁之主症，遵循仲景之"有小柴胡证，但见一证便是，不必悉具"（太阳·108）所言，针对本例患者虽以妊娠为特点，但呕、苦、烦之病机实属少阳不利，故投小柴胡汤以转枢机，加入石斛养胃生津平胃气，砂仁开胃消食，助法半夏、石斛以止呕。呷服是防呕久而胃拒受纳。

小柴胡汤在《伤寒论》中共有19条原文，其总的病因病位、辨证不外乎五个方面：邪在半表半里、枢机不利、热入血室、三阳合病、二阳并病，并未见有本例所述之"早孕呕恶顽症"，所以仲师指出："但见一症便是"，意在抓住其总的病机，即可投以本方而"不必悉具"。

旋覆代赭石汤治疗幽门梗阻案两例

幽门梗阻案1

吴某，男，50岁，农民，常德市长岭岗乡人。因呕吐食物反复发作3年、加重1个月于1985年11月18日门诊就诊。

病程经过：近3年来胃脘嘈杂，食后饱胀，时有疼痛，食后即呕、呕出后则快，伴有嗳气反酸。经地、县医院多次治疗无效。X线胃钡餐示：钩形胃，有食物潴留液，蠕动推进极缓，幽门开放迟缓且梗阻，十二指肠球部始终未见充盈。西医诊断：①幽门梗阻。②十二指肠球部溃疡。

诊时所见：身体消瘦，神情疲惫，面色萎黄。近1个月来上症加重，每日必呕3~4次，早餐晚呕，晚餐必在第二天全部呕净则舒。两胁及背部胀痛感，大便3~5日一行、颗粒状。舌边尖红，薄白苔，脉濡细无力。

辨证：胃气虚弱，痰浊内阻，食滞不通。

论治：补中培土，降逆涤饮。方用旋覆代赭石汤加味。处方：旋覆花10g（包煎），煅代赭石25g（包煎），法半夏、党参各12g，炙甘草8g，生姜3片，大枣8枚，枳壳20g。5剂，水煎服。

二诊（11月25日）：服上方3剂后，仅呕过1次，服完5剂能进食未呕，噫气、吞酸亦明显减少。仍守上方，4剂。同时以香砂六君子汤8剂（常用量）加白及200g，乌贼骨、徐长卿各80g，共研细末，炼蜜为丸，如梧桐子大，每次10g，日2次，开水送服。

40天后来院钡餐复查：钩形胃，无食物潴留液，蠕动推进正常，幽门开放正常、无梗阻，十二指肠球部充填欠满意，加压下可见一约0.4cm大小的龛影。提示十二指肠球部溃疡。幽门梗阻症痊愈。

按：旋覆代赭石汤出于《伤寒论》，适用于"伤寒发汗，若吐，若下，解后，心下痞硬，噫气不除者"。原方之症为汗、吐、下后表解而中气虚，虚则浊气不降，饮邪上逆。因病机与本例相同，故取旋覆代赭石汤补虚涤饮降逆，重用枳壳，"开启幽门"，理气宽中导滞，以助代赭石领党参下行，镇安其逆气，使幽门有节律地开阖，使清气升，噫气除而疡平。

幽门梗阻案2

邵某，男，47岁，农民，常德市石板滩乡人。因胃脘隐痛，食后呕吐反复发作3个月、加重1个月于1989年8月就诊。

病程经过：3个月前开始出现食后呕吐，3个月来反复发作，近1个月加重。早、中饭后五六小时即觉胃脘处鸣响，必呕出全部未消化食物方可缓解；晚餐进食后，于凌晨4~6时胃脘饱胀，必呕吐，所吐食物可见饭菜未消化。每餐食1~2两软米饭。经当地及某县级医院多次治疗无效，考虑首先排除恶性病变，X线钡餐：钩形胃，有潴留液及未消化食物，蠕动推进极缓，幽门开阖迟缓且梗阻，诊断：①幽门梗阻。②十二指肠球部溃疡。

诊时所见：面容憔悴、消瘦，精神疲惫，大便2~3日1次、干结或颗粒状，舌淡红少津，寸口脉濡细无力而缓，趺阳脉浮而无力，伴短而脉行不畅之涩象。

辨证：据寸口脉、症，病机为胃阴不足，湿浊中阻，气滞不通，但与患者所见不同，于理难解。根据中医诊断，其病位虽可定在胃，但寸口脉难以察病机，故必须结合趺阳脉之浮涩，判断主病形证为胃反，导致胃反的是升降失常。

论治：以降逆涤饮、温中培土为法，经方旋覆代赭石汤加味。处方：旋覆花12g（包煎），煅代赭石25g（包煎），法半夏、党参各15g，炙甘草8g，干姜3g，枳壳20g，大枣8枚。5剂，水煎温服。

二诊：1周后患者诉药后仅呕吐2次，服完5剂，进食未见呕吐，噫气、吞酸亦明显减少。诊趺阳脉如前，守上方，5剂，水煎温服；再以健脾和胃之香砂六君子加白及研细粉，炼蜜丸，如梧桐子大小，每次10g，日服2次，温开水送服。

40天后来院复查。钡餐：无潴留液，蠕动推进正常，幽门开阖正常、无梗阻，十二指肠球部充填欠满意，加压下可见一隐约龛影，为十二指肠球部溃疡吸收好转；幽门无梗阻。随访至今，未见复发。

按：该案突出症状为朝食暮吐，暮食朝吐，病乃胃反。胃反之因是幽门不开而致梗阻不降。六腑以通为顺，以降为常，反之不通不降则呕。其呕在食远而发，多为寒滞于中，加之胃反三月则知脾胃气虚。因此，胃反而呕、升降无序、寒滞于中、脾胃气虚互为因果。本案趺阳脉浮涩相兼，脉浮非实为胃气虚弱，涩乃脾阴受损，中阳虚衰故不能消磨水谷。本病突出表现为饮食入胃之后不能消化，亦不能下降排空，早晨吃的傍晚呕出，傍晚吃的翌晨呕出，此症如《金匮玉函经》太阳·172 条所言："伤寒汗出……心下痞坚，噫气不除者，旋覆代赭石汤主之。"亦如《金匮要略·呕吐哕下利病脉证并治第十七》所述："趺阳脉浮而涩，浮则为虚，涩则伤脾，脾伤则不磨，朝食暮吐，暮食朝吐，宿谷不化，名曰胃反。"本证在《金匮玉函经》为汗、吐、下后表解而中气虚，虚则浊气不降，饮邪上逆。在《金匮要略》则明言"朝食暮吐、暮食朝吐"，两条原文的病机与本例无不相同，故取旋覆代赭石汤补虚涤饮降逆，同时重用枳壳理气导滞宽中，更以干姜温中，药后寒祛滞消，胃反自平。

乌梅汤加味治疗荨麻疹久治不愈案

李某，男，48 岁，常德市人，农民。因全身块（片）状风疹团瘙痒反复发作 10 年、加重 10 天于 1990 年 7 月就诊。

病程经过：患者近 10 年来，或因饮食不当，或因外感风邪，反复突发全身性块状或片状风团，色红，瘙痒难忍，面部及四肢轻度浮肿，肠鸣不适，有时腹泻日 2～3 次、溏而不爽，屡经中西医治疗罔效。此次发作时在田间劳作，午餐食用面团（佐猪油）两碗，约 1 小时许突发。

诊时所见：头面、胸腹及四肢皮肤色红无汗，块状风团大小不一，成片相连，奇痒难忍，以致日夜寝食难安。伴肠鸣泄泻、日3~5次、溏稀不爽。舌淡红嫩、稍胖、边尖有齿痕，薄白苔，脉弦缓、双关稍浮。

辨证：饮食积滞，寒热错杂，兼风热之邪外袭。

论治：乌梅汤加味。处方：乌梅20g，细辛、附片各4g，桂枝、防风各6g，川椒、黄柏各10g，党参、当归各12g，黄连5g，干姜3g，山楂炭15g。3剂，水煎服。

二诊（7月5日）：患者诉服完2剂后，诸症悉退，饮食如常，腹泻已止。服完3剂后，仅胸腹间偶尔有蚁走轻痒感。为防止再发，再进上方2剂，药后诸症悉除。后进参苓白术散5剂，以健脾和胃，利肺固卫，祛湿善后。随访5年，未见复发。

按：该患者罹疾日久，按常法屡治无效。笔者认为系肠道障碍性荨麻疹。因进食大量淀粉和油脂，造成消化吸收之肠胃功能障碍、紊乱。遵中医"有诸内，必形诸外"之理，故以善理寒热错杂又具酸、苦、辛之乌梅汤收之、清之、散之，加山楂炭消食导滞，从而使夙疾痊愈。

乌梅汤加味治疗胃肠奇痒案

涂某，男，9岁，学生，常德市武陵镇人。因胃脘、脐腹部奇痒10天于1993年4月16日就诊。

病程经过：家属诉患儿10天前始觉胃脘、脐腹部有似痒非痒不可名状之不适感，按揉须臾方暂安，约十几分钟后复作，再经按揉始稍缓解，近几天逐渐加重。患儿平素极少吃蔬菜，食欲欠佳，多动，睡中龂齿，二便正常。

诊时所见：面色萎黄，形体较消瘦，神志清楚，语言、思维敏捷。就诊间患儿先后3次不自主地用手按揉腹部，每次2~

3 秒。腹诊：平软，无包块，无条索状物，肝脾（－），无压痛，腹部因按揉而见局部皮肤粗糙，似伤后薄痂状。舌淡嫩润，无苔，脉细缓略弦。

辨证：肝实脾虚。

论治：柴芍六君汤加味。4 剂，水煎服。芍药与甘草相配以缓急。服 4 剂后，其母诉上症如故。仔细推究，病因病机乃寒热错杂，阴阳不相顺接，胃阳不足。投以乌梅汤加味。处方：乌梅 18g，细辛、桂枝、附片各 3g，黄连、干姜各 2g，川椒、党参各 10g，当归、黄柏各 8g，生麦芽 12g。3 剂，水煎服。

服药 4 天后复诊。其母诉：服第 1 剂后按揉腹部动作减少。3 剂服完胃肠似痒难受之状基本消失。药已中的，继投原方 2 剂，同时嘱服香砂六君丸健脾和胃。随访至今，未见复发，健康无恙。

按：该患儿怪异之症临床少见，初诊治疗考虑学习负担较重，饮食不当导致肝郁脾虚、肝胃不和，然治后未取效。后考虑喜按揉乃虚或寒之征，日夜数十次发作乃阴阳不顺接、寒热错杂之象，故选用乌梅汤加味而瘥。

乌梅汤加味治疗直肠如棍撑胀痛案

江某，女，55 岁，湖北省石首市退休教师。因自觉少腹至肛门如棍撑胀痛 40 天，于 1993 年 10 月 8 日来诊。

病程经过：患者前几年因病曾多次来我处就诊。此次病因经济拮据，家庭不和，儿媳待孙不公，以致忧恐交加，饮食欠佳，神情倦怠，腹胀不适，大便日 3～4 次、量少、溏稀不爽。经当地中西医诊治月余无效，上症逐渐加重。当地妇产科、肛肠科检查无异常。

诊时所见：主诉腹内不适，少腹至肛门处如有一根棍儿撑着，痛胀难忍，每天发作 3～8 次，每次约 30 分钟。四肢欠温，气急，坐立不安，非如厕可缓解。面色㿠白，精神疲惫，舌质红润嫩、边尖有齿印，薄白苔，脉沉细缓略弦。

辨证：肝气不疏，脾胃衰弱，中气下陷。

论治：补中益气汤加味。处方：党参 12g，炙黄芪 18g，炙甘草 6g，炒白术 10g，当归 10g，陈皮 10g，升麻 4g，柴胡 6g，枳壳 12g，附片 3g。嘱其在亲戚家服药，以观察效果。

二诊：接电话后往诊，诉服药后罔效。细察症、舌、脉同前，再三分析认为，病在降结肠、直肠，非器质性病变。病位在下，病因为气郁在上，素体较虚，虚实并存，寒热错杂，故拟乌梅汤加味。药用：乌梅 20g，党参 12g，当归 10g，细辛 4g，桂枝 4g，黄连 2g，黄柏 8g，川姜 2g，川椒 10g，附片 4g，川厚朴 10g。3 剂，水煎服。继续当地服药，以便观察。

三诊：服上方 3 剂，诸症悉除，状如常人，饮食增进，精神好转。再以归脾养心丸 120g，4 瓶，带回石首服用。随访至今，安然无疾。

按：本病在余数十年的临床中仅遇见 1 例。初诊失利，究其原因，虽与家庭不和有关，但实则为身体虚弱，寒热交错，气郁于上，升降失司，故用乌梅汤寒热并用，苦辛同使，加川厚朴宽肠理气。气机升降自如则病告愈。

桂枝附子汤合补阳还五汤治疗硬皮病案

周某，女，45 岁，2004 年 3 月 20 日初诊。

病程经过：患者于 3 年前开始出现双手发凉，指尖发白，遇冷加重，逐渐发展为上肢关节及肌肉疼痛，屈伸不利。当地医院诊为风湿，给予中西物治疗（药物不详）未效，逐渐出现双上肢手背及面部皮肤变硬，持物、进食、表情均受影响。

诊时所见：神疲畏冷，面部及手背皮肤触之较硬、失去弹性、呈蜡黄色、表面光滑，面部表情淡漠、皱纹部分消失，语言不利，手指僵硬、活动受限。食欲尚可，大便两日一行、较硬，舌质淡胖有瘀斑，苔白厚，脉沉细而涩。病理切片：符合硬皮病诊断。

辨证：肾阳虚衰、气虚血瘀之皮痹。

论治：温经散寒，益气活血。方选桂枝附子汤合补阳还五汤加味。处方：桂枝 6g，制附片 10g，白芍 10g，赤芍 20g，川芎 12g，当归 15g，黄芪 20g，桃仁 12g，红花 6g，丹参 20g，石楠藤 15g，甘草 6g。

服药 10 剂，患者自觉皮肤、肌肉、关节疼痛明显减轻，上方加减服药 3 个月，面部皮肤弹性恢复正常，讲话流利，关节、肌肉疼痛消失，仅手背皮肤稍硬，功能活动正常。

按：硬皮病是以局限性或弥漫性皮肤及内脏器官结缔组织纤维化或硬化，最后发生萎缩为特点的疾病。其发病机理不明，西医学尚无特殊的治疗方法。该病属于中医学"痹证"范畴。《素问·痹论》云："痹在于骨则重，在于筋则屈不伸，在于肉则不仁，在于皮则寒。"其较形象地描述了硬皮病的病机及临床表现。临床所见硬皮病多表现为局部皮肤发硬发冷，麻木不仁，严重者可影响肢体活动及脏器功能。本例患者病程较长，除皮肤表现外，尚见畏寒神疲，舌质淡胖有瘀斑，苔白厚，脉沉细而涩。病因病机属脾肾阳虚，阴寒内盛，筋脉失其温养，气血运行不畅，气虚血瘀。方中附子、桂枝温经散寒，石楠藤通络祛湿，黄芪大补脾胃元气、助血运行，赤芍、当归、红花、桃仁等活血祛瘀。全方攻补兼施，符合中医辨证施治原则，故守方治疗获效。

五苓散加味治疗带状疱疹案

帅某，女，68岁，鼎城区武陵镇人。

病程经过：初起右下肢与少腹内阵发性刺痛两天，之后出现臀部满布红色疱疹，伴剧烈烧灼样疼痛，彻夜难眠5天，于2011年8月17日来诊。

诊见：精神萎靡不振，痛苦面容，大便日1次，舌淡红少津，苔薄黄白燥，舌下脉络稍怒张，脉弦。

辨证：湿毒下注外蒸。

论治：清利湿毒，活血散瘀止痛。五苓散加味。处方：猪苓12g，泽泻15g，白术12g，茯苓12g，桂枝2g，连翘20g，水牛角15g，龙胆草8g，柴胡8g，鱼腥草15g，乳香8g，生大黄3g，僵蚕10g。6剂，水煎服。

二诊（8月22日）：药后疼痛基本消失，疱疹未再增加，且颜色变淡，右腹外侧个别疱疹化脓，二便可，舌红少苔，脉弦缓。拟五苓散合升降散，6剂，水煎服。药后疼痛消失，疱疹结痂痊愈，未出现神经疼痛后遗症。

按：疱疹俗称缠腰龙，特点为首先从病发部位内部开始出现剧烈跳痛，绝大多数患者易误诊为其他疾病而失治；2~3天后疼处皮肤出现红色疱疹，灼热剧痛，此时方明确为因湿、热、毒所致疱疹。本病迁延不愈，以致神经损害出现后遗痛，长者可达半年之久。笔者采用五苓散合升降散治疗多例，药后疼痛可迅速缓解。同时用紫金锭或蚤休磨水外涂，效果满意。

调胃承气汤治疗病毒性脑炎案

蒋某，女，26岁，农民。因病毒性脑炎恶化，于1982年4月16日从某县医院回家准备后事，特请余诊视后再入院。

诊时所见：意识丧失，不省人事，两眼直视，颈项强直，颜面潮红，呼叫不休，右侧偏瘫，左手循衣摸床，腹胀拒按，小便失禁，七日未更衣。舌质老红，中心苔黄厚干燥起芒刺，双寸口脉弦而带数。住院期间检查：体温 37.3~38.5℃，血压 110/60mmHg，血常规示：白细胞 7700/m^3，中性粒细胞百分比40%，淋巴细胞百分比60%，脑脊液无色透明，红细胞总数17/m^3，白细胞10/m^3，心电图正常。

辨证：根据寸口脉分析：①风中脏腑（脑栓塞）。②肝阳上亢，肝风内动。③温邪在气入营。虽据病、形、证作此初步判断，总觉得病因证素（病机）欠妥。于是，再改诊趺阳脉。诊见双趺阳脉滑实有力。由此舍弃寸口脉，改变辨证思维，辨为温热病之温邪疫毒入里入肠，与糟粕燥结不通，加上温邪上受，逆传心包，故病情危急，需分两步处理。

论治：先急投软坚泻下、护胃救阴之调胃承气汤。处方：炙甘草10g（先煎），大黄10g（后下），用该药汁冲服芒硝20g，日夜连服。药后大便2次，先排下稀臭粪水，后下燥屎十多枚。随即目渐和、颈软、烦躁顿减，舌质绛，燥苔去，舌渐润，此时趺阳脉转为大而带滑。紧接着第二步，改投大剂清瘟败毒饮，4剂，水煎服，日两次，同时送服安宫牛黄丸1粒，先后服8粒。

4天后，诸症悉除，神清气爽，右侧仍瘫痪，不能言语，可以手势表示。又切趺阳脉滑稍有力，寸口脉弦缓，投以竹叶石膏汤4剂，按《金匮玉函经》之米汤煎服法。服第3剂时，呼之能应，喜笑颜开。语言仍謇涩，右侧偏瘫。按寸口脉弦缓，趺阳脉有力带滑，最后以指迷茯苓丸合补阳还五汤善后。药后患者已能自理，扶杖而行。两年后结婚生子，家庭幸福。随访至今24年，基本痊愈无恙。

按：中医学虽无病毒性脑炎的病名，但根据其临床表现可归为"春温""瘟疫"范畴，属温热病之列。本病起病急骤，本例患者4月7日夜小便之后即跌仆在地，第二天即感右侧肢体不能自主活动。病情呈进行性发展，11日就诊的医院以右侧偏瘫原因待查？癔病、脑血栓收入院，经抗病毒、控制感染、脱水、护心治疗及对症处理，最后诊为危重型病毒性脑炎。

在紧急关头，如果以寸口脉结合症、征是绝不可能用调胃承气汤的。因为其形、症虽有宜通下之征，但考虑意识丧失、不省人事、两眼直视、颈项强直等主症，诊为温邪上扰神明，故采取清热、镇惊、开窍、醒脑法。诊趺阳脉滑实有力后，即改变诊断思维。再察舌老红，舌中心苔黄厚干燥起芒刺乃软坚泻下之征。加之七日未更衣，趺阳脉滑实有力，更加证实为温邪热毒入里。此时肠中糟粕燥结不通为急，实热积滞为先，故急投调胃承气汤釜底抽薪，使浊阴得降，邪热之毒随燥粪而泻。阴液得救，胃气尚存，故转危为安。里实虽通，心包之温邪病毒必以大剂清瘟败毒饮送服安宫牛黄丸方能解毒、通窍、醒脑；有形之热邪疫毒已去，但热邪病毒之损害未复，余热未清，正气待复，故以竹叶石膏汤滋助气液，后语言始复。

调味承气汤加味治疗脑室肿瘤术后昏迷两月案

周某，女，73岁，农民。因脑室肿瘤于 2008 年 7 月在湘雅某医院行摘除术后昏迷两月，于 2008 年 10 月 8 日请余出诊。

病程经过：家属诉，患者因脑室肿瘤就诊于湘雅某医院，经后颈部进入脑室，摘除约 6cm×6cm 肿瘤一个。术后第 3 天，患者开始神志不清，陷入昏迷状态，先后两次住院 32 天，病情未缓解。现出院回家 1 月余，一直昏迷不醒，体温 38～39℃，经用多种抗生素、退热药无效。两个月以静脉支持疗法和经胃管注入饮食维持生命。

初诊症见：闭目，不省人事，呼吸微弱，面色㿠白带暗，后颈部见一切口、瘢痕约 10cm，无红肿，颈部不能自行活动，左前额处见一横行状包块（系术后所置脑室引流泵从头直达肠间），牙关紧闭，时有烦躁。查体：腹饱胀，拒按，四肢不温，双下肢及足踝、足背浮肿。舌淡嫩，稍胖，边尖有齿印，中根部黄白腻苔，中心稍燥；寸口脉弦带数，趺阳脉滑稍有力，少阴脉弦细数。

据症、舌、脉分析，确定患者先天和后天之本均未衰败，即告诉家属"生命之根犹在，可治，可救无虞"。

辨证：①颈椎与脑室术后损伤瘀阻。②中州运转失司，湿浊中阻化燥，上扰神明。③腹胀拒按、大便不通，导致腐浊不泄，与肠间浊气经分流器管道上熏于脑，蒙闭清窍。④昏迷两月，加之手术损害与饮食摄纳无权，导致气血两亏。三脉同诊，可见生命之源泉与根蒂未败，有惊无险。此乃少见的体虚邪实案例，病因病机与众不同，需分清主次予以救治。

论治：首先考虑醒脑。导致昏迷不醒主要是两大原因：一是肠间浊气上熏于脑，蒙闭清窍；二是两个月来，仅静脉输液的支持疗法与胃管饲入少量稀糊，致使中州运转失司，湿浊中阻化燥，上扰神明。此乃颈椎及脑室术后损伤和瘀阻所致的脑络瘀损、神机失用，加之昏迷两月、手术损害、饮食摄纳无权，使得气血两亏，脑失所养。先拟调胃承气汤加味，旨在顾护胃气，清热通便醒脑。方药：炙甘草18g，水牛角25g，姜黄片12g（先煎），生大黄10g（后下）。上药煎液，冲兑芒硝10g，2剂，分2天鼻饲。

10月9日晚病人家属告知，大便仍未下，发烧已退，身凉躁平；已知晓痛苦，开始呻吟，语言不清。分析：已用软坚泻下之品，为何未达预期目的？究其原因有三：①患者久病体虚，脾胃运转通降之力太弱而无自主排便能力。②发热50天导致体内水液运化转输功能受损，肠间津伤液亏燥结，所以大便未下。③可能因炙甘草甘缓，使药力减弱。

当即嘱保留灌肠，助大便泄下，腑气通、浊气下泄，则上部颅脑各窍可畅达。用润滑剂溶液悬吊，自然滴入肠间，大约30分钟后，泄下先溏稀、后硬粒状腐臭粪便约800g，之后安然入睡。

二诊（10月10日）：腹已平软，瞳孔反应灵敏；稍用力便能撬开牙关，舌淡嫩，苔白腐腻较厚，寸口脉缓无力，趺阳脉稍浮大而缓。虽然已泻下大量粪便，但因两个月来未正常排便，加上水果、油腻食物每天鼻饲，故舌苔白腻，此为湿浊之象。因中阻于胃肠，故苔白胸痞，中阳不振，升降无力。加之分流泵使肠间上冲的浊阴之气熏蒸于脑，如此既要芳香化湿除浊，又要降上逆之浊阴，还要升清阳。心主神明，心清则脑之元神方可醒悟，故以三仁汤合升降散加水牛角、连翘以清心，3剂，水煎鼻饲。

三诊（10月14日）：3天后，呼之能应，并能诉说两个多月来的苦楚，能自己翻身，恢复吞咽，进食少量流汁和稀饭，日2次溏便，精神尚显疲惫，语声较低微，思维清晰。舌淡嫩润，脉右寸浮、余缓略弦无力，头颈部不能活动，动则头颈部刺痛明显。

辨为正气衰弱，脾肾阳虚，头颈部刺痛乃手术损伤瘀阻所致。治则：补气逐瘀，通络和胃。自拟颈椎病1号方加味。处方：生黄芪25g，田七3g，葛根12g，地龙8g，全当归12g，川芎10g，陈皮10g，法半夏10g，云茯苓12g，炙甘草6g，明麻10g，威灵仙8g，骨碎补18g，续断18g，水牛角25g，连翘18g，徐长卿15g。3剂，水煎服。为了能顺利服下中药煎剂，恢复吞咽功能，则拔出胃管。服上方12剂后，已能坐立，在室内行走。后逐步恢复健康，生活自理而告愈。

按：诊治疑难杂症要以中医理论为指导，不要被西医病名所迷惑。在纷繁复杂的症状与体征中，要辨清病因病机，抓住主要矛盾或矛盾的主要方面，以为论治奠定基础。本案既有颈椎与脑室术后的损伤和瘀阻；又有中州运转失司，湿浊中阻化燥，上扰神明之象；更有肠间浊气经分流器管道上熏于脑、蒙闭清窍之危，加之昏迷两个月、手术损害，饮食摄纳无权所致的气血两亏，治疗的首要任务是醒脑。该患者神志昏迷乃中州运转失司，腹胀拒按、腑浊不泄致腑气不通，故解决胃肠功能为当务之急。药选调胃承气汤化裁，配合保留灌肠，以顾护胃气，使便通脑醒。果然两剂药后大便得下，腑气已通，浊气下泄，上部颅脑各窍得以畅达，神志恢复。

二诊时发现，患者虽然知晓痛苦，但神志欠清，舌淡嫩苔白腐腻较厚，寸口脉缓无力，趺阳脉稍浮大而缓。此乃湿浊中阻胃肠腻而不出，为中阳不振、升降无权之象，遂用三仁汤加水牛角、连翘，意在恢复三焦气机之升降，芳香化湿，降浊阴，升举清阳，清心醒脑。

三诊时，随着主要矛盾的解决，正气衰弱，脾肾阳虚，手术造成的损伤瘀阻上升为主要矛盾，故治以补气逐瘀，通络和胃，药用自拟颈椎病1号方加味。随后患者能坐立，能在室内行走，逐步恢复了健康，生活能够自理。随访至今，身体健康无恙。

小承气汤通腑祛邪救治危症案

患者邵某，男，63岁，农民。

病程经过：2009年3月21日上午在田间劳作时突发呆滞不语，约10分钟又似乎清醒，之后回家休息。后时而烦躁，时而抑郁，渐至神志欠清。先后前往多家中西医院住院治疗，诊为重症病毒性脑炎，予抗病毒、抗感染、降颅压治疗，经十多天治疗无效。期间出现阵发性角弓反张，呼叫不休，给予抗癫痫（多次注射镇静剂巴比妥类药物）、纠正水电解质紊乱等对症治疗，未见效，意识障碍加深。4月3日，医院劝家属放弃治疗。4月11日，家属邀吾前往家中诊治。

诊时所见：神昏谵语，面部潮红，双眼及牙关紧闭，颈项强直，四肢强直抽搐，腹胀拒按，小便失禁，数日未大便。舌红，腐腻苔，寸口脉细数，双趺阳脉滑实有力，双太溪脉稍微有力。告知家属："胃肾二气尚存，可救。"

辨证：春瘟，证属痰火扰神，湿浊中阻。

论治：神昏乃温热疫毒入里，毒火灼液成痰致清阳不升，湿浊中阻病入卫气之间。治当首先运转中州，除湿豁痰，开窍醒神，拟三仁汤加减。药用：杏仁12g，豆蔻仁6g，薏苡仁15g，通草10g，厚朴15g，竹叶8g，滑石15g（包煎），甘草3g，胆南星8g，法半夏10g，水牛角25g，石菖蒲8g，郁金12g，连翘15g。连服2剂，咳吐黄绿浓痰1次。药后神志稍清，问而能答，但不知所云。

二诊：小便失禁，大便8日未解，腹胀拒按，可见肠型，余症同前。舌红，苔黄燥少腻，寸口脉细数，趺阳脉滑实，太溪脉微有动。

经治中州运转，但邪有化燥之势。方以小承气汤通腑祛邪，使疫毒随便而去。药用：枳实12g，厚朴20g，生大黄8g（后下）。12小时连服2剂。药后大便2次，下燥屎，腹胀拒按缓解，肠型消失，神志较前转清。续予三仁汤加减，方同前。

上方共服6剂，咳吐浓痰由黄绿转白，神志明显清醒，饮食渐进，但渴而喜冷饮。舌红，苔薄黄少津，寸口脉滑，趺阳脉似浮滑稍有力，太溪脉缓而有力，此乃胃气已振，肾气渐复。温热疫毒虽大除，但热毒已耗液伤津，故见渴喜冷饮。拟竹叶石膏汤合越鞠丸清余热兼解痰火湿郁。处方：竹叶12g，生石膏15g，法半夏10g，白泡参15g，炙甘草6g，麦冬12g，炒栀子8g，郁金12g，湘红曲15g，川芎10g，水牛角20g，粳米1勺（米熟汤成）。共服9剂，能自进食，二便如常，但仍渴，喜冷饮，多食易饥。续拟中药方补气生津，清余热而救治成功。随访至今，无后遗症，无复发。

按：《素问·三部九候论》曰："人有三部，部有三候，以决生死，以处百病，以调虚实，而除邪疾。"《跌阳脉学·断疾病预后》曰："诊跌阳脉对疾病预后起着决定性判断作用，有着预测吉凶生死之重要性。"三脉诊法是以诊寸口脉候脏腑病变，诊跌阳脉候胃气，诊太溪脉候肾气。三脉同候多用在寸口无脉或观察危重病患者时。若寸口脉微弱，跌阳脉有力，提示胃气尚存，有救治的可能；若无，则胃气绝，难救。太溪候肾气，先天之本存则若树之有根，无则根断，难救。临床实践证明，危症三脉同诊有重要的诊断意义，是中医临证时决断生死、救治危症的一大优势。

瓜蒌薤白半夏汤治疗扩张型心肌病案

张某，男，44岁，常德市武陵区丹州乡人，2005年3月16日就诊。

病程经过：患者因心慌、气促半年，加重1周伴双下肢浮肿在某医院就诊，诊为：①扩张型心肌病。②心律失常（频发性室早）。经予毛花苷C（西地兰）、地高辛、盐酸普罗帕酮（心律平）、酒石酸美托洛尔（倍他乐克）等治疗，病情好转出院。出院后一直服地高辛、酒石酸美托洛尔（倍他乐克）等药物以控制症状。

诊时所见：心慌心悸，气短不足以息，动则气喘，甚则不能平卧，胸闷胸痛，双下肢膝关节以下浮肿，畏冷懒言，偶尔咳嗽，咳少许白黏痰，食欲不佳，小便少，舌质暗淡，苔白腻。

辨证：痰浊阻遏，心阳不振，气滞血瘀。

论治：通阳散结，行气祛痰，活血利水。方选瓜蒌薤白半夏汤加味。处方：瓜蒌壳12g，薤白15g，法半夏12g，制附片9g，红参10g，丹参20g，红花9g，浙贝母10g，茯苓12g，黄芪

15g，苦参 12g，泽兰 12g，益母草 15g，生龙骨 15g（先煎），生牡蛎 15g（先煎），炙甘草 10g，桂枝 6g。3 剂，水煎服，1 日 1 剂。

服上方 3 剂后，患者小便增多，气喘稍减，能平卧入睡，有时仍需服地高辛 1 片。药已对症，原方再服 10 剂。药后心悸、胸闷明显减轻，尚觉短气，下肢浮肿消失，能步行 1000 米，已停用西药。上方基础上加减继续服药 3 个月，自觉症状消失，X 线胸片及超声心动图示心脏较前有所缩小，心电图示偶发性室早搏。病情稳定，将中药改为丸剂续服，缓图以收功。

按：扩张型心肌病是临床难治性心脏病之一，预后较差。据报道，50% 的患者两年内可能死亡。目前该病治疗尚无特殊方法和药物。中医学认为，该病的形成受多种因素影响，不外乎先天不足，后天失养，心之阴阳两虚，痰瘀交阻等。本案根据病史及症、舌、脉认为，该病系痰浊阻遏、心阳不振、气滞血瘀而成，故选瓜蒌薤白半夏汤加味以通阳散结，行气祛痰，活血利水。方中病机，用之效果明显。

中医的优势在于临床疗效，而疗效取决于辨证论治正确与否，然实践中正确辨证论治却非易事。面对错综复杂的症状和体征时，若囿于西医病名，则中医辨证施治往往易进入死胡同。如扩张型心肌病、硬皮病中医并无病名记载，也没有可套用之法和可套用之方。诊疗这类复杂疑难病证时，首先要抓主要的病、症、征，然后寻找病因，之后确立病机，进行辨证论治，针对病因，从时空和方位上谨守病机，调和气血阴阳。只有灵活辨证，方可跳出囿于病名的圈子，而取得事半功倍之效。这是吾几十年来辨治疑难杂症的经验总结。

小承气汤治疗大实如羸危重案

江某，男，63岁，退休干部。因发热、咳嗽、气急、便秘于1987年6月23日邀吾会诊。

病程经过：患者十几天前受凉后即发热、恶寒、咳嗽气喘，医院诊为：①大叶性肺炎。②心衰Ⅲ级。③肺源性心脏病。经青链霉素等多种抗生素抗感染、输氧、强心及支持疗法抢救治疗7天，病情愈重，嘱出院料理后事。后转我院，收住急诊观察室，翌日邀吾会诊。

诊时所见：面色潮红，口唇青紫，烦躁不安，咳嗽吐浓痰，气粗喘气，袒腹端坐。查：腹硬满，全腹压痛、反跳痛。家属诉已五日未更衣，舌红少津，苔厚腐腻，脉弦数带滑。

论治：通腑泻下，降浊除痰。方用小承气汤加味。处方：生大黄15g（另包开水泡，兑服），枳壳10g，川厚朴12g，杏仁10g，浙贝母12g，炙麻绒5g。2剂，嘱24小时内服完。

二诊：服上方后，午夜及第2日上午大便两次，泻下腐臭颗粒状粪便1800多克。发热已退，气粗气喘已平，神清气爽，能进食1小碗稀饭。查：腹平软，舌红，苔花剥，脉缓略弦。此为邪去正安。投以温阳化饮、养阴护胃之剂，方用苓甘五味姜辛合六君子汤，4剂，水煎服。药后痊愈出院。

按：本例所见之症乃大实如羸状，发热咳嗽，气粗喘气，病位病机明确，乃标急本虚。肺与大肠相表里，肺气因痰浊所阻，肃降失司，气逆郁滞，血运不畅，浊不能降，清不能升。方中大黄苦寒，破气攻下，泻热祛实，推陈致新；厚朴辛而苦温，行气消除胀满；枳实苦而微寒，理气消痞，配以杏仁肃肺降逆，浙贝母、麻绒化痰平喘。诸药合用，共奏通腑泻下、降浊利肺之功，以救其急。

小承气汤首载于仲景《金匮玉函经》第76条。阳明·38条云："阳明病，谵语，发潮热，其脉滑而疾者，小承气汤主之。"阳明·31条云："阳明病……若汗出多，微发热恶寒者，外为未解，其热不潮，未可与大承气汤。若腹大满不通者，可与小承气汤，微和其胃气，勿令至大下。"阳明·32条云："阳明病……若不大便六七日，恐有燥屎，欲知之法，少与小承气汤，汤入腹中，转矢气者，为有燥屎，乃可攻之……欲饮水者，与水即哕，其后发潮热，必复坚而少也，以小承气汤和之。"从以上原文可知，运用小承气汤必须掌握分寸。一是谵语、潮热、脉滑而疾；二是患有腹大满不通，勿令大下；三是试探是否有燥屎，可先少与小承气汤，汤入腹中，转矢气者，为有燥屎，乃可攻之。

本案应用小承气汤，是针对以下症状：在上，面色潮红、烦躁、咳嗽、气粗、袒腹；在中，腹硬满，全腹压痛、反跳痛；在下，五日未大便；结合舌、苔、脉均为大实。同时考虑，西医学诊断为心衰Ⅲ级、肺源性心脏病，口唇青紫，病久病重体虚，此三点可谓羸，所以采取实羸兼顾，勿令大下急下，仅以通腑泻下之小承气汤加降浊利肺之杏仁、浙贝母、麻绒，而收到桴鼓之效。

茵陈蒿汤治疗慢性乙肝案

黑某，男，35岁，农民。因目黄、身黄、尿黄、色鲜明12天，于1993年7月就诊。

病程经过：患者有乙肝病史。前几天气温高达39℃，在高温下露天渔场钓鱼，因日晒、暑蒸、劳累、出汗多又饮凉水第

3天开始精神疲乏、口渴、尿黄，当地医院诊为中暑，静脉点滴（具体药物不详）5天，病情急速蔓延，出现目黄、身黄。转入另一医院，化验肝功能：谷丙转氨酶671U/L，总胆红素393μmol/L；B超示：肝大、肋下2.5cm，胆囊炎。开中药5剂，仅服3剂，自觉病情加重而来我院就诊，肝病科收入院。

诊时所见：急性重病容，精神疲惫，饮食极少，伴口渴喜冷饮，目、睛、全身皮肤呈鲜明黄色如橘皮。腹诊：腹部稍饱胀，可扪及肝在右肋下两指，触痛明显，叩诊移动性浊音（±）。患者诉心中懊侬，时烦躁，睡眠不安，大便干结、2～3日1次，尿如皂汁。舌淡红少津，苔黄燥厚，脉弦带数。

辨证：阳黄湿热内郁，湿邪与瘀热蕴结于里，湿毒嚣张。

论治：综合外院生化检验、舌脉，治以清热利湿退黄，予茵陈蒿汤。处方：茵陈50g，栀子15g，大黄10g（后下），泽兰15g。2剂，急煎，24小时内服完。同时予灵芝100g浓煎频服代茶饮。龙胆泻肝汤每日1剂，分上下午保留灌肠，以减轻毒素内侵。辅以能量合剂支持疗法。

二诊：自诉发烧已退，口渴减轻，尿深黄如皂汁稍变浅，已泻腐臭粪便3次，且腹饱胀减轻，能进食一小碗稀粥，烦躁感有明显好转，已能入睡几个小时。舌红少津少苔，脉弦缓。原方栀子、大黄减半，加升降散（蝉蜕8g，僵蚕10g，姜黄片8g）。3剂，水煎服。另仍予灵芝150g浓煎代茶饮；继续龙胆泻肝汤保留灌肠2次/日。

三诊：目、身、尿之黄色明显消退，饮食增加，精神好转，大便日2次、成形，每晚能入睡5～6小时。舌红较润，少苔，脉缓带弦。湿毒部分清除，虽有明显进步，切不可掉以轻心，守二诊方2剂，水煎服；灵芝浓煎代茶饮，龙胆泻肝汤保留灌肠同前。嘱服完 3 剂后，抽血复查肝功能及乙肝六项。

3 天后结果示：谷丙转氨酶下降至 225U/L，总胆红素下降至 161μmol/L；乙肝病毒标志物 HBsAg S/N（2.1）62.0，HBeAg S/N 60.0，符合慢性乙型肝炎急性发作期诊断。

该患者经治疗确实有明显好转。住院期间先后以健脾和胃、培土胜湿，结合保肝、护肝、利胆、清利湿热之法治之，肝功能恢复正常，乙肝病毒标志物定量明显下降，身体、精神基本恢复出院，共住院 47 天。

按：慢性乙肝急性发作属于中医学"黄疸""胁痛""急黄"范畴。20 多年来，吾专事疑难杂病及各类肝病的诊疗，积累了比较丰富的经验，先后对甲型、乙型、丙型等病毒性肝炎之黄疸型（甲肝）、慢性活动型、迁延性肝病，创制了 1～9 号汤及二甲胶囊、鼓胀方、离子导入方、药兜肚方等。其中大部分经省药监局批准为院内制剂，在我院肝病中心门诊及住院部广泛使用。

茵陈蒿汤既载于《金匮玉函经》，又载于各版本《伤寒论》。《金匮玉函经》之茵陈蒿汤方载于第 84 条，用于《金匮玉函经》阳明·57 条之"阳明病……但头汗出，身无汗，齐颈而还，小便不利，渴引水浆，此为瘀热在里，身必发黄"和阳明·80 条之"伤寒七八日，身黄如橘子色，小便不利，少腹微满"的形、证。仲师在创制茵陈蒿汤时，受当时社会、医疗环境、设备条件的限制，只能凭他所见到的如《金匮玉函经》中描述的该汤方证的病、形予以辨证论治。如今采用先进仪器设备所获得的信息已经远远超出了仲师所说的"伤寒七八日、黄如橘皮、小便不利、少腹微满、无汗、渴引水浆"等，所以我们现在诊断该病、运用该方，绝不能仅遵仲师在 1800

年前的简要描述。本病例提示，采用血清、影像学以及声、光、电、磁、核方面的高精尖仪器检测方法，皆有助于疾病诊断。这是社会的进步、科学技术的发达带来的变化。中医药已将现代科技成果广泛运用于临床实践，为疾病的诊断提供了依据。当代中医要在既保持传统理念又在新的观念指导下去运用经方，不要局限于茵陈蒿汤。

下瘀血汤治疗瘀阻胞宫致不孕案

袁某，女，28岁，常德市轴承厂工人。因婚后5年不孕，于1978年3月门诊就诊。

病程经过：婚后5年未孕，曾经在地区医院妇产科、神经内科治疗罔效，后辗转长沙、北京、银川等地求治，均诊为幼稚型子宫、神经官能症。

诊时所见：面色萎黄且晦暗，每月必痛经，月经量少色紫成块。舌淡红润少苔，右边尖一黄豆大小紫斑，脉细涩带弦。

辨证：瘀阻胞宫，冲任受损。

论治：破血下瘀。主方取《金匮要略》之下瘀血汤。处方：大黄8g，桃仁15g，䗪虫6g。3剂，水煎服，日1剂。

二诊：患者诉服上方无任何不适。此时正值经前期，上方加炙甘草。处方：大黄8g，桃仁15g，䗪虫6g，炙甘草6g。2剂，水煎服，日1剂。

三诊：痛经已除，量一般，色淡红已无块，舌紫斑明显消退，脉亦和缓。处以归脾养心丸调理月余后，体健神爽，月事正常。

10个月后，得一男婴。

按：本例为瘀阻胞宫，冲任受损，以致天癸之变，舌紫斑尽形诸外，说明其瘀既不在血府亦不在膈下，而在胞宫且根深蒂固。治疗必以大黄、桃仁、䗪虫等力专效宏之品，方可达到瘀祛痛除、新血自生的目的。"调经种子"，自能受孕。

大承气汤治疗痞满燥实案

张某，男，76岁，农民，1976年9月12日诊。

病程经过：患者6天前开始发热，腹部不适，当时疑为中午吃得过多所致。第2天上症加重，并呕吐1次，所吐之物乃食物残渣，因年高不愿出门求治，后上症加重，4日未更衣而邀余出诊。

诊时所见：面色潮红，神志昏迷，谵语不休，躁扰不安，循衣摸床。体温38.9℃，呼吸28次/分且气粗，血压140/96mmHg，心肺（-），腹部饱胀，拒按，腹部听诊可闻见高调肠鸣音、气过水声并杂以金属音。后腹部X线透视见多个小型液平面及肠腔充气。院方当即劝其手术治疗，家属不愿，恐术后切口不愈。家属再三申明无论后果如何，坚决要求中医治疗。舌质老红，中心燥黄苔起刺少津，脉滑数有力。

辨证：肠胃燥热与宿食、糟粕相结之里实证，病情危重。

论治：急处大承气汤。处方：芒硝18g，大黄12g，枳实10g，川厚朴10g。2剂。先煎枳、朴，后下大黄。上药煎好后芒硝冲入，每剂分2次服（间隔3小时）。

约下午九时，上药服完。因年逾古稀，并以葡萄糖、氯化钠静脉滴注。到凌晨一时许，家属告之，大便泻下干燥粪数枚并大量豆渣样粪便，随后安睡。天明时病人要求喝茶，吃稀饭一小碗。病即告愈，停服第二剂，后以养胃汤调之。

按：本例与《金匮玉函经》之阳明三急下证之一相合，发热谵语，循衣摸床实为邪热上扰神明，且又具备痞、满、燥、实四症，故应急下，以救欲绝之阴津。虽辅以葡萄糖、氯化钠支持，但应归功于大承气汤。如此危急重症，1剂而愈，他人难以置信，但事实却如此。可见，"实则泻之"与仲景"止后服"有着显著的实用价值。

《金匮玉函经》中"能宜大承气"或"大承气汤主之""急下之"等原文共20条。其中"急下之"，阳明·73条"伤寒六七日，目中不了了，睛不和，无表里证，大便难，身微热者，此为实，急下之"；阳明·74条"阳明病，发热汗多者，急下之"；阳明·75条"发汗不解，腹满痛者，急下之"，以及少阴三急下证。二十世纪六七十年代，在乡村此症比较常见，因此，作者在乡下二十世纪五十至八十年代的二十多年里治疗此类急症较多，故深有体会。

当归四逆汤合吴茱萸生姜汤加味治疗宫寒不孕案

张某，女，28岁，已婚，鼎城区乡村医生。因婚后5年不孕，于1976年4月5日来我门诊就诊。

病程经过：患者14岁月经初潮，月经前后无定期已8年之久。婚后月经依然迟至，经量时多时少，经后白带量多，时有少腹拘挛冷痛感，得热敷后而安。某医院妇科诊为子宫发育过小。多年西医治疗罔效。

诊时所见：经期第二天，自觉少腹坠胀感，恶寒，四肢末欠温，纳差泛恶，腰酸乏力，喜热饮，面色少华。舌质淡嫩，苔薄白，脉沉细或迟。

辨证：脾肾不足，元阳亏损，寒宿下焦，宫冷不孕。

论治：暖宫散寒，养血通脉。予当归四逆汤合吴茱萸生姜汤加味。处方：当归 15g，桂枝 8g，白芍 12g，细辛 4g，甘草 5g，通草 6g，吴茱萸 6g，菟丝子 15g（包煎），鹿角霜 15g（包煎），生姜 3 片，大枣 6 枚。5 剂，水煎服，日 1 剂。

二诊（4 月 10 日）：服上药 5 剂，经净，寒宿下焦之症有所解除，守原方。处方：当归 15g，桂枝 8g，白芍 12g，细辛 4g，甘草 5g，通草 6g，吴茱萸 6g，菟丝子 15g（包煎），鹿角霜 15g（包煎），生姜 3 片，大枣 6 枚。10 剂，水煎服，日 1 剂。

三诊（5 月 10 日）：月事 4 月 28 日如期而至，无痛苦，经色红，四日而净，食纳增加，唯四肢末欠温，经后少腹尚有冷感。多年不孕，求子心切，要求继续服药调理种子。上方 3 剂，去通草、鹿角霜，加巴戟天 20g、仙茅 20g、淫羊藿 20g，用白酒（纯高粱酿造）4 斤浸泡 20 天后，每日适量酌饮 1～2 次。

两个月后闻讯，上述不适之症消失，月事正常，面色红润，后不久即受孕，于 1977 年 7 月足月生一男婴，母子健康。

按：《金匮要略·妇人杂病脉证并治第二十二篇》云："妇人之病，因虚、积冷、结气……至有历年，血寒积结，胞门寒伤，经络……在下未多，经候不匀，令阴掣痛，少腹恶寒。"此与本案之病机较为切合，故选取当归四逆汤温经散寒，养血通脉，加生姜、吴茱萸增强温中散寒之力。经考菟丝子治男女虚冷、巴戟天治宫冷有良效，淫羊藿专治男子阳弱不生、女子阴衰不育，故选而用之，并借白酒温经通络之功，共达"阳生阴长"而奏功。

主要参考书目

［1］张仲景．宋刻本伤寒论．北京：人民卫生出版社影印，1956.

［2］张仲景．康平本伤寒论．北京：学苑出版社，2001.

［3］吕思勉．秦汉史．北京：中国友谊出版社，2009.

［4］陈寿．三国志．北京：中华书局，2011.

［5］杨随平．中国古代官员选任与管理制度研究．北京：中国社会出版社，2010.

［6］皇甫谧．针灸甲乙经．北京：人民卫生出版社影印，1956.

［7］杨鸿年．汉魏制度丛考．武汉：武汉大学出版社，2005.

［8］柏杨．中国历史年表．海口：海南出版社，2006.

［9］钱超尘．伤寒论文献通考．北京：学苑出版社，2007.

［10］李顺保．伤寒论版本大全．北京：学苑出版社，2001.

［11］张仲景．金匮要略．北京：中国中医药出版社，1963.

［12］王叔和．脉经．北京：人民卫生出版社影印，1956.

［13］张仲景．金匮玉函经．北京：学苑出版社，2005.

［14］上海中医学院伤寒温病教研组校注．伤寒论．上海：上海科学技术出版社，1983.

［15］熊曼琪．伤寒学．北京：中国中医药出版社，2003.

［16］吴忠文．金匮玉函经研究．北京：中医古籍出版社，2009.

［17］吴忠文．趺阳脉学．长沙：湖南科学技术出版社，1999.